2022年
工程建设行业
市场数据研究报告

2022 Market Data Research Report
in Engineering Construction Industry

中国施工企业管理协会
建设通大数据研究院   编著

中国市场出版社
China Market Press
·北京·

图书在版编目（CIP）数据

2022年工程建设行业市场数据研究报告／中国施工企业管理协会，建设通大数据研究院编著. —北京：中国市场出版社有限公司，2023.4

ISBN 978-7-5092-2401-4

Ⅰ.①2… Ⅱ.①中… ②建… Ⅲ.①建筑业-统计数据-研究报告-中国-2022 Ⅳ.①F426.9

中国国家版本馆CIP数据核字（2023）第053264号

2022年工程建设行业市场数据研究报告
2022 NIAN GONGCHENG JIANSHE HANGYE SHICHANG SHUJU YANJIU BAOGAO

编　　著：	中国施工企业管理协会 建设通大数据研究院
责任编辑：	王雪飞　刘佳禾　许寒
出版发行：	中国市场出版社
社　　址：	北京市西城区月坛北小街2号院3号楼（100837）
电　　话：	（010）68034118/68021338
网　　址：	http://www.scpress.cn
印　　刷：	北京厚诚则铭印刷科技有限公司
规　　格：	210mm×285mm　　16开本
印　　张：	10.75 字　　数：230千字
版　　次：	2023年4月第1版　印　　次：2023年4月第1次印刷
书　　号：	ISBN 978-7-5092-2401-4
定　　价：	88.00元

版权所有 侵权必究　　印装差错 负责调换

《2022 年工程建设行业市场数据研究报告》

编委会

主　　编：尚润涛

副 主 编：孙晓波　马玉宝　王武民　张长春　王　锋

执行主编：刘永红　方必清

参编人员：王　平　饶平江　经　琦　张永安　贾海峰

　　　　　陈　东　宋　健　谭　旭　娄家宏　史斯年

　　　　　吕晓光　杨菲菲　郭　敏　王雪萍　詹林艳

　　　　　唐　乐　谢建东　黄柏枝　王先华

参编单位：成都建工第六建筑工程有限公司

　　　　　苏华建设集团有限公司

前 言

在经济快速转型发展的新时代，各类数据信息以其简单快捷的优势，反映出经济发展的指标、走势、特点、格局等，数据信息在经济社会发展中的地位作用日益彰显，人们对于数据信息的依赖与日俱增。

工程建设行业体量大、分布广、产业链供应链长、涵盖领域广，反映行业发展变化的数据信息复杂多样，特别是2022年的信息数据，由于受疫情防控、需求收缩、成本上升、原材料价格上涨、企业资产负债率偏高等多重因素影响，起伏回落、变化多端。研究这些数据信息，对于我们把握新发展格局下行业建设发展的特点规律，推动企业高质量发展具有积极的意义。

中国施工企业管理协会一直高度重视为行业发展提供数据信息服务，并以其广阔的信息平台、广泛的信息来源及科学完善的信息数据采集机制，让信息数据更加丰富、更加精准、更趋完善。呈现在您面前的这部《2022年工程建设行业市场数据研究报告》，正是协会在这方面的重要成果。

《2022年工程建设行业市场数据研究报告》秉持立足行业、突出市场数据的编制原则，基于工程建设行业信用体系建设平台和企业公开交易数据等信息，充分发掘行业数据，客观、系统地呈现工程建设行业发展的状况、各类生产要素的支持情况、行业公投市场规模和特征、市场竞争的开放度和集中度、招投标市场信用信息状况、市场潜在机遇等方面内容，旨在为工程建设企业经营决策提供全面翔实的数据支撑，通过数据赋能，助力行业高质量发展。

在本报告编撰过程中，建设通大数据研究院提供了坚实的数据支撑，行业专家学者和相关企业给予了大力支持和帮助，在此表示诚挚的谢意！限于数据范围广度、资料发掘深度、市场统计精度等原因，报告不足之处在所难免，敬请各位专家、读者予以批评指正！

中国施工企业管理协会

数据说明

一、中标业绩

1. 中标业绩数据采用的项目金额范围是 3000 万及以上的数据，统计日期为 2022 年 1 月 1 日至 2022 年 12 月 31 日。

2. 部分跨地级市（区）的项目，按照项目起始地点进行地级市（区）归类。

3. 项目金额将会采用"中标金额、控制价、总投资金额" 3 种。优先采用已公示中标金额，若未公示中标金额则以控制价作为项目金额，若未公示中标金额又未公示控制，价则以总投资金额作为项目金额，保证项目金额完成度达到 95%。

4. 项目金额统计。因铁路、公路项目联合体多、金额大，对数据统计的结果影响偏差大，故对联合体项目采用以下统计方法：

（1）区域业绩统计联合体项目金额去重，不重复统计；

（2）企业业绩统计分三种情况：第一种计算到各参与企业为联合体全额业绩；第二种计算到各参与企业为根据参与个数平均联合体全额业绩；第三种去除联合体业绩，只计算单招业绩，具体数据详见不同表格的说明。

二、营商环境

建筑施工民企市场活跃指数、招投标市场开放指数、招投标市场竞争指数、招投标市场集中指数、招投标市场信用信息分析（包括企业荣誉和征信不良记录）采用全额段的中标业绩数据，无设置项目金额范围条件。

目录

第一章 行业经营状况 ... 1
  一、宏观经济概述 ... 3
  二、2022年中国建筑行业经营分析 ... 4
   (一) 建筑业增加值 ... 4
   (二) 建筑业固定资产投资及总产值 ... 5
   (三) 从业人员及劳动生产率 ... 5
   (四) 企业数量 ... 6
   (五) 企业签订合同额 ... 7
   (六) 企业房建施工、竣工面积 ... 7
  三、2022年中国建筑行业对外合作情况 ... 8
   (一) 对外承包工程营业情况 ... 8
   (二) 对外劳务派遣情况 ... 9

第二章 市场要素 ... 11
  一、市场主体要素 ... 13
   (一) 2022年施工企业中标情况分析 ... 13
   (二) 2022年业主机构发包情况分析 ... 25
   (三) 2022年建筑招标代理机构业务情况 ... 32
   (四) 2022年参与联合体建筑设计单位业务情况 ... 34
   (五) 2022年各省城投平台公司分析 ... 36
  二、劳动力要素（持证人员）分析 ... 40
  三、金融支持要素 ... 41
   (一) 2022年专项债分析 ... 41

（二）2022年一般债分析 ··· 42
　　四、原材料要素 ··· 43
　　　（一）2022年建筑材料工业景气指数（MPI） ···················· 43
　　　（二）主要产品生产下降 ·· 44
　　　（三）出厂价格小幅增长 ·· 44
　　　（四）规模以上企业经济效益下降 ································ 44
　　　（五）固定资产投资平稳增长 ···································· 45
　　　（六）进出口保持较快增长 ······································ 45

第三章　市场规模 ··· 47
　一、2022年全国公投市场概况 ··· 49
　二、2022年公投市场各细分领域分析 ··································· 51
　　（一）2022年房屋建筑工程行业特点及市场竞争 ······················ 51
　　（二）2022年市政工程行业特点及市场竞争 ·························· 53
　　（三）2022年公路工程行业特点及市场竞争 ·························· 55
　　（四）2022年水利水电工程行业特点及市场竞争 ······················ 56
　三、2022年公投市场项目模式分析 ····································· 58
　　（一）2022年EPC项目模式分析 ····································· 58
　　（二）2022年投融资类（PPP、EPC+F、投资人、特许经营等）项目分析 ··· 59

第四章　市场环境 ··· 61
　一、地区综合营商环境分析 ·· 63
　二、地区工程建设环境风险度分析 ······································ 64
　三、地区招投标民企市场活跃指数分析 ·································· 64
　　（一）全国建筑施工民企市场活跃指数分析 ·························· 64
　　（二）各省份建筑施工民企市场活跃指数分析 ························ 65
　四、地区招投标市场开放指数分析 ······································ 65
　　（一）全国建筑招投标市场开放指数分析 ···························· 65
　　（二）各省份建筑招投标市场开放指数分析 ·························· 66
　　（三）主要城市建筑招投标市场开放指数分析 ························ 66
　五、地区招投标市场竞争指数分析 ······································ 67
　　（一）全国建筑招投标市场竞争指数分析 ···························· 67
　　（二）各省份建筑招投标市场竞争指数分析 ·························· 67

（三）主要城市建筑招投标市场竞争指数分析························68
　六、地区招投标市场集中指数分析································68
　　　（一）全国建筑招投标市场集中指数分析···························68
　　　（二）各省份建筑招投标市场集中指数分析·························69
　　　（三）主要城市建筑招投标市场集中指数分析·······················69

第五章 市场规则 71

　一、地区招投标市场规则分析····································73
　　　（一）重点城市主要评标办法分析·································73
　　　（二）重点城市大型项目（1亿元以上）主要评标办法分析············74
　　　（三）重点城市综合评标办法各项标的占比分析·····················75
　　　（四）重点城市招投标市场投诉类型分析···························78
　二、地区招投标市场信用评价规则································79
　　　（一）重点城市建筑施工企业信用分加分项分析·····················79
　　　（二）部分重点城市建筑施工企业信用评价指标·····················80
　三、地区招投标市场信用信息分析································92
　　　（一）全国工程荣誉数量统计情况·································92
　　　（二）工程荣誉获奖企业地区分布情况·····························93
　　　（三）2020—2022年十大国家级、省级工程奖项类型分布·············94
　　　（四）2022年获得国家级、省级工程荣誉企业排行榜················95
　　　（五）2020—2022年住房和城乡建设部公布的施工单位不良信息数量与占比情况········98
　　　（六）2020—2022年其他监管部门公布的施工单位不良信息数量与占比情况···········99
　　　（七）全国不良信息地区分布情况·································99
　　　（八）全国各地区活跃企业不良信息分布情况·······················100

第六章 市场机遇 101

　一、土地交易市场状况分析······································103
　二、国家及各地区发展规划研究··································107
　　　（一）综合交通发展规划分析·····································107
　　　（二）物流发展规划分析···110
　　　（三）水利水电规划发展分析·····································110
　　　（四）能源发展规划分析···116
　　　（五）城市更新发展规划分析·····································119

（六）新型基础设施发展规划分析 …………………………………………………… 122
　三、拟建项目情况 …………………………………………………………………………… 123

专　题 ……………………………………………………………………………………… 127

　专题一　行业政策 …………………………………………………………………………… 129
　专题二　案例分享：国内标杆建筑行业企业发展举措 …………………………………… 134
　　（一）中国中铁——基建龙头实力显现，业绩增长强劲 ……………………………… 134
　　（二）中国建筑——"逆周期拿地"，房建业务优化，基建订单加速 ………………… 138
　　（三）中国交建——分拆设计子公司上市，联合打造海上风电 ……………………… 142
　　（四）中国铁建——从抽水蓄能和海上风电市场开发突破，进军水电、风电等领域 … 146
　　（五）中国电建——置出房地产，业务结构调整，电力工程+运营发力 ……………… 149
　专题三　民营建筑企业发展现状 …………………………………………………………… 155

参考资料 …………………………………………………………………………………… 160

第一章

行业经营状况

一、宏观经济概述

稳经济政策显效发力，全国 GDP 恢复性缓慢增长。国家统计局数据显示，2022 年国内生产总值为 1210207 亿元，按不变价格计算，比 2021 年增长 3%，经济总体呈现恢复向好态势。全国建筑业总产值 311980 亿元，同比增长 6.5%；全国建筑业房屋建筑施工面积 156 亿平方米，同比下降 0.7%；全国房地产开发投资 132895 亿元，比上年下降 10.0%。

从经济总量来看，广东省 2022 年生产总值依然稳居第一。从增速来看，29 个省市区 2022 年 GDP 实现正增长，其中福建、江西同比增长 4.7%，并列第一（见表 1.1）。

表 1.1　2022 年全国各地区主要经济指标数据

排名	地区	GDP（亿元）	同比增长率（%）	2022 年一般公共预算收入情况			2022 年一般公共预算支出情况		2022 年固定资产投资（不含农户）同比增长（%）
				收入（亿元）	自然口径增长（%）	同口径增长（%）	支出（亿元）	同比增长（%）	
1	广东	129118.58	1.9	13279.73	-5.9	0.5	18509.93	1.4	-2.6
2	江苏	122875.6	2.8	9258.88	-7.6	1.5	14903.19	2.2	3.8
3	山东	87435	3.9	7104.04	-2.5	5.3	12131.54	3.6	6.1
4	浙江	77715	3.1	8039.38	-2.7	5.5	12017.7	9.1	9.1
5	河南	61345.05	3.1	4261.64	-2.1	7.3	10644.64	8.8	6.7
6	四川	56749.8	2.9	4882.2	2.3	9	11914.67	6.2	6
7	湖北	53734.92	4.3	3281	0	8.5	8626	8.7	15
8	福建	53109.85	4.7	3339.06	-1.3	5.5	5702.93	9.6	7.5
9	湖南	48670.37	4.5	3101.76	-4.6	4.3	9005.25	8.2	6.6
10	安徽	45045	3.5	3589.05	2.6	9.9	8378.89	10.4	9
11	上海	44652.8	-0.2	7608.19	-2.1	3.9	9393.16	11.4	-1
12	河北	42370.4	3.8	4083.98	-2	6.6	9336.45	5.5	7.9
13	北京	41610.9	0.7	5714.36	-3.7	2.6	7469.15	3.7	3.6
14	陕西	32772.68	4.3	3311.6	19.3	28	6676.37	10	8.1
15	江西	32074.7	4.7	2948.34	4.8	10.6	7288.34	7.5	8.6
16	重庆	29129.03	2.6	2103.38	-8	-2.5	4892.78	1.2	0.7
17	辽宁	28975.1	2.1	2524.34	-8.7	-0.4	6252.99	6.4	3.6
18	云南	28954.2	4.3	1949.32	-14.4	2	6699.74	1	7.5

续表

排名	地区	GDP（亿元）	同比增长率（%）	2022年一般公共预算收入情况			2022年一般公共预算支出情况		2022年固定资产投资（不含农户）同比增长（%）
				收入（亿元）	自然口径增长（%）	同口径增长（%）	支出（亿元）	同比增长（%）	
19	广西	26300.87	2.9	1687.72	-6.2	3.6	5893.89	1.5	0.1
20	山西	25642.59	4.4	3453.89	21.9	29.3	5872.65	16.4	5.9
21	内蒙	23159	4.2	2824.39	20.2	27	5885.11	12.3	17.6
22	贵州	20164.58	1.2	1886.36	-4.2	6.8	5849.17	4.6	-5.1
23	新疆	17741.34	3.2	1889.17	14.9	26.7	5617.1	4.5	7.6
24	天津	16311.34	1	1846.55	-13.75	-5.8	2740.07	-13.1	-9.9
25	黑龙江	15901	2.7	1290.59	-0.8	5.4	5451.99	6.8	0.6
26	吉林	13070.24	-1.9	851	-25.6	-16.5	4044.01	9.4	-2.4
27	甘肃	11201.6	4.5	907.55	-9.4	2.3	4263.45	5.7	10.1
28	海南	6818.22	0.2	832.42	-9.6	-2.9	832.42	6.3	-4.2
29	宁夏	5069.57	4	460.14	0	13.7	1583.5	10.9	10.2
30	青海	3610.1	2.3	329.1	0.1	19.7	1975.07	6.5	-7.6
31	西藏	2132.64	1.1	179.65	-16.7	-2.9	2593.8	28	-18

二、2022年中国建筑行业经营分析

（一）建筑业增加值

2022年，建筑业增加值83383.1亿元，增速5.9%，近五年整体呈上升趋势（见图1.1）。

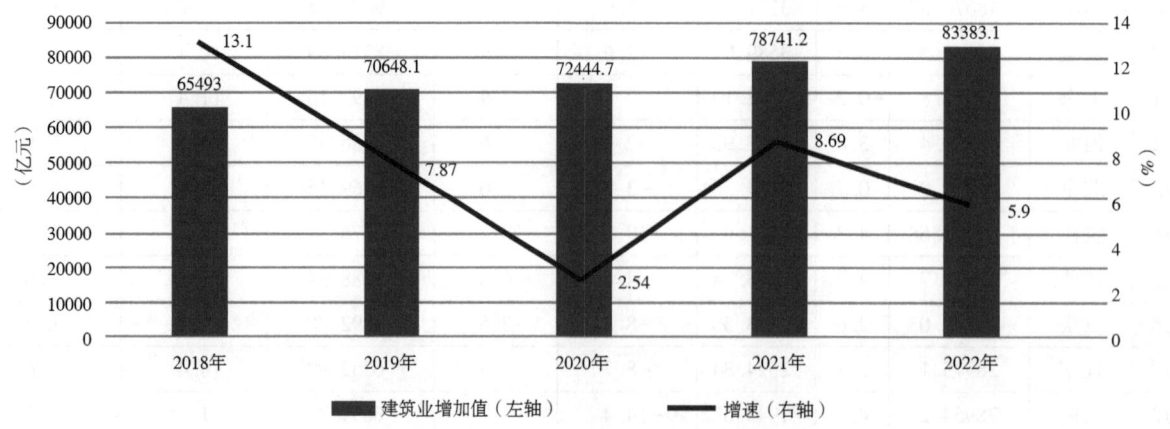

图1.1 2018—2022年建筑业增加值变化趋势

(二) 建筑业固定资产投资及总产值

从 2012—2022 年建筑业固定资产投资（不含农户）数据来看，整体呈波动下降趋势。其中，在 2020 年投资总额较大幅度提升后，近两年呈平稳态势，2022 年为 3555 亿元，增速 2.0%（见图 1.2）。

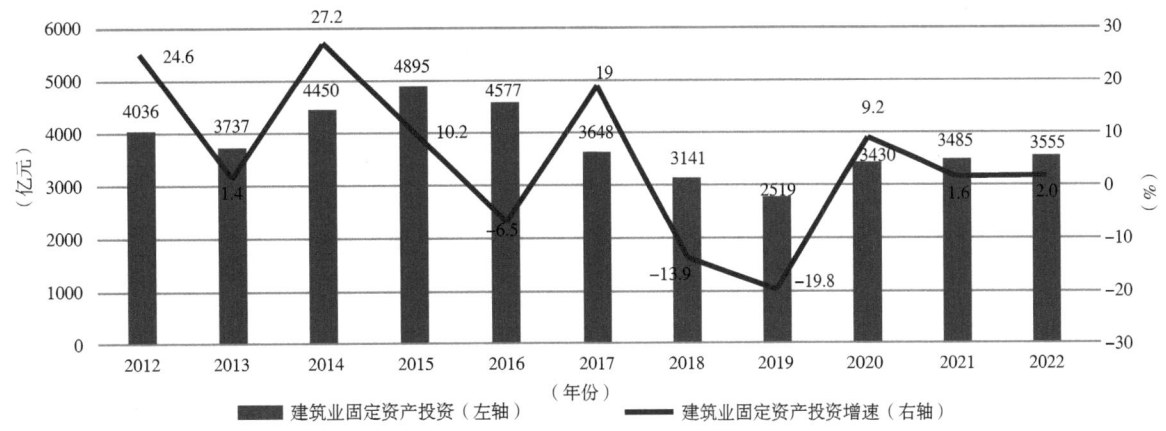

图 1.2　2012—2022 年建筑业固定资产投资（不含农户）及增速

同时，从 2012—2022 年全国建筑业总产值走势上可看出，建筑业总产值在 2015 年增长幅度较小，为 2%；从 2016 年开始，进入中高速增长阶段，增量市场放缓，存量市场空间巨大（见图 1.3）。

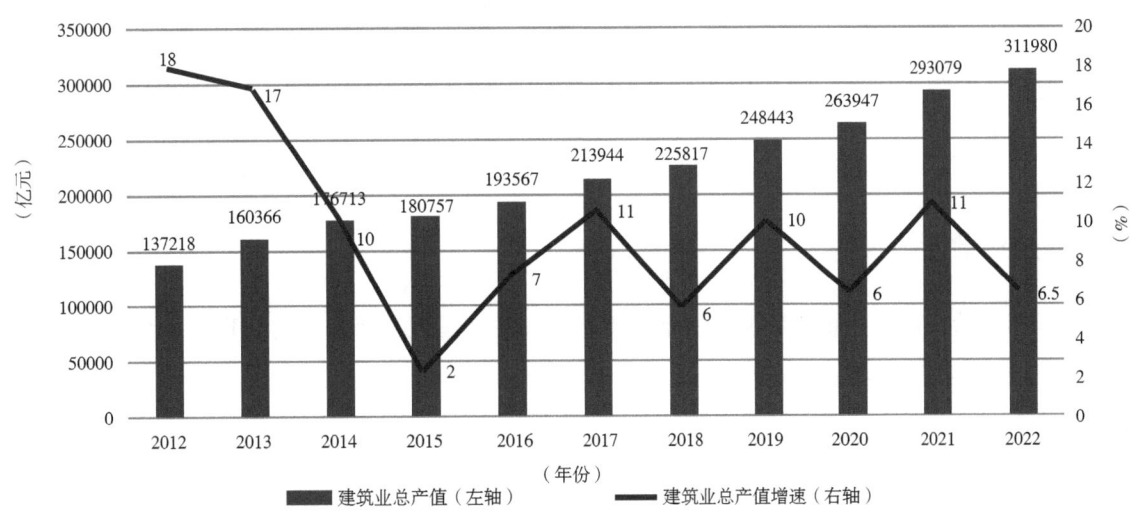

图 1.3　2012—2022 年全国建筑业总产值及增速情况

(三) 从业人员及劳动生产率

近三年来，受疫情及建筑工业化程度提升等因素影响，建筑业从业人数呈逐渐下降趋势，但 2022 年总人数仍达到 5184 万人，增长率为 -1.87%，产业大军蓄水池效果明显（见图 1.4）。

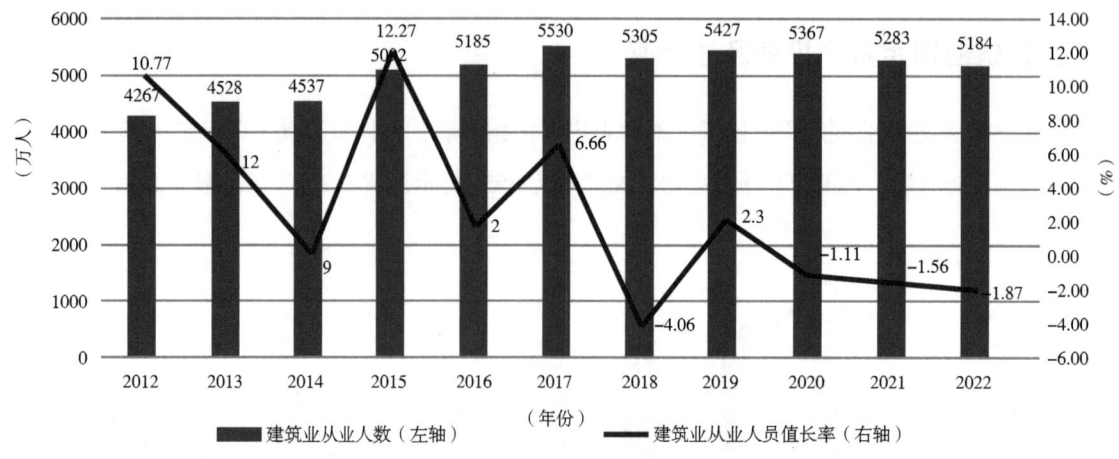

图 1.4　2012—2022 年建筑业从业人数及增长情况

同时，从 2014 年开始，建筑业劳动生产率呈逐年增加态势，表明建筑业的个人单位生产能力稳健提升（见图 1.5）。

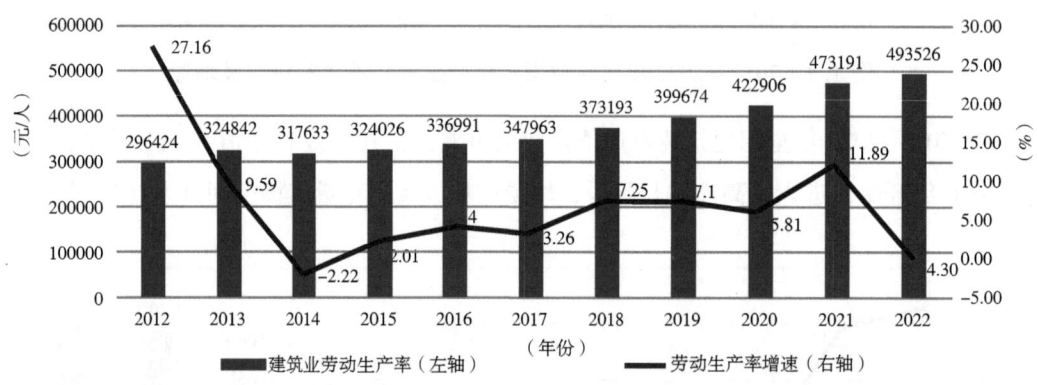

图 1.5　2012—2022 年按建筑业总产值计算的建筑业劳动生产率及增速

(四) 企业数量

从 2016 年开始，建筑业企业数量呈逐年递增态势，尤其是近三年来，均实现了两位数的增速，表明建筑市场企业活跃度相对较高（见图 1.6）。

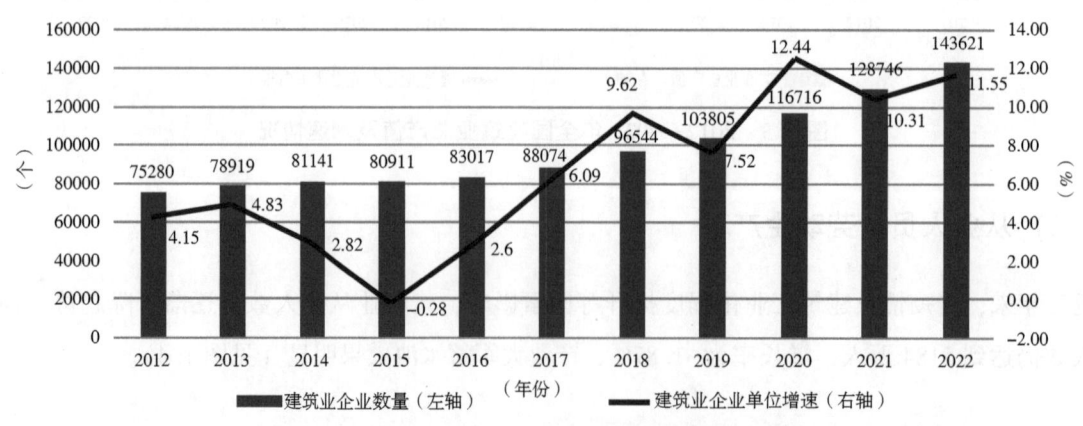

图 1.6　2012—2022 年建筑业企业数量及增速

(五) 企业签订合同额

近十年来，建筑业企业签订合同总额、新签合同额均呈递增态势，两者增速在近三年基本处于中高速区间（5%~10%），但合同总额增长率已呈现逐年下降趋势，表明建筑新增市场逐步趋近顶峰（见图1.7）。

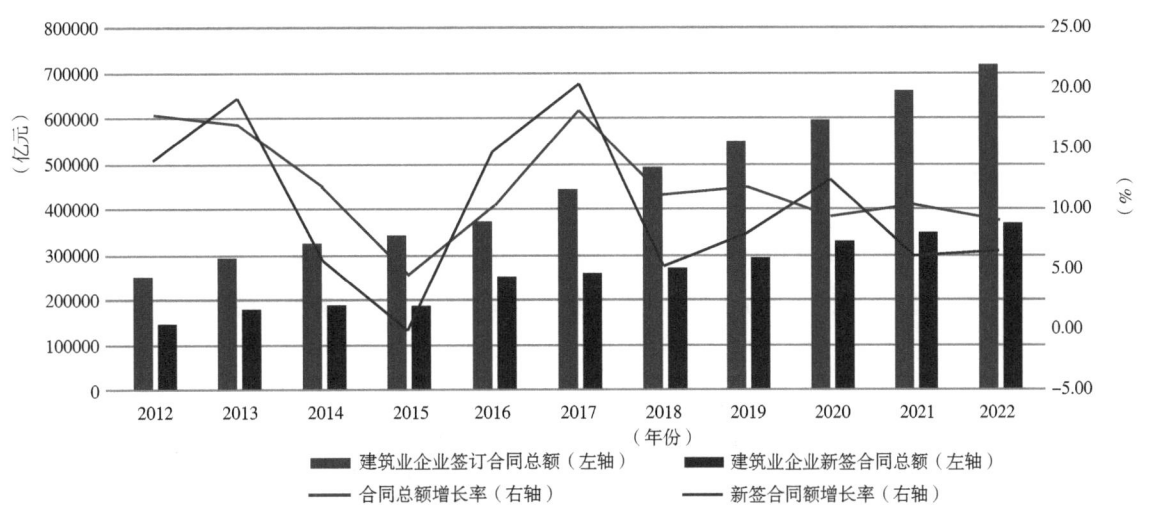

图1.7　2012—2022年全国建筑业企业签订合同总额、新签合同额及增速

同时，从企业新签合同额占合同总额比重来看，近十年也呈下降趋势，从最高的60.45%，下滑到2022年的51.21%，市场增量在逐步减少（见图1.8）。

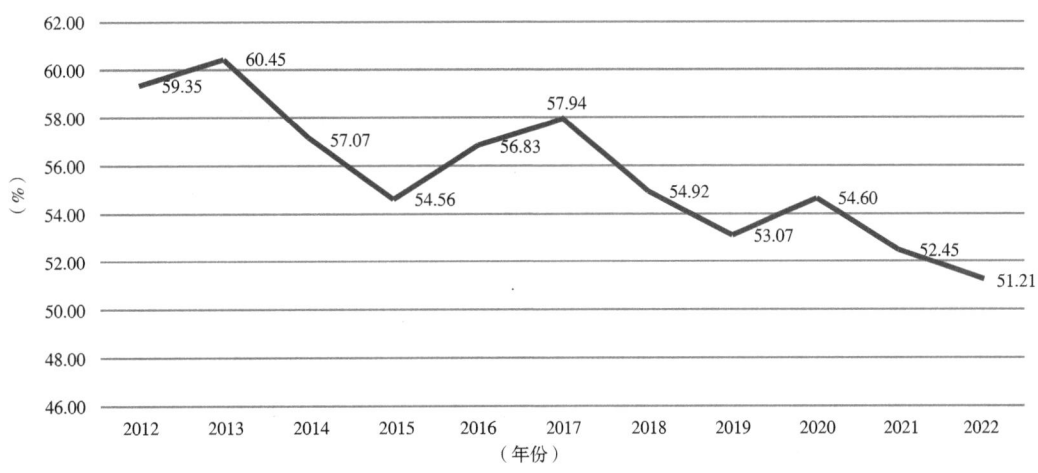

图1.8　2012—2022年全国建筑业企业新签合同额占合同总额比重情况

(六) 企业房建施工、竣工面积

从近十年的数据来看，虽然从2012年开始，房屋施工面积总量基本呈增长态势（在2022年出现

了下降），但房屋竣工面积却在2015—2020年间多次出现了负增长，导致"缓交房、不交房"等现象，也推动了近年"保交楼"等系列措施的出台（见图1.9）。

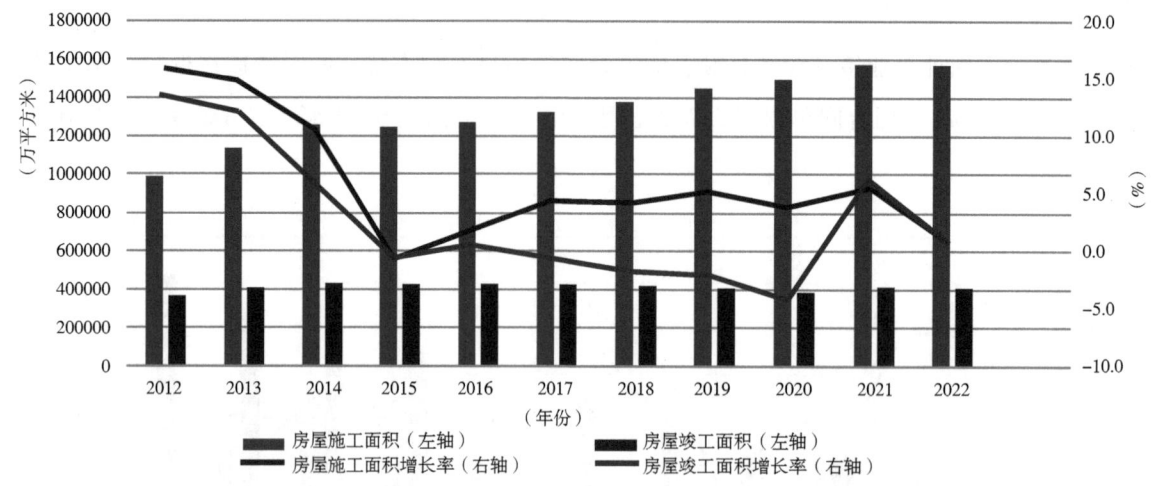

图1.9　2012—2022年建筑业企业房屋施工面积、竣工面积及增速

三、2022年中国建筑行业对外合作情况

（一）对外承包工程营业情况

十年来，新签合同额增长率、完成营业额增长率均呈下降趋势。2020—2022年，受疫情、中美贸易战、俄乌战争等因素影响，新签合同额、完成营业额与2019年相比，均呈下降后基本平稳的态势，完成营业额增长率在2020年为-9.81%，对外承包工程完成额方面面临一定压力（见图1.10）。

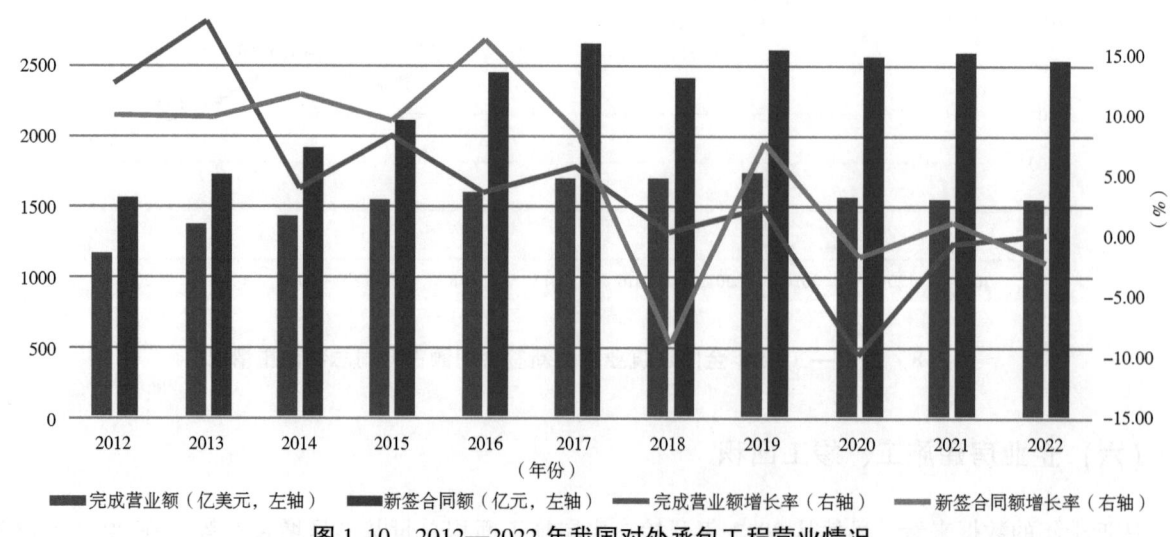

图1.10　2012—2022年我国对外承包工程营业情况

(二) 对外劳务派遣情况

对外劳务合作人员总量从 2019 年的 99.2 万人，降到 2022 年的 54.3 万人，下降了 45.26%，幅度较大。国家调整疫情防控政策后，对外劳务合作人数预期逐步提升，产能预计将进一步释放。（见图 1.11）

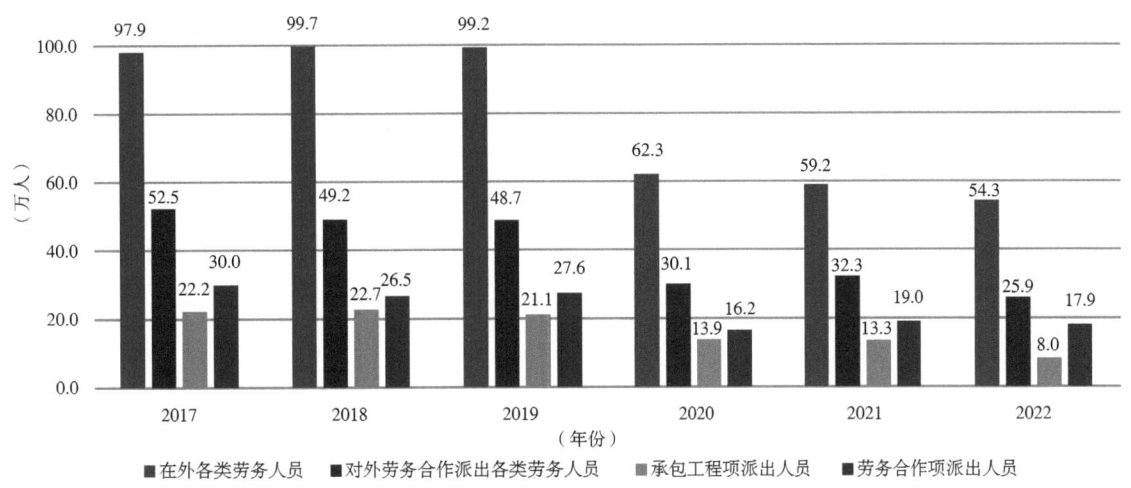

图 1.11　2017—2022 年对外劳务合作人员变化情况

市场要素

一、市场主体要素

（一）2022年施工企业中标情况分析

2022年，全国建筑市场中标金额16.95万亿元。按项目所在地统计，五大省份突破万亿，山东省项目金额最多，中标14402.31亿元，占全国的8.49%，其次为广东省，中标金额13801.1亿元，占8.14%，前二十省份中标金额占比达88.08%（见图2.1）。

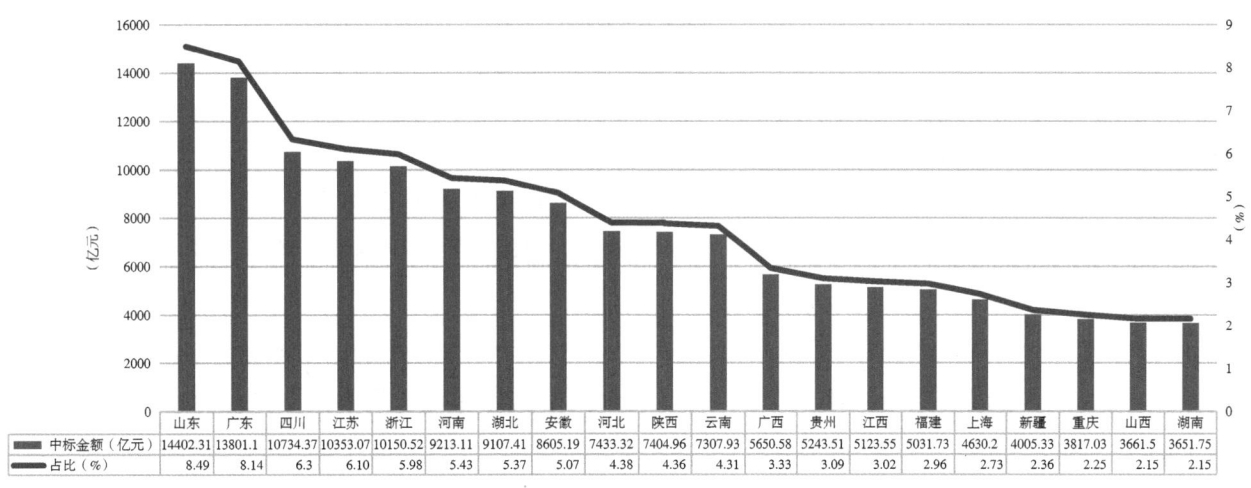

图2.1 2022年中标企业中标金额排名前二十（按项目所在地）

从企业注册地中标情况看，北京市企业中标金额最多，中标19110.59亿元，占比11.27%；其次为湖北省企业，中标13336.77亿元，占比7.87%；前二十省份企业中标金额占比达91.73%（见图2.2）。

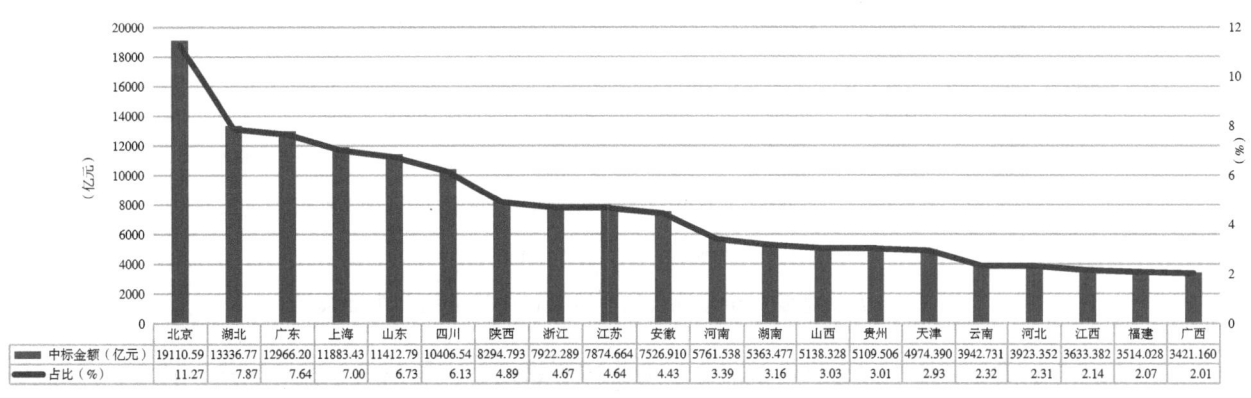

图2.2 2022年中标企业中标金额排名前二十（按企业注册地）

从中标企业性质看，约74%的大型项目中标企业为央企、国企，国企、央企和民企加速分化，强者恒强，市场集中度高，央企成为建筑行业的领头羊（见图2.3）。

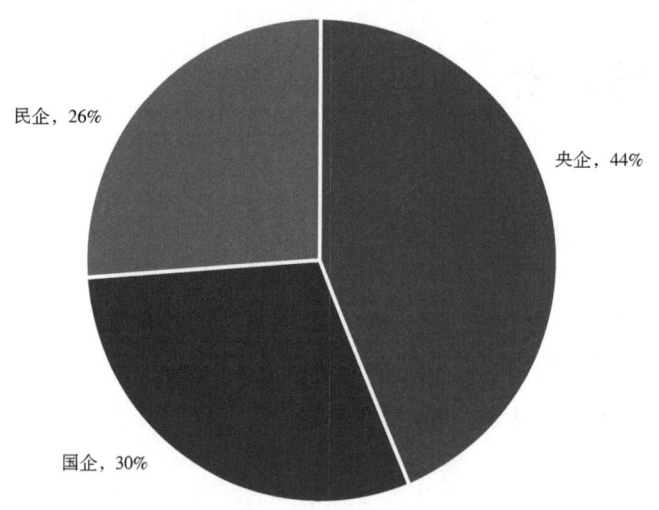

图 2.3 2022 年中标企业性质对比

注：施工企业中标金额采用联合体全额的统计。

整体来看，2022 年八大建筑央企中，中国铁建在含联合体项目（全额、平均）均位列第一位，中国建筑则在去除联合体项目、去除投资项目后位列第一。中国能建、中国化学体量规模较小，位居后两位。

八大建筑央企含联合体全额项目排名前三位的为中国铁建、中国中铁、中国建筑。其中，中国铁建中标金额 58670.50 亿元，中国中铁中标金额 37803.54 亿元，中国建筑中标金额 28524.45 亿元（见图 2.4）。

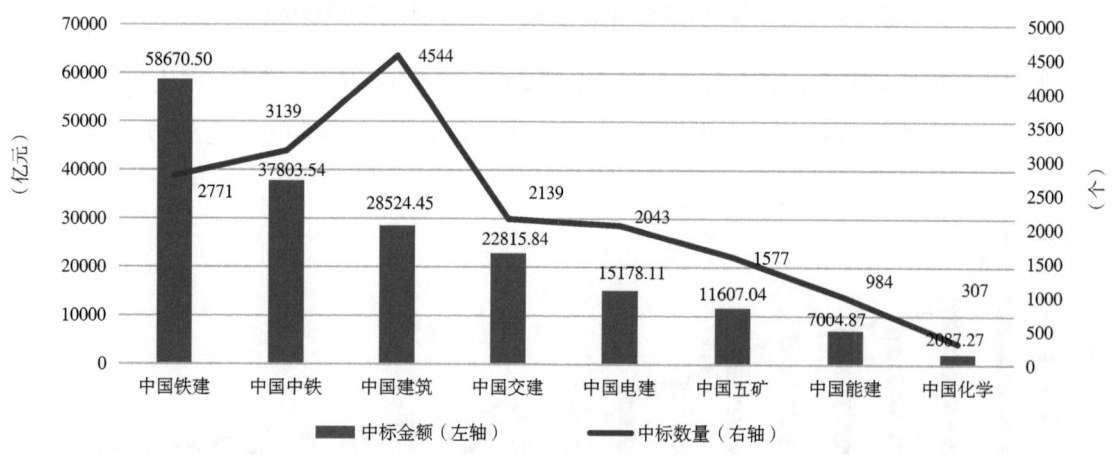

图 2.4 八大建筑央企含联合体全额项目中标业绩及中标数量

八大建筑央企含联合体平均项目排名前三位的为中国铁建、中国建筑、中国中铁。其中，中国铁建共计中标 16504.59 亿元，中国建筑 16136.89 亿元，中国中铁 14075.16 亿元（见图 2.5）。

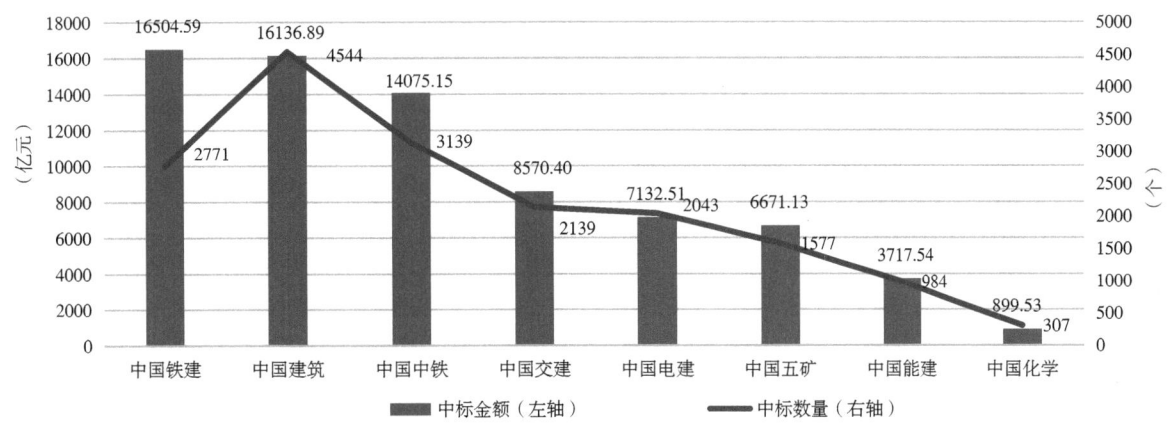

图 2.5　八大建筑央企含联合体平均项目中标业绩及中标数量

八大建筑央企去除联合体项目排名前三位的为中国建筑、中国铁建、中国中铁。其中，中国建筑共计中标 9261.39 亿元，中国铁建 8547.98 亿元，中国中铁 7313.21 亿元。其次为中国电建、中国交建，中国化学体量规模较低，共计 474.81 亿元（见图 2.6）。

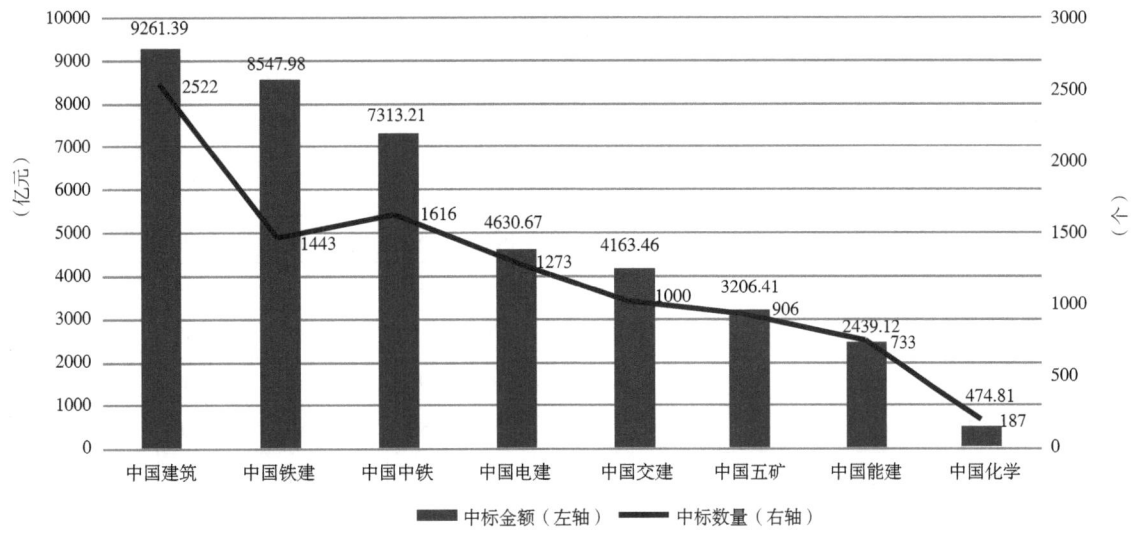

图 2.6　八大建筑央企去除联合体项目中标业绩及项目数量

八大建筑央企去除投资类项目排名前三位的为中国建筑、中国铁建、中国中铁。其中，中国建筑共计中标 15705.92 亿元，中国铁建 13865.12 亿元，中国中铁 12554.70 亿元（见图 2.7）。

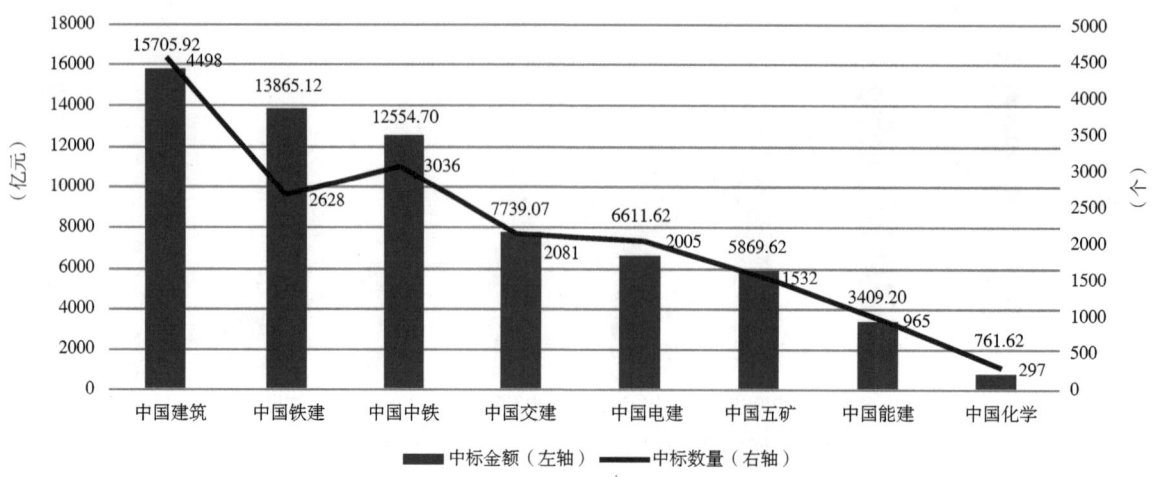

图 2.7　八大央企去除投资类项目中标业绩及中标数量

1. 2022 年施工企业中标业绩百强

从 2022 年施工企业中标业绩百强榜中可看出，建筑百强企业均为央企、国企，没有一家民营建筑企业，建筑市场格局加速演变（见表 2.1）。

表 2.1　2022 年施工企业中标业绩百强榜

排名	施工企业	企业性质	中标金额（亿元）	中标数量	联合体数量	非联合体中标金额（亿元）	一亿元及以上中标金额（亿元）	一亿元及以上非联合体中标金额（亿元）	EPC数量
1	中国建筑第八工程局有限公司	央企	6036.03	926	337	2332.90	5915.01	2244.79	189
2	中国建筑第三工程局有限公司	央企	5328.27	853	341	1933.99	5214.54	1856.65	238
3	云南省建设投资控股集团有限公司	国企	4587.63	476	210	263.29	4473.49	215.79	141
4	中铁十一局集团有限公司	央企	4273.61	293	97	1049.68	4228.09	1016.72	64
5	中交一公局集团有限公司	央企	4062.74	354	150	813.41	4004.10	775.11	81
6	中铁二十局集团有限公司	央企	3949.97	153	72	584.86	3925.22	571.20	39
7	安徽建工集团控股有限公司	国企	3828.58	389	162	530.00	3754.98	489.55	59
8	中铁四局集团有限公司	央企	3672.47	402	143	1056.68	3619.59	1018.19	76
9	中国铁建大桥工程局集团有限公司	央企	3363.24	142	60	503.55	3334.79	481.59	31
10	中铁一局集团有限公司	央企	3023.79	392	152	702.03	2949.66	656.59	79
11	中铁十九局集团有限公司	央企	3007.13	130	56	555.80	2986.98	541.89	17
12	中铁十四局集团有限公司	央企	3002.66	192	84	848.83	2979.48	833.21	38
13	中铁二十四局集团有限公司	央企	2955.75	138	44	407.17	2927.18	390.86	7
14	上海建工控股集团有限公司	国企	2909.73	833	248	1832.52	2707.19	1681.77	110
15	中交第二公路工程局有限公司	央企	2786.38	139	59	741.74	2764.18	728.56	36
16	中铁十六局集团有限公司	央企	2750.18	169	91	310.21	2722.22	295.98	52
17	中铁十二局集团有限公司	央企	2741.50	207	57	781.08	2706.34	751.65	27

续表

排名	施工企业	企业性质	中标金额（亿元）	中标数量	联合体数量	非联合体中标金额（亿元）	一亿元及以上中标金额（亿元）	一亿元及以上非联合体中标金额（亿元）	EPC数量
18	中国建筑第五工程局有限公司	央企	2619.11	423	172	840.81	2572.65	809.47	95
19	中铁十五局集团有限公司	央企	2533.40	148	55	527.45	2507.45	506.97	39
20	中铁五局集团有限公司	央企	2481.39	190	78	492.26	2446.56	467.94	37
21	中国建筑一局（集团）有限公司	央企	2428.46	384	149	693.44	2374.33	653.89	100
22	中铁十八局集团有限公司	央企	2407.71	203	91	413.11	2362.14	381.88	58
23	中交路桥建设有限公司	央企	2401.59	152	51	501.68	2368.54	477.80	30
24	中国建筑第七工程局有限公司	央企	2248.05	325	91	969.40	2203.62	935.31	79
25	中交建筑集团有限公司	央企	2235.71	132	56	253.36	2215.57	237.36	28
26	中国建筑第二工程局有限公司	央企	2220.23	357	146	692.09	2172.49	659.62	81
27	中铁隧道局集团有限公司	央企	2199.06	102	42	404.95	2184.53	396.05	6
28	中铁二局集团有限公司	央企	2193.26	150	58	373.27	2166.54	355.77	18
29	陕西建工控股集团有限公司	国企	2085.99	707	160	1169.92	1907.76	1026.88	150
30	中铁三局集团有限公司	央企	1995.16	138	52	601.44	1972.48	584.34	11
31	中电建路桥集团有限公司	央企	1981.58	35	20	72.80	1981.08	72.80	8
32	黑龙江省建设投资集团有限公司	国企	1969.75	311	64	219.47	1864.85	136.46	39
33	中铁大桥局集团有限公司	央企	1969.65	80	29	507.39	1960.78	501.45	5
34	中铁二十五局集团有限公司	央企	1905.13	68	29	310.82	1893.70	305.13	8
35	中铁十七局集团有限公司	央企	1887.68	128	46	425.15	1861.30	405.18	26
36	中交第二航务工程局有限公司	央企	1865.25	244	98	598.35	1823.87	569.07	68
37	中铁二十一局集团有限公司	央企	1818.69	129	37	472.17	1793.94	450.29	26
38	中国铁建昆仑投资集团有限公司	央企	1751.94	15	13	99.56	1751.94	99.56	2
39	四川公路桥梁建设集团有限公司	国企	1723.69	43	17	228.75	1720.42	227.47	3
40	广东省建筑工程集团控股有限公司	国企	1720.07	544	231	488.76	1554.93	396.19	90
41	中铁二十二局集团有限公司	央企	1717.36	60	21	275.13	1708.84	269.65	9
42	中国十九冶集团有限公司	央企	1709.02	53	23	346.82	1706.17	344.55	13
43	中国铁建投资集团有限公司	央企	1701.99	27	17	143.15	1700.80	143.15	3
44	中国建筑第四工程局有限公司	央企	1694.66	267	90	564.25	1664.51	541.17	41
45	中铁二十三局集团有限公司	央企	1692.71	111	53	228.35	1675.55	217.72	19
46	中国能源建设集团规划设计有限公司	央企	1689.78	329	78	1177.48	1616.03	1117.89	206
47	中铁十局集团有限公司	央企	1671.47	213	102	386.46	1630.36	366.21	47
48	中铁开发投资集团有限公司	央企	1602.06	11	8	—	1601.48	—	1
49	广西建工集团有限责任公司	国企	1578.50	557	215	418.37	1406.68	300.63	69

续 表

排名	施工企业	企业性质	中标金额（亿元）	中标数量	联合体数量	非联合体中标金额（亿元）	一亿元及以上中标金额（亿元）	一亿元及以上非联合体中标金额（亿元）	EPC数量
50	中交第三公路工程局有限公司	央企	1512.41	71	29	126.51	1498.59	116.29	15
51	重庆建工集团股份有限公司	国企	1491.87	140	45	171.53	1448.98	141.57	29
52	中铁城建集团有限公司	央企	1480.48	67	33	111.31	1469.83	103.69	19
53	中国葛洲坝集团股份有限公司	央企	1464.61	38	25	215.07	1459.91	213.54	5
54	中铁建设集团有限公司	央企	1451.69	146	57	311.86	1428.00	297.54	23
55	山西建设投资集团有限公司	国企	1451.59	653	209	553.81	1244.72	417.98	171
56	中铁七局集团有限公司	央企	1443.21	144	58	449.68	1419.26	433.44	28
57	中铁六局集团有限公司	央企	1439.59	106	43	255.20	1418.10	241.62	14
58	中国电建集团华东勘测设计研究院有限公司	央企	1358.77	164	85	335.73	1333.49	323.29	90
59	中国铁建股份有限公司	央企	1344.14	12	8	157.66	1344.14	157.66	0
60	北京建工集团有限责任公司	国企	1308.95	376	73	579.16	1204.71	495.11	26
61	云南省交通投资建设集团有限公司	国企	1295.00	7	7	—	1295.00	—	0
62	中铁建工集团有限公司	央企	1281.91	268	123	502.56	1238.95	479.29	69
63	中国五冶集团有限公司	央企	1277.09	208	69	531.79	1251.27	509.21	24
64	云南交投集团公路建设有限公司	国企	1272.36	8	6	3.50	1271.41	3.18	0
65	云南交投集团云岭建设有限公司	国企	1268.58	10	8	0.76	1267.81	—	2
66	中国中铁股份有限公司	央企	1266.55	11	8	156.22	1266.55	156.22	0
67	云南交投集团投资有限公司	国企	1261.07	6	6	—	1261.07	—	0
68	贵州省公路工程集团有限公司	国企	1229.32	23	10	25.17	1226.47	22.32	2
69	广州市建筑集团有限公司	国企	1214.10	501	174	436.32	1079.26	350.51	66
70	中国铁建电气化局集团有限公司	央企	1175.87	62	21	134.69	1162.77	123.46	6
71	中铁电气化局集团有限公司	央企	1173.12	127	40	243.07	1146.04	221.97	12
72	上海城建（集团）有限公司	国企	1164.42	248	72	494.08	1099.51	453.41	26
73	中铁广州工程局集团有限公司	央企	1103.34	103	55	152.62	1085.20	141.96	24
74	湖南建工集团有限公司	国企	1068.61	436	228	354.13	963.60	304.39	111
75	中交第一航务工程局有限公司	央企	1067.55	191	78	388.37	1026.06	361.80	41
76	中铁上海工程局集团有限公司	央企	1055.40	149	76	344.51	1038.87	335.04	36
77	福建建工集团有限责任公司	国企	1053.42	122	38	217.17	1037.59	205.28	23
78	中冶建工集团有限公司	央企	1011.81	99	45	193.65	1000.58	186.16	29
79	中铁建重庆投资集团有限公司	央企	1004.63	11	9	51.63	1004.63	51.63	1
80	上海宝冶集团有限公司	国企	985.72	160	44	420.53	955.78	396.36	24
81	重庆中环建设有限公司	国企	972.95	9	6	10.30	972.10	10.30	0

续表

排名	施工企业	企业性质	中标金额（亿元）	中标数量	联合体数量	非联合体中标金额（亿元）	一亿元及以上中标金额（亿元）	一亿元及以上非联合体中标金额（亿元）	EPC数量
82	中铁八局集团有限公司	央企	969.40	86	47	146.69	959.37	140.45	24
83	中国五矿股份有限公司	央企	963.29	92	50	72.60	946.47	63.10	30
84	中国建筑第六工程局有限公司	央企	961.38	188	66	362.00	923.49	328.59	41
85	湖北交通投资集团有限公司	国企	956.28	6	6	—	956.28	—	0
86	四川华西集团有限公司	国企	886.34	262	101	322.87	830.12	287.08	18
87	中国交通建设股份有限公司	央企	875.50	8	6	34.42	875.50	34.42	0
88	中国水利水电第四工程局有限公司	央企	867.25	64	19	142.22	856.96	132.51	14
89	福建省通邦交通建设有限公司	国企	849.43	5	5	—	848.49	—	1
90	广西路桥工程集团有限公司	国企	849.15	25	16	18.47	844.03	15.48	1
91	中铁建城市开发有限公司	央企	844.13	7	7	—	844.13	—	1
92	北京城建集团有限责任公司	国企	843.53	286	51	491.29	774.48	430.08	26
93	中国一冶集团有限公司	央企	833.92	152	81	195.90	809.70	180.73	66
94	湖南路桥建设集团有限责任公司	国企	810.30	16	7	23.07	808.75	21.52	0
95	中铁城市发展投资集团有限公司	央企	787.30	3	3	—	787.30	—	1
96	中交疏浚（集团）股份有限公司	央企	780.04	142	50	180.36	754.15	162.55	22
97	中国能源建设集团华东建设投资有限公司	央企	779.95	222	47	311.13	716.82	254.94	50
98	甘肃公航旅路业有限公司	国企	776.19	6	5	0.52	775.67	—	0
99	四川省交通建设集团有限责任公司	国企	774.03	15	7	17.96	771.54	16.26	2
100	湖北交投建设集团有限公司	国企	753.57	12	9	29.21	753.57	29.21	5

注：施工企业中标总金额采用联合体全额的统计。

2. 2022年中标业绩前二十施工企业与业主机构合作情况

根据公开数据统计，2022年中标业绩前二十施工企业与业主机构合作情况详见表2.2。

表2.2　2022年中标业绩前二十施工企业与业主机构合作情况

排名	施工企业	业主机构	合作金额（亿元）
1	中国建筑第八工程局有限公司	武汉市人民政府	273.30
		石家庄交通投资发展集团有限责任公司	172.50
		山东公用控股有限公司	158.88
		鄂尔多斯市招商投资集团有限责任公司	142.30
		山东高速集团有限公司	115.26

续 表

排名	施工企业	业主机构	合作金额（亿元）
2	中国建筑第三工程局有限公司	武汉市人民政府	621.30
		山东公用控股有限公司	158.88
		中国建筑集团有限公司	142.38
		烟台市公路事业发展中心	118.11
		广州市白云城市开发投资集团有限公司	106.86
3	云南省建设投资控股集团有限公司	曲靖市交通运输局	1145.01
		红河发展集团有限公司	964.21
		临沧市临翔区教育体育局	569.61
		文山州交通运输局	497.86
		昆明市建设服务中心	190.63
4	中铁十一局集团有限公司	湖南省交通运输厅	415.00
		郑州地产集团有限公司	303.27
		浙江省发展规划研究院	267.17
		保山市交通运输局	243.79
		贵州省交通运输厅	237.06
5	中交一公局集团有限公司	吉林省交通运输厅	418.96
		潍坊市奎文区国有资本运营中心	266.00
		云南省滇中产业发展集团有限责任公司	249.02
		临夏回族自治州交通运输局	240.04
		石家庄交通投资发展集团有限责任公司	238.39
6	中铁二十局集团有限公司	重庆市交通局	511.41
		湖南省交通运输厅	415.00
		文山州交通运输局	363.82
		临夏回族自治州交通运输局	240.04
		十堰市人民政府	235.00
7	安徽建工集团控股有限公司	重庆市交通局	511.41
		泾县交通运输局	293.08
		宿州市交通运输局	281.97
		宿州埇信国有资本投资运营集团有限公司	259.95
		蚌埠经济开发区投资集团有限公司	237.60
8	中铁四局集团有限公司	吉林省交通运输厅	418.96
		大理州交通运输局	300.66
		浙江省发展规划研究院	267.17
		保山市交通运输局	243.79
		中国国家铁路集团有限公司	228.24

续 表

排名	施工企业	业主机构	合作金额（亿元）
9	中国铁建大桥工程局集团有限公司	吉林省交通运输厅	418.96
		湖南省交通运输厅	415.00
		黑龙江省交通运输厅	312.57
		泸州市交通运输局	303.53
		浙江省发展规划研究院	267.17
10	中铁一局集团有限公司	广西交通投资集团有限公司	566.43
		吉林省交通运输厅	418.96
		广东省交通运输厅	202.98
		广东省铁路建设投资集团有限公司	145.05
		广州地铁集团有限公司	98.42
11	中铁十九局集团有限公司	重庆市交通局	511.41
		湖南省交通运输厅	415.00
		漳州市九龙江集团有限公司	293.58
		临夏回族自治州交通运输局	240.04
		大理海东开发投资集团有限公司	188.94
12	中铁十四局集团有限公司	漳州市九龙江集团有限公司	293.58
		浙江省发展规划研究院	267.17
		临夏回族自治州交通运输局	240.04
		石家庄交通投资发展集团有限责任公司	170.70
		武汉市人民政府	163.00
13	中铁二十四局集团有限公司	漳州市九龙江集团有限公司	880.74
		湖南省交通运输厅	415.00
		临沧市交通运输局	326.03
		浙江省发展规划研究院	267.17
		西安曲江文化控股有限公司	161.00
14	上海建工控股集团有限公司	上海临港经济发展（集团）有限公司	255.73
		上海金桥（集团）有限公司	240.41
		上海城投（集团）有限公司	153.29
		上海机场（集团）有限公司	125.98
		上海久事（集团）有限公司	111.63
15	中交第二公路工程局有限公司	广西壮族自治区交通运输厅	575.67
		贵州省交通运输厅	237.06
		十堰市人民政府	235.00
		湖北交通投资集团有限公司	208.14
		宜昌市人民政府	197.75

续 表

排名	施工企业	业主机构	合作金额（亿元）
16	中铁十六局集团有限公司	湖南省交通运输厅	415.00
		郑州地产集团有限公司	303.27
		漳州市九龙江集团有限公司	293.58
		贵州省交通运输厅	237.06
		曲靖市交通运输局	163.57
17	中铁十二局集团有限公司	广东省铁路建设投资集团有限公司	356.60
		郑州地产集团有限公司	303.27
		大理海东开发投资集团有限公司	188.94
		石家庄交通投资发展集团有限责任公司	170.70
		宜昌市人民政府	167.00
18	中国建筑第五工程局有限公司	重庆市交通局	511.41
		漳州市九龙江集团有限公司	277.60
		鲁甸县开发投资有限公司	69.03
		长沙机场股份有限公司	62.45
		东营市东营区国有资产管理服务中心	50.00
19	中铁十五局集团有限公司	临沧市交通运输局	326.03
		漳州市九龙江集团有限公司	272.90
		保山市交通运输局	243.79
		临夏回族自治州交通运输局	240.04
		扬州市城建国有资产控股（集团）有限责任公司	188.63
20	中铁五局集团有限公司	内江市交通运输局	673.44
		贵州省交通运输厅	237.06
		新乡市交通运输局	147.54
		河南交通投资集团有限公司	146.00
		南阳众益城乡建设投资集团有限公司	116.79

注：施工企业中标金额采用联合体全额的统计。

3. 2022 年中标业绩前二十施工企业与招标代理机构合作情况

根据公开数据统计，2022 年中标业绩前二十施工企业与招标代理机构合作情况详见表 2.3。

表 2.3　2022 年中标业绩前二十施工企业与招标代理机构合作情况

排名	施工企业	招标代理机构	合作金额（亿元）
1	中国建筑第八工程局有限公司	中南工程咨询设计集团有限公司	319.63
		北京中昌工程咨询有限公司	172.50
		华杰工程咨询有限公司	159.30
		上海百通项目管理咨询有限公司	156.62
		山东产权交易集团有限公司	121.00

续 表

排名	施工企业	招标代理机构	合作金额（亿元）
2	中国建筑第三工程局有限公司	中南工程咨询设计集团有限公司	826.48
		广州市白云城市开发投资集团有限公司	159.46
		元亨工程咨询集团有限公司	118.11
		杭州博仕信企业管理咨询有限公司	92.82
		山东产权交易集团有限公司	90.01
3	云南省建设投资控股集团有限公司	云南云岭工程造价咨询有限公司	1145.01
		云南正邦项目管理咨询有限公司	963.77
		云南莱悦工程咨询有限公司	570.04
		天行健项目管理咨询（北京）有限公司	501.87
		垒知控股集团股份有限公司	166.52
4	中铁十一局集团有限公司	华杰工程咨询有限公司	454.65
		永信和瑞工程咨询有限公司	415.00
		云南云岭工程造价咨询有限公司	407.36
		中南工程咨询设计集团有限公司	334.47
		河南省伟信招标管理咨询有限公司	304.85
5	中交一公局集团有限公司	北京大岳咨询有限责任公司	418.96
		汇港管理咨询集团有限公司	266.00
		云南云岭工程造价咨询有限公司	249.02
		中海建国际建设咨询集团有限责任公司	240.04
		广东省广新控股集团有限公司	225.29
6	中铁二十局集团有限公司	华杰工程咨询有限公司	552.97
		北京华通睿远工程咨询有限公司	511.41
		永信和瑞工程咨询有限公司	415.00
		天行健项目管理咨询（北京）有限公司	363.82
		中海建国际建设咨询集团有限责任公司	240.04
7	安徽建工集团控股有限公司	安徽省仁华企业管理咨询有限公司	636.24
		北京华通睿远工程咨询有限公司	511.41
		华杰工程咨询有限公司	414.71
		安徽宏泰交通工程设计研究院	293.08
		合肥兴泰金融控股（集团）有限公司	265.91
8	中铁四局集团有限公司	云南云岭工程造价咨询有限公司	544.45
		北京大岳咨询有限责任公司	450.61
		建经投资咨询有限公司	273.92
		广东省广新控股集团有限公司	235.23
		安徽省仁华企业管理咨询有限公司	158.17

续 表

排名	施工企业	招标代理机构	合作金额（亿元）
9	中国铁建大桥工程局集团有限公司	北京大岳咨询有限责任公司	553.93
		华杰工程咨询有限公司	473.32
		永信和瑞工程咨询有限公司	415.00
		北京中交建设工程咨询有限公司	323.91
		四川省交通运输发展战略和规划科学研究院	303.53
10	中铁一局集团有限公司	广西交通投资集团有限公司	586.23
		北京大岳咨询有限责任公司	452.78
		广东省广新控股集团有限公司	238.56
		垦知控股集团股份有限公司	210.00
		广州高新工程顾问有限公司	202.98
11	中铁十九局集团有限公司	北京华通睿远工程咨询有限公司	511.41
		永信和瑞工程咨询有限公司	415.00
		福建省招标采购集团有限公司	294.37
		北京大岳咨询有限责任公司	262.07
		中海建国际建设咨询集团有限责任公司	240.04
12	中铁十四局集团有限公司	北京大岳咨询有限责任公司	303.78
		福建省招标采购集团有限公司	293.58
		建经投资咨询有限公司	267.17
		中海建国际建设咨询集团有限责任公司	240.04
		河北宏信招标有限公司	170.70
13	中铁二十四局集团有限公司	福建省招标采购集团有限公司	884.70
		永信和瑞工程咨询有限公司	415.00
		云南云岭工程造价咨询有限公司	326.03
		建经投资咨询有限公司	267.83
		陕西希地工程项目管理有限公司	161.00
14	上海建工控股集团有限公司	上海百通项目管理咨询有限公司	174.51
		上海国际招标有限公司	156.49
		上海国盛（集团）有限公司	115.21
		中国建设银行股份有限公司	111.95
		上海国有资本投资有限公司	89.20
15	中交第二公路工程局有限公司	华杰工程咨询有限公司	907.92
		北京金准咨询有限责任公司	575.67
		河南交通投资集团有限公司	179.00
		北京中昌工程咨询有限公司	172.50
		河南省国贸招标有限公司	147.54

续 表

排名	施工企业	招标代理机构	合作金额（亿元）
16	中铁十六局集团有限公司	永信和瑞工程咨询有限公司	415.00
		华杰工程咨询有限公司	340.47
		河南省伟信招标管理咨询有限公司	303.27
		福建省招标采购集团有限公司	293.58
		云南云岭工程造价咨询有限公司	163.57
17	中铁十二局集团有限公司	广东省广新控股集团有限公司	356.60
		河南省伟信招标管理咨询有限公司	303.27
		信阳新投实业有限责任公司	191.51
		华杰工程咨询有限公司	179.43
		河北宏信招标有限公司	170.70
18	中国建筑第五工程局有限公司	北京华通睿远工程咨询有限公司	511.41
		福建省招标采购集团有限公司	350.56
		云南集诚建设工程招标代理有限公司	66.88
		湖南国联招标有限公司	63.35
		山东正采项目咨询有限公司	50.00
19	中铁十五局集团有限公司	云南云岭工程造价咨询有限公司	569.82
		福建省招标采购集团有限公司	272.90
		中海建国际建设咨询集团有限责任公司	240.04
		北京市基础设施投资有限公司	188.63
		北京大岳咨询有限责任公司	154.28
20	中铁五局集团有限公司	四川省交通运输发展战略和规划科学研究院	673.44
		华杰工程咨询有限公司	241.30
		垒知控股集团股份有限公司	210.00
		河南省国贸招标有限公司	147.54
		河南交通投资集团有限公司	146.00

注：施工企业中标金额采用联合体全额的统计。

（二）2022年业主机构发包情况分析

1. 2022年业主机构发包业绩百强榜单

根据公开数据统计，2022年业主机构发包业绩百强榜单详见表2.4。

表2.4　2022年业主机构发包业绩百强榜单

排名	企业名称	代理金额（亿元）	排名	企业名称	代理金额（亿元）
1	中国国家铁路集团有限公司	4042.94	3	中国华能集团有限公司	923.60
2	国家能源投资集团有限责任公司	1223.97	4	漳州市九龙江集团有限公司	902.24

续 表

排名	企业名称	代理金额（亿元）	排名	企业名称	代理金额（亿元）
5	中国长江三峡集团有限公司	824.29	40	中国铁路发展基金股份有限公司	354.16
6	四川发展（控股）有限责任公司	752.52	41	新乡市交通运输局	353.23
7	贵州省交通运输厅	739.54	42	山西省国有资本运营有限公司	346.67
8	中国农业发展银行	716.03	43	郑州地产集团有限公司	344.02
9	广西交通投资集团有限公司	706.93	44	青岛地铁集团有限公司	341.71
10	国家电网有限公司	691.72	45	中国电力建设集团有限公司	331.23
11	中国铁道建筑集团有限公司	691.43	46	临沧市交通运输局	326.03
12	广西壮族自治区交通运输厅	677.99	47	江西省交通投资集团有限责任公司	325.74
13	内江市交通运输局	673.44	48	重庆城市交通开发投资（集团）有限公司	323.45
14	武汉市人民政府	652.17	49	辽宁省交通运输厅	320.88
15	北京国有资本运营管理有限公司	630.10	50	中国交通建设集团有限公司	318.67
16	山东高速集团有限公司	603.80	51	沧州市交通运输局	311.64
17	广西北部湾投资集团有限公司	584.77	52	泸州市交通运输局	303.53
18	中国核工业集团有限公司	543.88	53	深圳市地铁集团有限公司	301.40
19	上海久事（集团）有限公司	523.28	54	大理州交通运输局	300.66
20	湖南省交通运输厅	513.00	55	西安高科集团有限公司	297.75
21	重庆市交通局	511.96	56	西安高新控股有限公司	297.49
22	广东省铁路建设投资集团有限公司	508.38	57	安徽省交通控股集团有限公司	295.57
23	石家庄交通投资发展集团有限责任公司	495.79	58	宜宾发展控股集团有限公司	294.88
24	中国能源建设集团有限公司	480.41	59	西安曲江文化控股有限公司	292.25
25	文山州交通运输局	468.87	60	河南交通投资集团有限公司	289.59
26	中国雄安集团有限公司	454.74	61	惠州仲恺高新技术产业开发区国有资产事务中心	286.63
27	广东省交通运输厅	434.08	62	湖北省科技投资集团有限公司	284.39
28	中国铁路工程集团有限公司	424.68	63	济南市城乡水务局	273.75
29	宁波市轨道交通集团有限公司	421.99	64	浙江省发展规划研究院	267.17
30	吉林省交通运输厅	418.96	65	信阳市建设投资总公司	263.62
31	江苏省交通工程建设局	415.66	66	合肥市建设投资控股（集团）有限公司	261.21
32	上海临港经济发展（集团）有限公司	412.07	67	广州机场建设投资集团有限公司	260.75
33	甘肃省交通运输厅投融资管理办公室	405.21	68	上海城投（集团）有限公司	255.58
34	临夏回族自治州交通运输局	393.54	69	中国华电集团有限公司	253.23
35	黑龙江省交通运输厅	390.21	70	国家电力投资集团有限公司	251.75
36	中国建筑集团有限公司	383.27	71	上海金桥（集团）有限公司	251.18
37	德阳发展控股集团有限公司	377.76	72	中原豫资投资控股集团有限公司	250.04
38	湖北交通投资集团有限公司	375.30	73	广东恒健投资控股有限公司	249.37
39	宜昌市人民政府	364.75	74	厦门利柏商务服务有限公司	247.32

续 表

排名	企业名称	代理金额（亿元）	排名	企业名称	代理金额（亿元）
75	国家电力公司	246.81	88	山东能源集团有限公司	212.26
76	招商局集团有限公司	245.79	89	玉溪国有资本运营有限公司	212.04
77	国家开发银行	245.24	90	沧州市建设投资集团有限公司	211.60
78	保山市交通运输局	243.79	91	国家开发投资集团有限公司	210.51
79	昭通市高速公路投资发展有限责任公司	243.75	92	淮北市杜集区住房和城乡建设局	209.36
80	中国南方电网有限责任公司	242.10	93	中国保利集团有限公司	207.84
81	中国广核集团有限公司	240.61	94	中国五矿集团有限公司	204.18
82	天津经济技术开发区管理委员会	236.91	95	济南轨道交通集团有限公司	202.70
83	开封市国有资本投资运营集团有限公司	235.16	96	广州地铁集团有限公司	201.73
84	十堰市人民政府	235.00	97	潍坊中新城市更新有限公司	199.41
85	长江沿岸铁路集团四川有限公司	228.84	98	广东省交通集团有限公司	195.98
86	南阳产业投资集团有限公司	224.03	99	昌九城际铁路有限责任公司	195.75
87	陕西西咸新区发展集团有限公司	223.94	100	大有数字资源有限责任公司	193.05

数据来源：建设通，采用平均金额计算。

2. 2022年发包业绩前二十业主机构与施工企业合作情况

根据公开数据统计，2022年发包业绩前二十业主机构与施工企业合作情况详见表2.5。

表2.5 2022年发包业绩前二十业主机构与施工企业合作情况

排名	业主机构	施工企业	发包金额（亿元）
1	中国国家铁路集团有限公司	中铁十四局集团有限公司	329.11
		中铁三局集团有限公司	230.45
		中铁四局集团有限公司	227.54
		中铁大桥局集团有限公司	190.13
		中铁十二局集团有限公司	179.88
2	国家能源投资集团有限责任公司	中国能源建设集团规划设计有限公司	76.13
		宁夏煤炭基本建设有限公司	59.73
		中国安能集团第一工程局有限公司	49.35
		中国水利水电第七工程局有限公司	45.58
		中铁十九局集团有限公司	43.13
3	中国华能集团有限公司	中国电建集团华东勘测设计研究院有限公司	85.87
		中国水利水电第一工程局有限公司	72.08
		中国能源建设集团北方建设投资有限公司	52.31
		中国能源建设集团规划设计有限公司	51.57
		中国电建集团贵阳勘测设计研究院有限公司	40.99

续 表

排名	业主机构	施工企业	发包金额（亿元）
4	漳州市九龙江集团有限公司	中电建路桥集团有限公司	76.01
		中铁二十二局集团有限公司	47.82
		福建省通邦交通建设有限公司	46.17
		福建展恒新建设集团有限公司	46.08
		中铁二十四局集团有限公司	44.04
5	中国长江三峡集团有限公司	中国能源建设集团规划设计有限公司	318.98
		中国电建集团西北勘测设计研究院有限公司	35.29
		特变电工新疆新能源股份有限公司	26.59
		中国电建集团湖北工程有限公司	26.17
		中国电建集团成都勘测设计研究院有限公司	22.69
6	四川发展（控股）有限责任公司	四川路航建设工程有限责任公司	70.94
		中铁三局集团有限公司	50.41
		中铁十一局集团有限公司	45.59
		中铁隧道局集团有限公司	42.18
		中铁十七局集团有限公司	35.86
7	贵州省交通运输厅	贵州省公路工程集团有限公司	62.62
		贵州桥梁建设集团有限责任公司	62.62
		贵州黔贵路桥工程有限公司	62.62
		贵州路桥集团有限公司	62.62
		贵州大通路桥工程建设有限公司	62.62
8	中国农业发展银行	重庆建工集团股份有限公司	495.94
		中铁二十局集团有限公司	41.31
		中交疏浚（集团）股份有限公司	17.00
		云南省建设投资控股集团有限公司	16.00
		中国电建集团华东勘测设计研究院有限公司	13.80
9	广西交通投资集团有限公司	中铁一局集团有限公司	244.89
		中铁四局集团有限公司	57.48
		中国建筑第八工程局有限公司	41.53
		中交第二航务工程局有限公司	32.84
		中交路桥建设有限公司	30.72
10	国家电网有限公司	北京汇昌鑫峰科技有限公司	20.55
		中国安能集团第二工程局有限公司	19.30
		中国水利水电第一工程局有限公司	15.94
		国网四川电力送变电建设有限公司	14.60
		山西省水利建筑工程局集团有限公司	14.45

续 表

排名	业主机构	施工企业	发包金额（亿元）
11	中国铁道建筑集团有限公司	中铁十二局集团有限公司	79.30
		中铁二十局集团有限公司	72.48
		中铁十一局集团有限公司	54.02
		中铁二十二局集团有限公司	50.02
		中铁建设集团有限公司	43.84
12	广西壮族自治区交通运输厅	中交第二公路工程局有限公司	107.94
		中铁交通投资集团有限公司	47.89
		中铁二局集团有限公司	47.89
		中铁北京工程局集团有限公司	47.89
		中铁广州工程局集团有限公司	47.59
13	内江市交通运输局	中铁五局集团有限公司	112.24
		中铁城市发展投资集团有限公司	112.24
		中国十九冶集团有限公司	112.24
		四川省交通建设集团有限责任公司	112.24
		四川公路桥梁建设集团有限公司	112.24
14	武汉市人民政府	中国建筑第三工程局有限公司	88.43
		中国建筑第二工程局有限公司	78.15
		武汉交通工程建设投资集团有限公司	78.15
		中国葛洲坝集团股份有限公司	71.15
		中铁大桥局集团有限公司	55.83
15	北京国有资本运营管理有限公司	北京建工集团有限责任公司	97.06
		北京城建集团有限责任公司	95.98
		贵州建工集团有限公司	41.80
		中国建筑第二工程局有限公司	36.43
		中国建筑第三工程局有限公司	33.48
16	山东高速集团有限公司	山东省路桥集团有限公司	130.21
		中国建筑第八工程局有限公司	71.37
		山东省公路桥梁建设集团有限公司	33.70
		中交一公局集团有限公司	33.00
		中铁大桥局集团有限公司	27.01
17	广西北部湾投资集团有限公司	广西交科集团有限公司	229.11
		广西路桥工程集团有限公司	150.86
		广西路建工程集团有限公司	92.40
		广西交建工程建设集团有限公司	52.32
		中国建筑第八工程局有限公司	10.88

续 表

排名	业主机构	施工企业	发包金额（亿元）
18	中国核工业集团有限公司	中国核工业建设股份有限公司	123.14
		陕西建工控股集团有限公司	39.76
		中国能源建设集团规划设计有限公司	34.42
		中国水利水电第十一工程局有限公司	31.25
		中国水利水电第五工程局有限公司	26.98
19	上海久事（集团）有限公司	上海城建（集团）有限公司	133.05
		上海建工控股集团有限公司	108.40
		中铁二局集团有限公司	23.09
		上海市隧道工程轨道交通设计研究院	20.58
		中铁上海工程局集团有限公司	18.68
20	湖南省交通运输厅	湖南路桥建设集团有限责任公司	54.06
		中铁十一局集团有限公司	37.73
		中铁十六局集团有限公司	37.73
		中铁十九局集团有限公司	37.73
		中铁十八局集团有限公司	37.73

数据来源：建设通，采用平均金额计算。

3. 2022年前二十业主机构与招标代理机构合作情况

根据公开数据统计，2022年前二十业主机构与招标代理机构合作情况详见表2.6。

表2.6 2022年前二十业主机构与招标代理机构合作情况

排名	业主机构	招标代理机构	发包金额（亿元）
1	中国国家铁路集团有限公司	中国铁路物资股份有限公司	320.79
		中国国家铁路集团有限公司	116.90
		江苏交通工程投资咨询有限公司	40.83
		安徽省仁华企业管理咨询有限公司	32.92
		湖北华科工程咨询有限公司	28.92
2	国家能源投资集团有限责任公司	国家能源投资集团有限责任公司	1185.54
		国家能源集团物资有限公司银川采购中心	5.13
		甘肃嘉瑞和项目管理咨询有限公司	5.07
		青海铭驰工程项目管理有限公司	2.45
		国家能源集团物资有限公司华中采购中心	2.05
3	中国华能集团有限公司	中国华能集团有限公司北京招标分公司	854.15
		河北招标集团有限公司	15.98
		华能招标有限公司	13.24
		华能能源交通产业控股有限公司北京分公司	9.60
		华能（广东）能源开发有限公司	9.10

续 表

排名	业主机构	招标代理机构	发包金额（亿元）
4	漳州市九龙江集团有限公司	福建省招标采购集团有限公司	898.17
		浙江华元工程咨询有限公司	1.61
		陕西凯达项目管理有限公司	0.94
		福建升恒建设集团有限公司	0.80
		河北省建筑科学研究院有限公司	0.71
5	中国长江三峡集团有限公司	中国长江三峡集团有限公司	752.51
		信阳新投实业有限责任公司	30.92
		青鼎建设发展有限公司	8.31
		辽宁新兴佳新能源集团有限责任公司	8.10
		武汉城市建设集团有限公司	6.53
6	四川发展（控股）有限责任公司	四川发展（控股）有限责任公司	28.35
		中国机电设备招标中心	18.79
		中通建设工程管理有限公司	10.28
		四川航星项目管理有限公司	7.71
		华春建设工程项目管理有限责任公司	6.78
7	贵州省交通运输厅	华杰工程咨询有限公司	625.94
		北京环亚恒信建设工程咨询有限公司	113.60
8	中国农业发展银行	内蒙古添泽项目管理有限公司	495.94
		玉溪和业招标咨询有限公司	30.01
		山西重力工程咨询有限公司	20.98
		山西佰辰建设项目管理有限公司	17.00
		云南嘉鑫项目管理咨询有限公司	16.00
9	广西交通投资集团有限公司	广西交通投资集团有限公司	705.72
10	国家电网有限公司	国家电网有限公司	462.19
		上海电气控股集团有限公司	24.42
		北京德基工程咨询有限责任公司	23.46
		北京荣广盛工程管理有限公司	20.55
		湖南湘能多经控股有限公司	12.32
11	中国铁道建筑集团有限公司	华杰工程咨询有限公司	61.70
		广西科文招标有限公司	50.88
		中国国际工程咨询有限公司	38.62
		世纪华都建设咨询集团有限公司	29.21
		中南工程咨询设计集团有限公司	25.79
12	广西壮族自治区交通运输厅	中国投资咨询有限责任公司	380.16
		北京金准咨询有限责任公司	288.48
		华杰工程咨询有限公司	5.30
		上海济邦投资咨询有限公司	3.31
		广西恒基建设工程咨询有限公司	0.74

续　表

排名	业主机构	招标代理机构	发包金额（亿元）
13	内江市交通运输局	四川省交通运输发展战略和规划科学研究院	673.44
14	武汉市人民政府	中南工程咨询设计集团有限公司	497.97
		华杰工程咨询有限公司	154.20
15	北京国有资本运营管理有限公司	北京国有资本运营管理有限公司	123.47
		中建精诚工程咨询有限公司	63.64
		北京维公工程项目管理有限公司	50.75
		贵州东旭建设工程咨询有限公司	37.00
		北京捷迅通力工程咨询有限公司	36.04
16	山东高速集团有限公司	海逸恒安项目管理有限公司	108.70
		山东中埕企业管理咨询有限公司	87.16
		山东正信招标有限责任公司	75.35
		山东德勤招标评估造价咨询有限公司	48.90
		山东万信项目管理有限公司	42.93
17	广西北部湾投资集团有限公司	广西北部湾投资集团有限公司	18.16
		中国中信有限公司	17.52
		南宁市建昶建设工程监理咨询有限责任公司	6.34
		广西信永工程咨询有限责任公司	5.04
		广西工程咨询集团有限公司	0.37
18	中国核工业集团有限公司	北京核新裕辰咨询有限公司	285.86
		中国核工业集团有限公司	182.33
		北京军友诚信检测认证有限公司	13.25
		湖北盛德工程造价咨询有限公司	3.19
		江苏唯诚建设咨询有限公司	2.29
19	上海久事（集团）有限公司	上海市市政公路行业协会	206.67
		上海第一测量师事务所有限公司	188.84
		上海机电设备招标有限公司	47.13
		上海联合工程监理造价咨询有限公司	25.54
		中国中化控股有限责任公司	23.95
20	湖南省交通运输厅	永信和瑞工程咨询有限公司	415.00
		北京中交建设工程咨询有限公司	53.00
		北京核新裕辰咨询有限公司	45.00

数据来源：建设通，采用平均金额计算。

（三）2022 年建筑招标代理机构业务情况

根据公开数据统计，2022 年建筑招标代理机构业务情况详见表 2.7。

表 2.7 2022 年建筑招标代理机构业务情况

排名	企业名称	代理金额（亿元）	排名	企业名称	代理金额（亿元）
1	华杰工程咨询有限公司	3248.67	36	垒知控股集团股份有限公司	441.32
2	福建省招标采购集团有限公司	2324.13	37	北京核新裕辰咨询有限公司	435.38
3	中南工程咨询设计集团有限公司	2280.55	38	永信和瑞工程咨询有限公司	435.37
4	安徽省仁华企业管理咨询有限公司	1678.52	39	河北招标集团有限公司	416.15
5	信阳新投实业有限责任公司	1676.64	40	中国通用技术（集团）控股有限公司	408.79
6	国家能源投资集团有限责任公司	1347.81	41	中国中化控股有限责任公司	408.74
7	云南云岭工程造价咨询有限公司	1332.98	42	大成工程咨询有限公司	393.60
8	北京大岳咨询有限责任公司	1307.62	43	江西省交通投资集团有限公司	391.00
9	合肥兴泰金融控股（集团）有限公司	1226.07	44	中国投资咨询有限责任公司	389.29
10	北京中交建设工程咨询有限公司	1200.97	45	江苏交通工程投资咨询有限公司	389.11
11	四川省交通运输发展战略和规划科学研究院	1091.97	46	中通建设工程管理有限公司	383.54
12	中国华能集团有限公司北京招标分公司	991.71	47	山东正信招标有限责任公司	363.15
13	广东省广新控股集团有限公司	884.22	48	河北宏信招标有限公司	361.35
14	中国长江三峡集团有限公司	858.14	49	河南省铁路建设投资集团有限公司	359.49
15	广西交通投资集团有限公司	766.97	50	河南省伟信招标管理咨询有限公司	356.94
16	重庆国际投资咨询集团有限公司	685.33	51	中科标禾工程项目管理有限公司	353.44
17	北京华通睿远工程咨询有限公司	672.96	52	中国铁路物资股份有限公司	345.77
18	建经投资咨询有限公司	668.03	53	中国华电集团有限公司	327.65
19	中国机电设备招标中心	651.53	54	重庆大正建设工程经济技术有限公司	327.48
20	广东省环保集团有限公司	602.71	55	天和国咨控股集团有限公司	324.25
21	陕西省采购招标有限责任公司	594.03	56	北京中昌工程咨询有限公司	317.55
22	四川展智达工程咨询有限公司	572.39	57	中国通信服务股份有限公司	315.22
23	瑞和安惠项目管理集团有限公司	545.61	58	北京建智达工程管理股份有限公司	315.11
24	国家电网有限公司	538.60	59	中国电子科技集团有限公司	312.56
25	上海百通项目管理咨询有限公司	532.47	60	北京象王建设管理集团有限公司	309.87
26	内蒙古添泽项目管理有限公司	503.25	61	广州高新工程顾问有限公司	306.91
27	中海建国际建设咨询集团有限责任公司	502.82	62	上海国盛（集团）有限公司	305.37
28	天行健项目管理咨询（北京）有限公司	489.42	63	安徽建鑫工程咨询有限公司	302.93
29	北京金准咨询有限责任公司	487.41	64	北京国有资本运营管理有限公司	300.68
30	山东万信项目管理有限公司	481.32	65	肥西县公共资源交易有限责任公司	299.16
31	上海国有资本投资有限公司	480.38	66	中冠工程管理咨询有限公司	298.80
32	甘肃省国有资产投资集团有限公司	477.75	67	河南交通投资集团有限公司	297.70
33	山东产权交易集团有限公司	460.32	68	浙江公路水运工程咨询有限公司	287.24
34	华春建设工程项目管理有限责任公司	458.03	69	深圳交易集团有限公司	279.55
35	海逸恒安项目管理有限公司	447.51	70	华睿诚项目管理有限公司	278.21

排名	企业名称	代理金额（亿元）	排名	企业名称	代理金额（亿元）
71	中国国家铁路集团有限公司	277.51	86	天津城市基础设施建设投资集团有限公司	253.04
72	上海国际招标有限公司	276.30	87	惠州市建佳造价咨询事务所有限公司	252.25
73	山东德邻企业管理咨询有限公司	273.75	88	山东中垾企业管理咨询有限公司	250.82
74	上海杨浦滨江投资开发有限公司	273.46	89	中国中信有限公司	250.40
75	中国广核集团有限公司	272.33	90	国家电力投资集团有限公司	245.41
76	中国能源建设集团有限公司	271.57	91	大华建设项目管理有限公司	243.65
77	贵州智聚招标造价咨询有限公司	266.38	92	华润守正招标有限公司	242.30
78	河南招标采购广告信息有限公司	265.48	93	中诚智信工程咨询集团股份有限公司	241.63
79	天勤工程咨询有限公司	262.15	94	安徽金泉工程管理咨询有限公司	238.99
80	广东恒健投资控股有限公司	261.51	95	河北中原工程项目管理有限公司	237.55
81	元亨工程咨询集团有限公司	260.96	96	青岛瑞丰德投资有限公司	237.54
82	世纪华都建设咨询集团有限公司	256.91	97	广东粤能工程管理有限公司	235.10
83	法正项目管理集团有限公司	255.16	98	湖南洋通鸿博商务咨询有限公司	234.02
84	河南省国贸招标有限公司	253.59	99	大洲设计咨询集团有限公司	231.35
85	上海市市政公路行业协会	253.07	100	山东能源集团有限公司	230.14

数据来源：建设通，采用平均金额计算。

（四）2022 年参与联合体建筑设计单位业务情况

根据公开数据统计，2022 年参与联合体建筑设计单位业务情况详见表 2.8。

表 2.8　2022 年参与联合体建筑设计单位业务情况

排名	企业名称	参与个数	排名	企业名称	参与个数
1	中国能源建设集团规划设计有限公司	329	13	天津市政工程设计研究总院有限公司	80
2	中国电建集团华东勘测设计研究院有限公司	164	14	青岛市政工程设计研究院有限责任公司	79
3	湖南省建筑设计院集团股份有限公司	141	15	中铁第四勘察设计院集团有限公司	77
4	中国华西工程设计建设有限公司	125	16	中南建筑设计院股份有限公司	75
5	华设计集团股份有限公司	121	17	中国电建集团昆明勘测设计研究院有限公司	73
6	中国市政工程中南设计研究总院有限公司	105	18	中国电建集团中南勘测设计研究院有限公司	71
7	广东省建筑设计研究院有限公司	90	19	中国电建集团西北勘测设计研究院有限公司	69
8	中国市政工程华北设计研究总院有限公司	89	20	中国建筑西北设计研究院有限公司	66
9	中机国际工程设计研究院有限责任公司	88	21	长江勘测规划设计研究有限责任公司	66
10	中国市政工程西北设计研究院有限公司	86	22	航天规划设计集团有限公司	64
11	中国建筑西南设计研究院有限公司	85	23	中信建筑设计研究总院有限公司	62
12	信息产业电子第十一设计研究院科技工程股份有限公司	82	24	济南市市政工程设计研究院（集团）有限责任公司	62

续 表

排名	企业名称	参与个数	排名	企业名称	参与个数
25	同济大学建筑设计研究院（集团）有限公司	60	63	扬州市建筑设计研究院有限公司	33
26	中交第一公路勘察设计研究院有限公司	58	64	青岛腾远设计事务所有限公司	33
27	基准方中建筑设计股份有限公司	56	65	山东华科规划建筑设计有限公司	32
28	华东建筑设计研究院有限公司	56	66	机械工业第六设计研究院有限公司	32
29	中誉设计有限公司	54	67	中国建筑设计研究院有限公司	31
30	中国电建集团贵阳勘测设计研究院有限公司	54	68	首辅工程设计有限公司	31
31	苏邑设计集团有限公司	53	69	中国建筑西南勘察设计研究院有限公司	30
32	安徽省交通规划设计研究总院股份有限公司	52	70	华茗设计集团有限公司	30
33	中科瑞城设计有限公司	50	71	中铁第六勘察设计院集团有限公司	29
34	中国电建集团成都勘测设计研究院有限公司	50	72	中天设计集团有限公司	29
35	中铁第五勘察设计院集团有限公司	49	73	中水北方勘测设计研究有限责任公司	29
36	中城科泽工程设计集团有限责任公司	48	74	水发规划设计有限公司	29
37	武汉市政工程设计研究院有限责任公司	47	75	黄河勘测规划设计研究院有限公司	29
38	中铁工程设计咨询集团有限公司	46	76	华汇工程设计集团股份有限公司	29
39	浙江工业大学工程设计集团有限公司	44	77	深圳市建筑设计研究总院有限公司	28
40	华蓝设计（集团）有限公司	44	78	贵州省建筑设计研究院有限责任公司	28
41	中都工程设计有限公司	43	79	广州市市政工程设计研究总院有限公司	28
42	中北工程设计咨询有限公司	43	80	中国中建设计研究院有限公司	27
43	广州博厦建筑设计研究院有限公司	43	81	南京长江都市建筑设计股份有限公司	27
44	南京市市政设计研究院有限责任公司	42	82	大洲设计咨询集团有限公司	27
45	中交第二公路勘察设计研究院有限公司	41	83	中图设计有限公司	26
46	青岛北洋建筑设计有限公司	41	84	太原市建筑设计研究院	26
47	中联合创设计有限公司	40	85	江苏省建筑设计研究院有限公司	26
48	同圆设计集团股份有限公司	39	86	湖南省交通规划勘察设计院有限公司	26
49	安徽省城建设计研究总院股份有限公司	39	87	北京市市政工程设计研究总院有限公司	26
50	中铁第一勘察设计院集团有限公司	37	88	智诚建科设计有限公司	25
51	中交第四航务工程勘察设计有限公司	37	89	湖南城市学院设计研究院有限公司	25
52	中土大地国际建筑设计有限公司	36	90	大连市市政设计研究院有限责任公司	25
53	中铁上海设计院集团有限公司	36	91	北京市建筑设计研究院有限公司	25
54	中交公路规划设计院有限公司	36	92	重庆市设计院有限公司	24
55	西北综合勘察设计研究院	36	93	中地设计集团有限公司	24
56	铭扬工程设计集团有限公司	36	94	西城工程设计集团有限公司	24
57	湖北省交通规划设计院股份有限公司	36	95	西安市政设计研究院有限公司	24
58	河南省交通规划设计研究院股份有限公司	36	96	无锡市政设计研究院有限公司	24
59	中国铁路设计集团有限公司	35	97	上海开艺设计集团有限公司	24
60	中国电建集团北京勘测设计研究院有限公司	35	98	广东省交通规划设计研究院集团股份有限公司	24
61	中国航空规划设计研究总院有限公司	34	99	中铁水利水电规划设计集团有限公司	23
62	核工业西南勘察设计研究院有限公司	34	100	浙江省建筑设计研究院	23

数据来源：建设通，联合体中标设计单位。

(五) 2022 年各省城投平台公司分析

2022 年，各省、自治区和直辖市城投平台公司共计发包 39387.64 亿元。浙江省城投公司发包金额最高，为 4656.14 亿元，占全省发包总额的 11.82%，其中，宁波市轨道交通集团有限公司位列该省发包榜首，发包 421.99 亿元。从单个城投公司来看，漳州市九龙江集团有限公司发包金额最高，为 902.24 亿元（见表 2.9）。

表 2.9　2022 年各省份城投平台公司发包情况

省份	城投公司名称	发包金额（亿元）	项目数量（个）
浙江	宁波市轨道交通集团有限公司	421.99	101
	温州市瓯江口开发建设投资集团有限公司	170.18	7
	绍兴市柯桥区国有资产投资经营集团有限公司	143.99	43
	浙江省交通投资集团有限公司	143.64	61
	宁波通商集团有限公司	105.87	58
山东	山东高速集团有限公司	603.80	134
	青岛地铁集团有限公司	341.71	43
	济南轨道交通集团有限公司	202.70	34
	山东公用控股有限公司	188.68	9
	济南城市建设集团有限公司	182.32	58
广西	广西交通投资集团有限公司	706.93	69
	广西北部湾投资集团有限公司	584.77	47
	南宁城市建设投资集团有限责任公司	54.94	47
	广西贵港市交通投资发展集团有限公司	46.20	11
	广西柳州市投资控股集团有限公司	37.30	22
广东	广东省铁路建设投资集团有限公司	508.38	11
	深圳市地铁集团有限公司	301.40	110
	广州地铁集团有限公司	201.73	35
	广东省交通集团有限公司	195.98	26
	珠海华发集团有限公司	169.44	68
福建	漳州市九龙江集团有限公司	902.24	15
	福州左海控股集团有限公司	175.27	11
	厦门轨道建设发展集团有限公司	106.61	16
	三明市投资发展集团有限公司	90.64	15
	福州城市建设投资集团有限公司	90.54	35
河南	郑州地产集团有限公司	344.02	13
	河南交通投资集团有限公司	289.59	36
	中原豫资投资控股集团有限公司	250.04	27
	南阳产业投资集团有限公司	224.03	21
	河南省铁路建设投资集团有限公司	166.10	12

续 表

省份	城投公司名称	发包金额（亿元）	项目数量（个）
陕西	西安高科集团有限公司	297.75	135
	西安高新控股有限公司	297.49	42
	西安曲江文化控股有限公司	292.25	29
	陕西西咸新区发展集团有限公司	223.94	70
	陕西交通控股集团有限公司	133.32	18
四川	德阳发展控股集团有限公司	377.76	21
	宜宾发展控股集团有限公司	294.88	67
	达州市投资有限公司	147.94	28
	眉山市国有资本投资运营集团有限公司	139.34	15
	成都轨道交通集团有限公司	137.37	45
湖北	湖北交通投资集团有限公司	375.30	47
	湖北省科技投资集团有限公司	284.39	52
	黄石市城市发展投资集团有限公司	152.17	12
	武汉临空港投资集团有限公司	147.19	65
	宜都市国通投资开发有限责任公司	108.28	1
河北	中国雄安集团有限公司	454.74	142
	沧州市建设投资集团有限公司	211.60	13
	石家庄国控城市发展投资集团有限责任公司	132.84	33
	石家庄市交通投资开发有限公司	120.14	15
	唐山市文化旅游投资集团有限公司	104.47	2
安徽	安徽省交通控股集团有限公司	295.57	88
	安徽省投资集团控股有限公司	174.97	24
	蚌埠经济开发区投资集团有限公司	154.05	5
	建安投资控股集团有限公司	119.02	21
	滁州市城市投资控股集团有限公司	86.04	28
云南	昭通市高速公路投资发展有限责任公司	243.75	15
	大理海东开发投资集团有限公司	188.94	1
	红河发展集团有限公司	109.44	4
	昆明空港投资开发集团有限公司	106.41	13
	昆明市城建投资开发有限责任公司	98.00	11
江西	江西省交通投资集团有限责任公司	325.74	38
	赣州发展投资控股集团有限责任公司	110.06	26
	景德镇市国资运营投资控股集团有限责任公司	93.58	26
	南昌市政公用集团有限公司	83.26	17
	景德镇陶文旅控股集团有限公司	66.20	16

续 表

省份	城投公司名称	发包金额（亿元）	项目数量（个）
江苏	苏州市轨道交通集团有限公司	180.83	59
	江苏交通控股有限公司	130.58	30
	兴化市城市建设投资有限公司	122.77	1
	苏州苏高新集团有限公司	120.06	35
	盐城市交通投资建设控股集团有限公司	118.89	35
贵州	贵阳产业发展控股集团有限公司	180.80	42
	贵州省铜仁市城市交通开发投资集团股份有限公司	79.01	17
	贵安新区开发投资有限公司	77.54	18
	贵州高速公路集团有限公司	55.91	9
	黔西南州水资源开发投资有限公司	51.84	15
重庆	重庆高新开发建设投资集团有限公司	120.37	37
	重庆两江新区开发投资集团有限公司	115.39	28
	重庆长寿投资发展集团有限公司	71.67	7
	重庆市南部新城产业投资集团有限公司	65.68	7
	重庆市地产集团有限公司	59.69	15
北京	北京大兴发展国有资本投资运营有限公司	127.46	45
	北京市基础设施投资有限公司	120.95	64
	北京市海淀区国有资本运营有限公司	65.18	39
	北京保障房中心有限公司	57.51	11
	北京市首都公路发展集团有限公司	48.61	21
吉林	长春新区发展集团有限公司	161.94	26
	长春市城市发展投资控股（集团）有限公司	136.95	42
	吉林经济技术开发区城市建设发展有限责任公司	7.54	3
	吉林省高速公路集团有限公司	2.78	4
	吉林市国有资本发展控股集团有限公司	1.93	1
天津	天津滨海新区建设投资集团有限公司	125.27	29
	天津泰达投资控股有限公司	63.28	22
	天津城市基础设施建设投资集团有限公司	40.20	42
	天津市武清区国有资产经营投资有限公司	17.88	12
	天津宝星建设发展集团有限公司	17.06	2
海南	三亚崖州湾科技城控股集团有限公司	98.13	46
	海南省发展控股有限公司	89.44	25
	海南省洋浦开发建设控股有限公司	18.32	15
	海口市水务集团有限公司	6.75	8

续表

省份	城投公司名称	发包金额（亿元）	项目数量（个）
新疆	昌吉州国有资产投资经营集团有限公司	47.91	19
	喀什城建投资集团有限公司	43.37	14
	乌鲁木齐城市建设投资（集团）有限公司	43.10	26
	伊宁市国有资产投资经营（集团）有限责任公司	42.30	19
	克拉玛依市城市建设投资发展有限责任公司	27.97	7
湖南	长沙城市发展集团有限公司	61.36	28
	湖南湘江新区发展集团有限公司	36.36	22
	株洲渌湘投资发展集团有限公司	30.00	1
	益阳高新产业发展投资集团有限公司	25.39	10
	长沙市轨道交通集团有限公司	25.22	10
山西	太原市龙城发展投资集团有限公司	58.20	23
	晋城市国有资本投资运营有限公司	29.69	17
	太原国有投资集团有限公司	24.02	13
	大同市经济建设投资集团有限责任公司	15.36	11
	阳城县国有资本投资运营有限公司	8.92	2
甘肃	甘肃省公路航空旅游投资集团有限公司	86.77	54
	兰州黄河生态旅游开发集团有限公司	59.13	10
	兰州市城市发展投资有限公司	0.76	1
上海	上海松江国有资产投资经营管理集团有限公司	40.70	8
	上海杨浦滨江投资开发有限公司	14.85	3
	上海奉贤新城建设发展有限公司	13.98	9
	上海市嘉定区国有资产经营（集团）有限公司	4.66	1
	上海嘉定新城发展有限公司	2.39	2
辽宁	大连金普新区产业控股集团有限公司	47.49	21
	沈阳地铁集团有限公司	25.81	17
	大连市城市建设投资集团有限公司	0.52	1
	营口北海新区城区开发建设投资有限公司	0.51	1
	大连市城乡建设投资集团有限公司	0.31	1
宁夏	宁夏国有资本运营集团有限责任公司	57.66	18
	银川通联资本投资运营有限公司	4.88	9
	银川高新技术产业开发有限责任公司	2.58	1
	银川市产城资本投资控股有限公司	0.95	1
西藏	日喀则珠峰城市投资发展集团有限公司	20.11	8
	拉萨市城市建设投资经营有限公司	4.39	2
	西藏开发投资集团有限公司	0.47	1

续 表

省份	城投公司名称	发包金额（亿元）	项目数量（个）
黑龙江	哈尔滨市城市建设投资集团有限公司	14.21	13
	哈尔滨合力投资控股有限公司	5.42	8
	牡丹江市国有资产投资控股有限公司	3.10	7
	哈尔滨投资集团有限责任公司	1.30	1
	哈尔滨好民居建设投资发展有限公司	0.51	1
青海	西宁城市投资管理有限公司	12.83	8
	西宁经济技术开发区投资控股集团有限公司	0.52	1
内蒙古	内蒙古公路交通投资发展有限公司	3.56	2
	鄂尔多斯市国有资产投资控股集团有限公司	3.03	6
	通辽市城市投资集团有限公司	2.60	2
	内蒙古高速公路集团有限责任公司	1.82	2
	内蒙古水务投资集团有限公司	1.79	3

数据来源：建设通，数据时间为2022年1月至2022年11月。

二、劳动力要素（持证人员）分析

2022年建筑业企业从业人员5184.02万人，其中，持证人员980.35万人，占18.9%。持证人员数量较高的有江苏、四川、浙江、福建、山东等省份（见图2.8）。

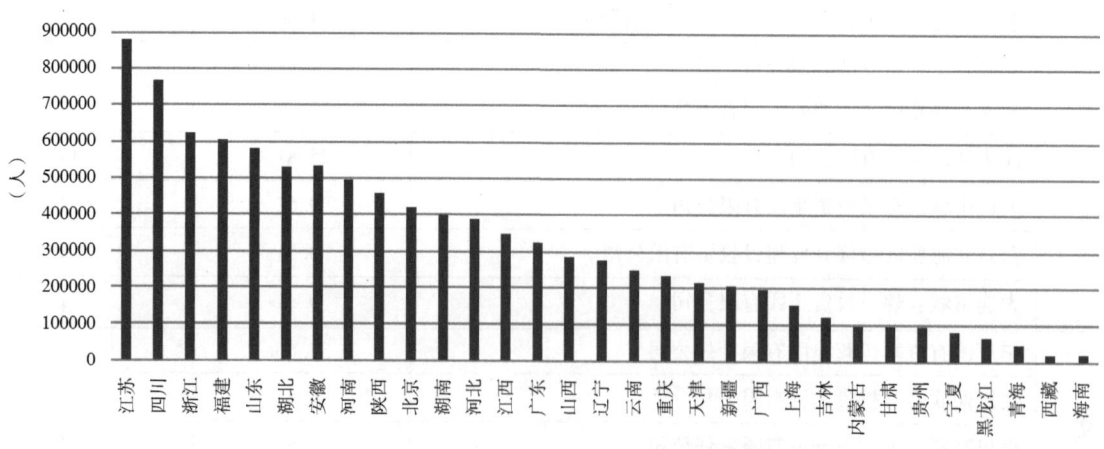

图2.8 全国建筑工程相关持证人员数量分布情况

三、金融支持要素

(一) 2022 年专项债分析

2022 年,全国债券总发行额 74179.81 亿元。其中,专项债 51513.75 亿元,新增专项债 40367.93 亿元;一般债 22666.05 亿元。其中,广东省专项债发行额度最高,达 4992.62 亿元,新增 4307 亿元,山东省位居专项债发行额第二位,共计发行 4172.72 亿元(见表 2.10)。

表 2.10 2022 年各省份专项债发行情况

单位:亿元

排名	地区	专项债发行总额	专项债新增发行额	排名	地区	专项债发行总额	专项债新增发行额
1	广东	4992.62	4307.00	17	新疆	1234.46	1170.00
2	山东	4172.72	3469.00	18	天津	1154.89	741.08
3	浙江	3220.18	2622.00	19	甘肃	1152.13	1080.00
4	河南	2900.26	2480.00	20	广西	1141.58	892.00
5	四川	2688.88	2270.00	21	贵州	1022.79	483.00
6	北京	2643.08	789.00	22	上海	1014.20	547.00
7	河北	2593.74	2294.00	23	辽宁	981.89	660.00
8	江苏	2460.37	1760.00	24	吉林	920.23	718.00
9	湖北	2164.31	1848.00	25	山西	896.47	684.00
10	安徽	2127.07	1707.00	26	内蒙古	614.70	278.00
11	福建	2059.55	1831.00	27	黑龙江	536.89	433.00
12	江西	1947.66	1836.78	28	海南	450.19	369.00
13	湖南	1777.40	1486.00	29	青海	149.67	136.43
14	重庆	1612.67	1354.00	30	宁夏	53.00	18.00
15	云南	1420.75	1115.00	31	西藏	30.66	24.64
16	陕西	1378.73	965.00				

2022 年,全国专项债发行 51513.75 亿元,主要用于 28933 个项目建设。从项目数量上来看,山东省专项债项目最多,超过 2500 个;从项目累计发行额来看,广东省发行金额最多,达 6730.63 亿元,其次是浙江省,累计发行 4281.06 亿元(见图 2.9)。

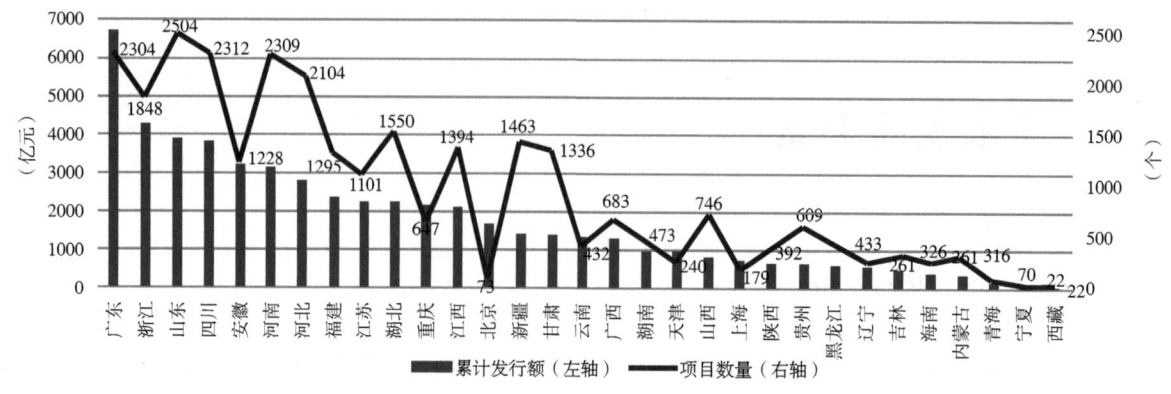

图 2.9　2022 年各省专项债项目分布情况

2022 年，专项债发行领域中，市政和产业园区基础设施发行额最高，达 17922.92 亿，其次分别是交通基础设施 9881.22 亿元，社会事业 9481.60 亿元，保障性安居工程 8186.18 亿元，农林水利 3585.44 亿元，生态环保 2283.73 亿元，城乡冷链等物流基础设施 720.72 亿元等（见图 2.10）。

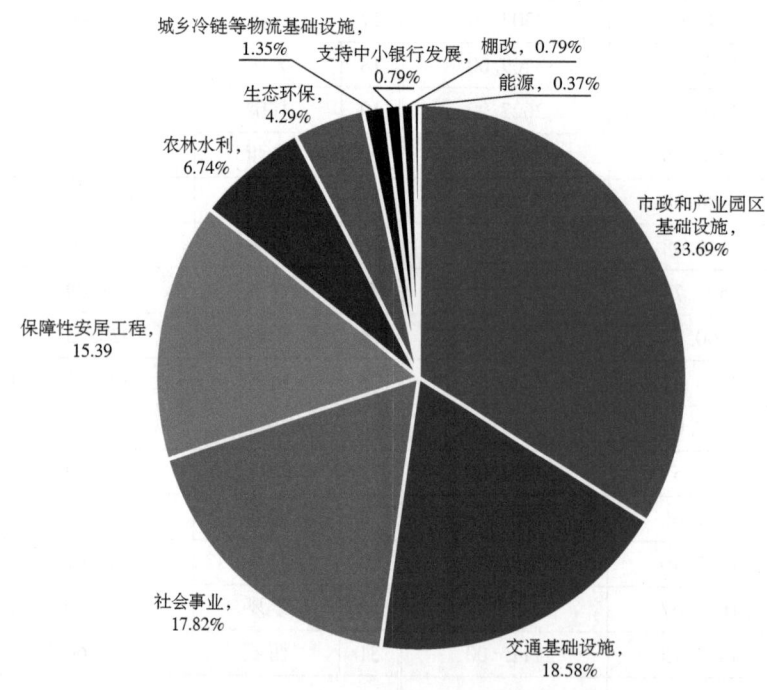

图 2.10　2022 年专项债发行项目主要领域

（二）2022 年一般债分析

2022 年，一般债发行 22666.05 亿元，新增一般债 7198.11 亿元。其中，江苏省一般债发行额度最高，达 1353.26 亿元，新增 262 亿元（见表 2.11）。

表 2.11　2022 年各省份一般债发行情况

单位：亿元

排名	地区	一般债发行总额	一般债新增发行额	排名	地区	一般债发行总额	一般债新增发行额
1	江苏	1353.26	262.00	17	黑龙江	736.00	339.00
2	河南	1264.22	297.42	18	陕西	641.52	283.71
3	四川	1184.11	387.40	19	新疆	624.37	363.60
4	广东	1065.94	366.64	20	吉林	604.91	205.35
5	贵州	1060.84	148.06	21	安徽	567.39	125.52
6	浙江	1058.57	351.00	22	福建	516.36	167.21
7	山东	1051.97	198.00	23	重庆	504.13	113.00
8	辽宁	1042.36	92.91	24	山西	452.19	242.71
9	云南	1035.38	202.67	25	青海	345.32	170.00
10	湖南	1029.75	313.43	26	甘肃	345.06	167.28
11	河北	984.04	490.96	27	天津	291.69	51.55
12	内蒙古	891.18	263.60	28	北京	288.54	149.00
13	广西	825.61	281.65	29	海南	271.09	110.00
14	上海	787.90	234.00	30	宁夏	220.84	100.84
15	湖北	781.10	390.20	31	西藏	95.02	51.00
16	江西	745.40	278.41				

四、原材料要素

受外部环境动荡、疫情冲击、需求收缩和成本高企等多重因素影响，2022 年 1—12 月份，建材主要产品生产下降，出厂价格略有增长，主要经济效益指标下降。建材行业宽供给、高库存、弱需求运行特征仍较为明显。

（一）2022 年建筑材料工业景气指数（MPI）

2022 年 12 月份，建筑材料工业景气指数为 102.2 点，环比回落 5.4 点，高于临界点，建筑材料工业处于景气区间（见图 2.11）。

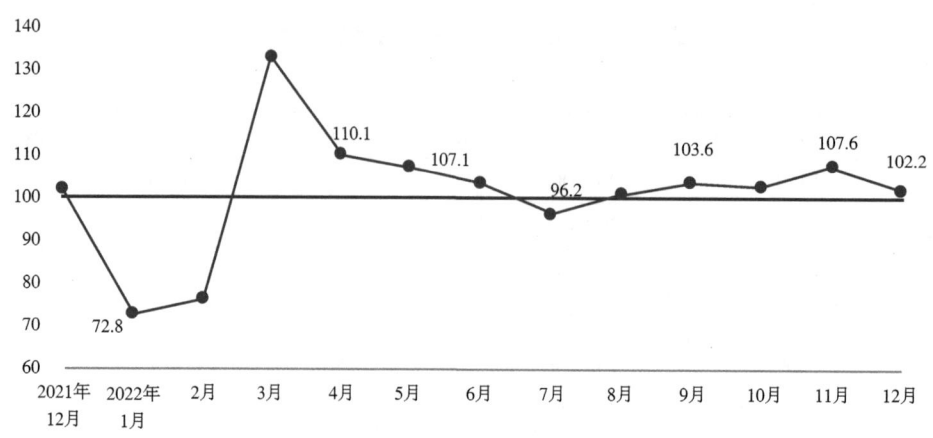

图 2.11　建筑材料工业月度景气指数（MPI）

供给侧，12月份，价格指数低于临界点，生产指数高于临界点。其中，建筑材料工业生产指数104.4点，环比回落3.6点，建材行业生产放缓；建筑材料工业价格指数为97.8点，环比回落1.8点，低于临界点，建材产品价格回落。

需求侧，投资需求指数、工业消费指数回落，国际贸易指数回升。其中，建材投资需求指数101.6点，比上月回落5.4点，高于临界点，投资需求市场保持活跃，但活跃度明显减弱，房地产建筑工程投资动力不足；建材产品工业消费指数103.5点，比上月回落7.1点，应用建材产品的下游市场增长明显回落；建材国际贸易指数103.8点，比上月回升2.8点，建材及非金属矿商品出口保持增长。

（二）主要产品生产下降

根据国家统计局数据，12月份，规模以上非金属矿物制品业增加值同比下降1.8%，由正转负。在重点监测的31种建材产品当中，有3种产品产量同比增长，28种产品产量同比下降，增长产品种类持续减少。其中，规模以上企业水泥产量1.7亿吨，同比下降12.3%，环比下降12.1个百分点；平板玻璃产量8086.1万重量箱，同比下降6.3%，环比下降2.5个百分点。1—12月份，规模以上非金属矿物制品业增加值同比下降1.5%，降幅比1—11月份扩大0.1个百分点。重点监测的31种建材产品中，8种产品产量同比增长，23种产品产量同比下降。其中，水泥产量21.2亿吨，同比下降10.8%，平板玻璃产量10.1亿重量箱，同比下降3.7%。

（三）出厂价格小幅增长

12月份，建材产品出厂价格指数99.4（2020年12月为100），环比回落0.5%，比上年同月下降8.3%。1—12月份，建材产品平均出厂价格比上年同期高0.6%。生产成本上涨、市场需求偏弱是建材产品价格保持平稳且高于上年同期的主要原因。

（四）规模以上企业经济效益下降

1—12月份，规模以上建材及非金属矿工业企业营业收入同比下降4.2%，利润总额同比下降

20.4%，降幅均有扩大。其中，水泥、混凝土与水泥制品、防水建筑材料、轻质建筑材料、砖瓦和建筑砌块、黏土和砂石开采、建筑用石、建筑玻璃、建筑卫生陶瓷等建材主要行业营业收入和利润总额均同比下降；纤维增强塑料、非金属矿采选和非金属矿制品业营业收入与利润总额均同比增长，非金属矿制品业涨幅较大。

（五）固定资产投资平稳增长

1—12月份，全国固定资产投资（不含农户）572138亿元，同比增长5.1%。非金属矿采选业固定资产投资同比增长17.3%，非金属矿物制品业固定资产投资同比增长6.7%。按构成看，其中，建筑安装工程固定资产投资同比增长5.2%；按产业看，支撑建材行业稳定发展的基础设施投资（不含电力、热力、燃气及水生产和供应业）同比增长9.4%，建材行业相关投资保持增长。

（六）进出口保持较快增长

1—12月份，建材及非金属矿商品出口金额509.3亿美元，同比增长11.3%，建筑玻璃、技术玻璃、玻璃纤维及制品、其他矿物纤维及制品、砖、防水建筑材料、轻质建筑材料、隔热隔音材料、萤石等商品出口数量、出口金额均同比增长。1—12月份，建材及非金属矿商品进口金额347.6亿美元，同比增长21.0%，砖瓦及建筑砌块、防水建筑材料、石墨、滑石和部分其他非金属矿商品进口数量、进口金额同比增长。

附注：

（1）建筑材料工业景气指数（MPI）主要监测建筑材料工业运行趋势，具有较强的预测、预警作用。MPI高于100时，表明建筑材料工业运行处于景气区间，MPI低于100时，表明建筑材料工业运行处于非景气区间。

（2）建筑材料工业景气指数（MPI）从供给侧和需求侧对建筑材料工业运行趋势进行判断。供给侧分为价格指数和生产指数，需求侧根据需求领域对建筑材料工业实际影响，分为投资需求指数、工业消费指数和建材国际贸易指数。

（3）建筑材料工业价格指数反映建筑材料工业出厂价格变化趋势。出厂价格不包括建筑材料产品流通过程中产生的费用、产品利润和税费等。出厂价格不同于市场价格，两者变动会相互影响，存在时滞，在某一时间段内有可能会出现变化趋势不一致的情况。

（4）建筑材料工业生产指数反映建筑材料工业生产的变化趋势，不包含价格变动因素。

（5）投资需求指数反映与建筑材料相关的投资市场需求变化趋势。

（6）工业消费指数反映与建筑材料相关的工业消费需求变化趋势。工业消费既包括建筑材料工业内部产业间的消费，也包括下游产业对建筑材料产品的消费。

（7）建材国际贸易指数反映建筑材料国际贸易变化趋势，主要由建筑卫生陶瓷、建筑技术玻璃、建筑用石、玻璃纤维及复合材料、非金属矿等行业出口指数构成。

第三章

市场规模

一、2022 年全国公投市场概况

2022 年全国 3000 万元及以上项目中标金额 169540.31 亿元,项目数量 68760 个。其中,山东省中标金额 14402.31 亿元,排名第一;广东省排名第二,中标金额 13801.10 亿元。

2022 年全国 1 亿元及以上的项目中标金额 148278.26 亿元,同比增长 13.55%;内蒙古同比涨幅最高,同比增长 115.47%;江苏省降幅最多,同比下降 21.51%(见表 3.1)。

表 3.1 中标项目区域分析

3000 万元及以上项目区域分析				1 亿元及以上项目区域分析				
排名	地区	中标金额(亿元)	中标数量(个)	排名	地区	中标金额(亿元)	同比(%)	中标数量(个)
—	全国	169540.31	68760	—	全国	148278.26	13.55	28719
1	山东	14402.31	6751	1	山东	12716.41	11.93	3215
2	广东	13801.10	6515	2	广东	12149.63	4.49	3014
3	四川	10734.37	4120	3	四川	9648.09	-15.50	1959
4	江苏	10353.07	5574	4	浙江	8828.29	25.07	2301
5	浙江	10150.52	5022	5	江苏	8781.17	-21.51	2380
6	河南	9213.11	3741	6	河南	8230.42	-7.91	1742
7	湖北	9107.41	3921	7	湖北	8187.06	47.46	1827
8	安徽	8605.19	3866	8	安徽	7570.36	46.62	1751
9	河北	7433.32	3112	9	云南	6823.79	11.09	1188
10	陕西	7404.96	3108	10	陕西	6632.30	29.40	1498
11	云南	7307.93	2272	11	河北	6545.51	34.58	1242
12	广西	5650.58	2468	12	广西	5069.30	34.05	1168
13	贵州	5243.51	2466	13	贵州	4685.93	23.05	1322
14	江西	5123.55	2655	14	福建	4498.46	62.43	864
15	福建	5031.73	1909	15	江西	4378.34	40.53	1221
16	上海	4630.20	2093	16	上海	4002.79	14.16	865
17	新疆	4005.33	3060	17	重庆	3563.65	3.25	489
18	重庆	3817.03	952	18	湖南	3122.68	-2.87	1061
19	山西	3661.50	2447	19	新疆	3068.31	42.21	1026
20	湖南	3651.75	2425	20	甘肃	2993.08	61.86	510
21	甘肃	3398.29	1299	21	山西	2940.82	-7.94	950
22	内蒙古	3114.50	1491	22	内蒙古	2619.22	115.47	477

続 表

3000万元及以上项目区域分析			1亿元及以上项目区域分析				
排名	地区	中标金额（亿元）	中标数量（个）	排名	地区	中标金额（亿元）	同比（%）	中标数量（个）
23	北京	2547.11	1599	23	北京	2001.47	-18.95	513
24	吉林	2276.18	1186	24	吉林	1927.17	17.96	505
25	辽宁	1953.54	1176	25	辽宁	1623.10	27.59	420
26	黑龙江	1876.37	1160	26	黑龙江	1472.00	43.60	341
27	海南	1548.44	804	27	海南	1358.80	40.60	408
28	天津	1506.78	672	28	天津	1292.65	-14.98	252
29	青海	977.49	418	29	青海	836.49	73.33	127
30	西藏	428.91	458	30	宁夏	307.82	32.75	87
31	宁夏	410.74	297	31	西藏	261.39	15.15	95

数据来源：建设通，采用平均金额计算。

2022年全国3000万元及以上公投市场项目领域分布中，房建与市政基础设施依然占主体地位。房建市场占比最高，达41.76%，中标金额70801.05亿元；其次是市政领域，占比24.89%，中标金额42201.49亿元（见图3.1、表3.2）。

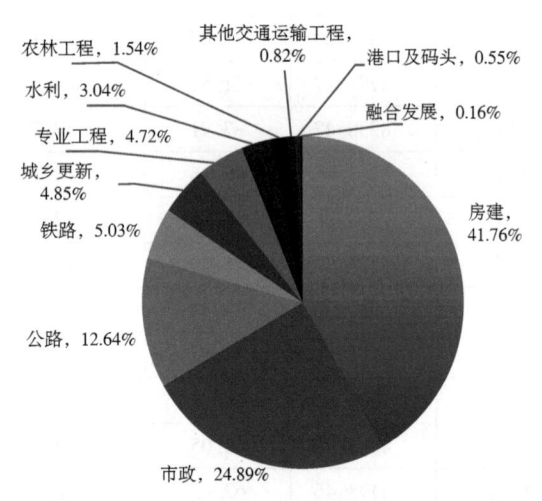

图3.1　2022年3000万元及以上公投市场项目领域分布

表3.2　2022年3000万元及以上公投市场项目领域分布

项目领域	金额（亿元）	占比（%）	数量（个）
房建	70801.05	41.76	29989
市政	42201.49	24.89	25216
公路	21425.82	12.64	3419
铁路	8531.57	5.03	797
城乡更新	8214.43	4.85	4646
专业工程	8006.57	4.72	8875
水利	5160.08	3.04	3141
农林工程	2603.47	1.54	2049
其他交通运输工程	1387.89	0.82	365
港口及码头	930.97	0.55	435
融合发展	276.97	0.16	209

2022年全国1亿元及以上公投市场项目领域分布中，房建中标金额64402.09亿元，同比增长10.89%；市政领域中标金额34842.38亿元，同比增长20.40%；融合发展同比增长超过50%以上（见图3.2、表3.3）。

第三章 市场规模

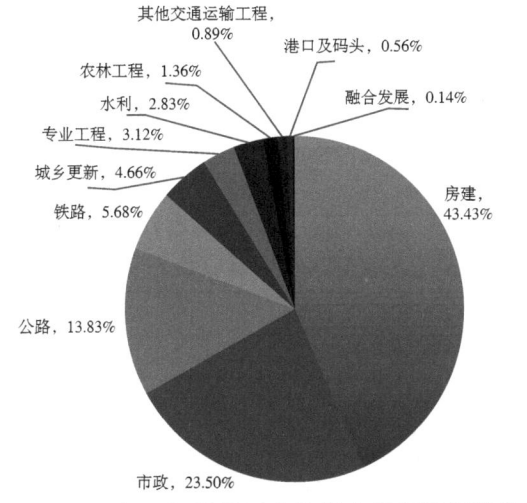

图 3.2　2022 年 1 亿元及以上公投市场项目领域分布

表 3.3　2022 年 1 亿元及以上公投市场项目领域分布

项目领域	金额（亿元）	同比（%）	数量（个）
房建	64402.09	10.89	17157
市政	34842.38	20.40	9659
公路	20508.24	11.07	1634
铁路	8417.80	10.08	575
城乡更新	6910.80	30.91	1504
专业工程	4626.89	-8.22	1915
水利	4200.84	50.64	1126
农林工程	2011.14	-5.78	759
其他交通运输工程	1316.76	-13.63	233
港口及码头	831.60	27.50	231
融合发展	209.73	479.64	65

数据来源：建设通，采用平均金额计算。

二、2022 年公投市场各细分领域分析

（一）2022 年房屋建筑工程行业特点及市场竞争

1. 发展现状

2022 年全国 3000 万元及以上公投市场房屋建筑工程行业中标总额为 70801.05 亿元。在房屋建筑工程各领域中占据主导地位的是公建项目，占比 61.18%，中标金额 43319.60 亿元。在公建、住宅等细分领域下，办公楼中标金额 26297.87 亿元，占比最高，达 38.49%；科教文卫占比 24.01%，中标金额 16408.39 亿元；商用住宅中标金额 10697.02 亿元，占比 15.65%；保障性住房占比 14.72%，中标金额 10060.72 亿元（见图 3.3、表 3.4）。

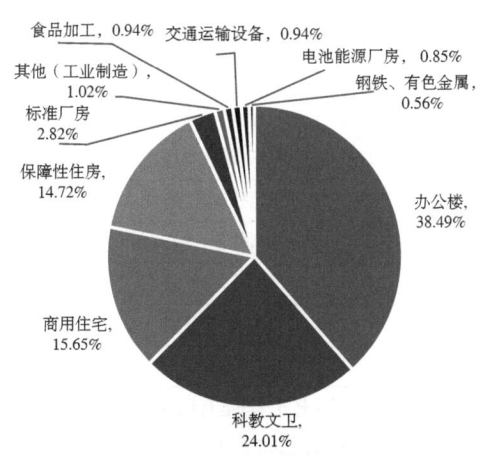

图 3.3　2022 年 3000 万元及以上公投市场房屋建筑工程细分领域分布

表 3.4　2022 年 3000 万元及以上公投市场房屋建筑工程细分领域分布

序号	细分领域	金额（亿元）	占比（%）	数量（个）
1	办公楼	26297.87	38.49	8581
2	科教文卫	16408.39	24.01	10328
3	商用住宅	10697.02	15.65	3390
4	保障性住房	10060.72	14.72	3613
5	标准厂房	1926.67	2.82	1083
6	其他（工业制造）	694.06	1.02	353
7	食品加工	640.83	0.94	443
8	交通运输设备	639.65	0.94	213
9	电池能源厂房	582.72	0.85	192
10	钢铁、有色金属	383.74	0.56	168

2022年全国1亿元及以上公投市场房屋建筑工程行业中标总额64402.09亿元。在房屋建筑工程各领域中，占据主导地位的是公建项目，占比60.21%，中标金额38778.76亿元。在细分领域中，办公楼占比最高，中标金额24635.20亿元，同比增长28.43%。其中涨幅前二领域为电池能源厂房和交通运输设备，同比增长均超过200%以上（见图3.4、表3.5）。

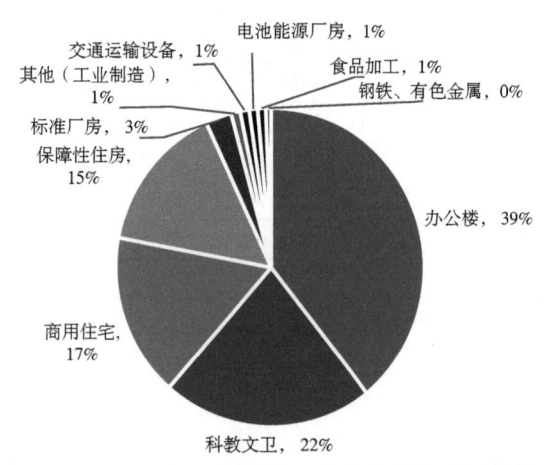

图3.4 2022年1亿元及以上公投市场房屋建筑工程细分领域分布

表3.5 2022年1亿元及以上公投市场房屋建筑工程细分领域分布

序号	细分领域	金额（亿元）	同比（%）	数量（个）
1	办公楼	24635.20	28.43	5239
2	科教文卫	13681.80	1.82	4698
3	商用住宅	10351.61	-15.40	2775
4	保障性住房	9462.24	5.65	2456
5	标准厂房	1680.77	59.78	626
6	其他（工业制造）	595.22	5.90	175
7	交通运输设备	584.61	280.40	103
8	电池能源厂房	545.96	219.74	120
9	食品加工	524.67	51.10	200
10	钢铁、有色金属	333.51	-38.64	76

数据来源：建设通，采用平均金额计算。

2. 主要企业

2022年全国3000万元及以上公投市场房屋建筑工程行业排名前20家企业均为国企，平均中标金额951.50亿元，平均中标数量231个。房屋建筑工程行业头部企业中无民企身影。2022年全国1亿元及以上公投市场房屋建筑工程行业中，中国建筑第八工程局有限公司仍位居榜首，中标金额与2021年同期相比增幅17.24%，重庆建工集团股份有限公司中标金额同比增长最高，涨幅395.55%（见表3.6）。

表3.6 2022年房屋建筑工程行业主要施工企业

1亿元及以上公投市场房屋建筑工程行业主要施工企业					3000万元及以上公投市场房屋建筑工程行业主要施工企业			
排名	企业名称	中标金额（亿元）	同比（%）	中标数量（个）	排名	企业名称	中标金额（亿元）	中标数量（个）
1	中国建筑第八工程局有限公司	2710.18	17.24	509	1	中国建筑第八工程局有限公司	2747.70	579
2	中国建筑第三工程局有限公司	2462.42	28.77	480	2	中国建筑第三工程局有限公司	2512.92	562
3	上海建工控股集团有限公司	1309.41	-24.22	224	3	上海建工控股集团有限公司	1340.89	284
4	陕西建工控股集团有限公司	1203.38	22.50	289	4	陕西建工控股集团有限公司	1272.46	415
5	中国建筑一局（集团）有限公司	1076.92	18.28	198	5	中国建筑一局（集团）有限公司	1095.68	230
6	中国建筑第五工程局有限公司	1033.37	49.87	245	6	中国建筑第五工程局有限公司	1047.43	269
7	中国建筑第二工程局有限公司	921.64	5.40	198	7	中国建筑第二工程局有限公司	937.57	226
8	中国建筑第七工程局有限公司	819.44	-2.49	169	8	中国建筑第七工程局有限公司	837.08	199
9	中国五冶集团有限公司	734.97	2.22	121	9	中国五冶集团有限公司	742.57	134
10	安徽建工集团控股有限公司	713.72	173.93	108	10	安徽建工集团控股有限公司	727.80	138
11	中国建筑第四工程局有限公司	700.89	4.93	171	11	中国建筑第四工程局有限公司	715.10	196

续表

1亿元及以上公投市场房屋建筑工程行业主要施工企业					3000万元及以上公投市场房屋建筑工程行业主要施工企业			
排名	企业名称	中标金额（亿元）	同比（%）	中标数量（个）	排名	企业名称	中标金额（亿元）	中标数量（个）
12	重庆建工集团股份有限公司	695.61	395.55	34	12	重庆建工集团股份有限公司	707.09	54
13	中铁建工集团有限公司	660.74	38.05	144	13	中铁建工集团有限公司	675.02	174
14	云南省建设投资控股集团有限公司	557.08	71.43	134	14	云南省建设投资控股集团有限公司	591.88	199
15	上海宝冶集团有限公司	523.84	39.54	72	15	上海宝冶集团有限公司	531.02	86
16	中铁十五局集团有限公司	512.05	125.62	46	16	湖南建工集团有限公司	526.10	256
17	中铁四局集团有限公司	506.83	83.58	114	17	中铁十五局集团有限公司	520.69	63
18	中交一公局集团有限公司	494.73	22.99	96	18	中铁四局集团有限公司	515.08	130
19	湖南建工集团有限公司	483.24	18.32	177	19	中交一公局集团有限公司	501.47	110
20	中铁十一局集团有限公司	441.83	75.95	72	20	山西建设投资集团有限公司	484.36	306

注：企业中标金额是单招与联合体（平均）项目计算。

（二）2022年市政工程行业特点及市场竞争

1. 发展现状

2022年全国3000万元及以上公投市场市政工程行业中标总额42201.49亿元。在市政工程各领域中，占据主导地位的是市政道路，占比34.92%，中标金额10932.55亿元，其次是太阳能工程，占比15.53%，中标金额4862.08亿元（详见图3.5、表3.7）。

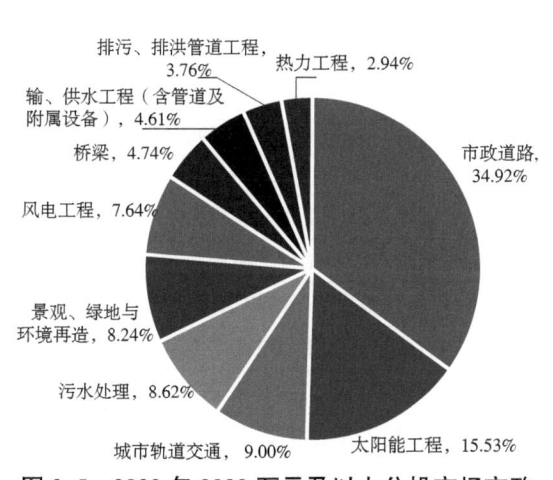

图3.5 2022年3000万元及以上公投市场市政工程行业细分领域分布

表3.7 2022年3000万元及以上公投市场市政工程行业细分领域分布

序号	细分领域	金额（亿元）	占比（%）	数量（个）
1	市政道路	10932.55	34.92	7531
2	太阳能工程	4862.08	15.53	1701
3	城市轨道交通	2816.11	9.00	411
4	污水处理	2698.28	8.62	2153
5	景观、绿地与环境再造	2580.32	8.24	2207
6	风电工程	2393.29	7.64	654
7	桥梁	1482.80	4.74	551
8	输、供水工程（含管道及附属设备）	1443.21	4.61	1218
9	排污、排洪管道工程	1175.58	3.76	1120
10	热力工程	922.15	2.94	787

2022年全国1亿元及以上公投市场市政工程行业中标总额34842.38亿元。在市政工程各领域中，占据主导地位的是市政道路，中标金额8692.62亿元，同比增长11.27%。涨幅最高的细分领域是太阳能工程，增长404.70%，其次是风电工程领域，同比增长163.78%（见图3.6、表3.8）。

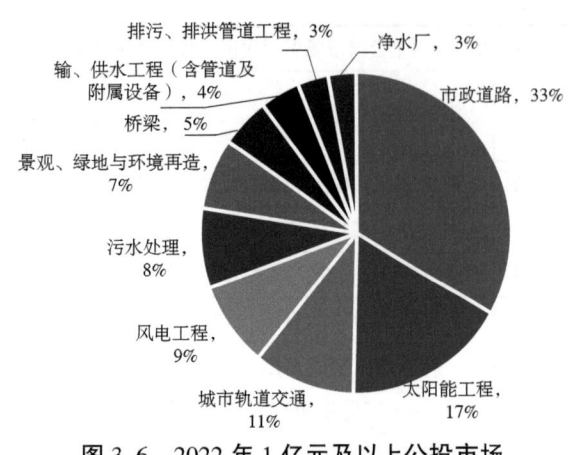

图 3.6　2022 年 1 亿元及以上公投市场
市政工程行业细分领域分布

表 3.8　2022 年 1 亿元及以上公投市场市政
工程行业细分领域分布

序号	细分领域	金额（亿元）	同比（%）	数量（个）
1	市政道路	8692.62	11.27	2713
2	太阳能工程	4462.55	404.70	975
3	城市轨道交通	2759.70	-38.92	312
4	风电工程	2237.02	163.78	377
5	污水处理	2088.47	-3.56	846
6	景观、绿地与环境再造	1865.52	8.19	631
7	桥梁	1318.28	0.71	205
8	输、供水工程（含管道及附属设备）	1086.90	3.94	451
9	排污、排洪管道工程	837.48	134.50	299
10	净水厂	753.65	45.58	285

数据来源：建设通，采用平均金额计算。

2. 主要企业

2022 年全国 3000 万元及以上公投市场市政工程行业排名前 20 家企业均为国企，平均中标金额 384.17 亿元，平均中标数量 135 个。市政工程行业头部企业中无民企身影。2022 年全国 1 亿元及以上公投市场市政工程行业中，中国能源建设集团规划设计有限公司位居榜首，中标金额与 2021 年同期相比增长 85.36%，涨幅明显。上海勘测设计研究院有限公司中标金额同比增长最高，涨幅 4022.78%（见表 3.9）。

表 3.9　2022 年市政工程行业主要施工企业

1 亿元及以上公投市场市政工程行业施工企业				3000 万元及以上公投市场市政工程行业施工企业			
排名	企业名称	中标金额（亿元）	同比（%）	中标数量（个）	排名	企业名称	中标金额（亿元）	中标数量（个）
1	中国能源建设集团规划设计有限公司	1162.17	85.36	164	1	中国能源建设集团规划设计有限公司	1204.88	251
2	中国建筑第三工程局有限公司	588.01	7.46	115	2	中国建筑第三工程局有限公司	618.63	169
3	中国建筑第八工程局有限公司	521.67	19.79	99	3	中国建筑第八工程局有限公司	547.82	149
4	中铁四局集团有限公司	435.76	1.28	108	4	中铁四局集团有限公司	457.34	146
5	广东省建筑工程集团控股有限公司	393.66	119.33	104	5	广东省建筑工程集团控股有限公司	446.69	217
6	中交一公局集团有限公司	366.05	-4.81	68	6	中交一公局集团有限公司	396.07	122
7	中铁十一局集团有限公司	332.51	-29.42	61	7	上海建工控股集团有限公司	371.63	296
8	上海城建（集团）有限公司	326.89	53.18	87	8	上海城建（集团）有限公司	363.04	164
9	上海建工控股集团有限公司	313.34	-20.62	158	9	中铁十一局集团有限公司	348.47	91
10	中国铁建大桥工程局集团有限公司	285.36	52.57	32	10	中国铁建大桥工程局集团有限公司	294.32	50
11	中国电建集团华东勘测设计研究院有限公司	274.06	508.26	58	11	中国电建集团华东勘测设计研究院有限公司	283.78	82
12	上海勘测设计研究院有限公司	261.10	4022.78	10	12	中国能源建设集团华东建设投资有限公司	281.77	140

续 表

\multicolumn{4}{c	}{1亿元及以上公投市场市政工程行业施工企业}	\multicolumn{4}{c}{3000万元及以上公投市场市政工程行业施工企业}
排名	企业名称	中标金额（亿元）	同比（%）	中标数量（个）	排名	企业名称	中标金额（亿元）	中标数量（个）
13	中电建生态环境集团有限公司	253.58	358.99	8	13	中铁一局集团有限公司	280.94	130
14	中铁一局集团有限公司	252.33	-26.58	76	14	广州市建筑集团有限公司	269.35	207
15	中交第二航务工程局有限公司	247.73	-7.18	55	15	陕西建工控股集团有限公司	265.89	12
16	中国能源建设集团华东建设投资有限公司	242.64	143.90	74	16	中交第二航务工程局有限公司	263.12	82
17	中铁上海工程局集团有限公司	225.97	40.71	52	17	上海勘测设计研究院有限公司	262.30	192
18	安徽建工集团控股有限公司	213.46	21.27	76	18	中电建生态环境集团有限公司	253.94	10
19	广州市建筑集团有限公司	212.46	-7.82	102	19	中铁上海工程局集团有限公司	236.68	73
20	中铁三局集团有限公司	211.94	59.20	36	20	安徽建工集团控股有限公司	236.64	123

注：企业中标金额按单招与联合体（平均）项目计算。

（三）2022年公路工程行业特点及市场竞争

1. 发展现状

2022年全国3000万元及以上公投市场公路工程行业中标总额21425.82亿元，项目数量3149个。2022年全国1亿元及以上公投市场公路工程行业中标总额20508.24亿元，比上年同期增长11.07%。

2. 主要企业

2022年全国3000万元及以上公投市场公路工程行业排名前20家企业均为国企，平均中标金额319.03亿元，平均中标数量30个。公路工程行业头部企业中无民企身影。2022年全国1亿元及以上公投市场公路工程行业中，中交一公局集团有限公司排名第一，中标金额603.01亿元，与2021年同期相比下降96.73%，降幅明显。增长最快的是安徽建工集团控股有限公司，同比增长545.57%，其次是中铁隧道集团有限公司，同比增长375.97%（见表3.10）。

表3.10　2022年公路工程行业主要施工企业

\multicolumn{4}{c	}{1亿元及以上公投市场公路工程行业施工企业}	\multicolumn{4}{c}{3000万元及以上公投市场公路工程行业施工企业}
排名	企业名称	中标金额（亿元）	同比（%）	中标数量（个）	排名	企业名称	中标金额（亿元）	中标数量（个）
1	中交一公局集团有限公司	603.01	-96.73	48	1	中交一公局集团有限公司	608.06	52
2	中交路桥建设有限公司	536.79	38.30	35	2	中交路桥建设有限公司	547.13	49
3	中铁一局集团有限公司	433.94	172.64	57	3	中铁一局集团有限公司	436.00	51
4	中交第二公路工程局有限公司	420.06	27.35	33	4	中交第二公路工程局有限公司	422.84	38
5	安徽建工集团控股有限公司	377.03	545.57	56	5	安徽建工集团控股有限公司	382.72	52
6	保利长大工程有限公司	369.90	233.94	11	6	保利长大工程有限公司	370.27	12
7	广西路桥工程集团有限公司	349.81	37.00	10	7	广西路桥工程集团有限公司	349.81	10
8	云南省建设投资控股集团有限公司	314.57	-70.32	31	8	云南省建设投资控股集团有限公司	318.33	39
9	四川公路桥梁建设集团有限公司	302.74	-18.25	21	9	四川公路桥梁建设集团有限公司	302.74	21

续表

1亿元及以上公投市场公路工程行业施工企业					3000万元及以上公投市场公路工程行业施工企业			
排名	企业名称	中标金额（亿元）	同比（%）	中标数量（个）	排名	企业名称	中标金额（亿元）	中标数量（个）
10	浙江交工集团股份有限公司	289.10	-7.88	39	10	浙江交工集团股份有限公司	298.62	56
11	中国铁建大桥工程局集团有限公司	284.91	310.44	18	11	中国铁建大桥工程局集团有限公司	288.82	26
12	中铁二十局集团有限公司	262.71	90.11	16	12	中铁二十局集团有限公司	263.61	17
13	中铁十四局集团有限公司	236.29	30.95	17	13	中铁十四局集团有限公司	236.92	18
14	中铁十一局集团有限公司	234.59	86.62	22	14	中铁十一局集团有限公司	236.91	26
15	中铁隧道局集团有限公司	224.90	375.97	14	15	中铁隧道局集团有限公司	225.70	15
16	中铁十九局集团有限公司	224.74	242.32	17	16	中铁十九局集团有限公司	225.23	18
17	中铁五局集团有限公司	220.28	144.76	12	17	中铁五局集团有限公司	221.88	15
18	广西交科集团有限公司	219.09	186.96	9	18	广西交科集团有限公司	219.71	10
19	中铁四局集团有限公司	213.62	-19.73	25	19	中铁四局集团有限公司	216.21	30
20	中铁十八局集团有限公司	207.50	-30.30	21	20	中铁十八局集团有限公司	209.02	23

注：企业中标金额按单招与联合体（平均）项目计算。

（四）2022年水利水电工程行业特点及市场竞争

1. 发展现状

2022年全国3000万元及以上公投市场水利水电工程行业中标总额5160.08亿元。在水利水电工程各领域中，占据主导地位的是其他水利工程，占比54.51%，中标金额2812.60亿元；其次是水电工程，占比15.35%，中标金额792.29亿元（见图3.7、表3.11）。

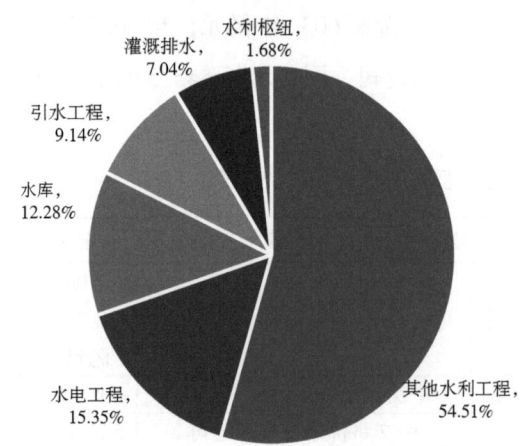

图 3.7　2022年3000万元及以上公投市场水利水电工程行业细分领域分布

表 3.11　2022年3000万元及以上公投市场水利水电工程行业细分领域分布

序号	细分领域	金额（亿元）	占比（%）	数量（个）
1	其他水利工程	2812.60	54.51	2105
2	水电工程	792.29	15.35	185
3	水库	633.72	12.28	435
4	引水工程	471.43	9.14	135
5	灌溉排水	363.10	7.04	241
6	水利枢纽	86.96	1.68	39

2022年1亿元及以上公投市场水利水电工程行业中标总额为4200.84亿元。在水利水电工程领域中，占据主导地位的是其他水利工程，中标金额2148.81亿元，同比增长60.16%。涨幅最高的细分领域是引水工程，同比增长164.95%（见图3.8、表3.12）。

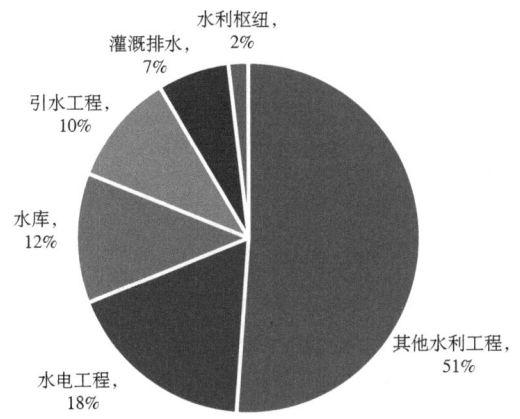

图 3.8 2022年1亿元及以上公投市场水利水电工程行业细分领域分布

表 3.12 2022年1亿元及以上公投市场水利水电工程行业细分领域分布

序号	细分领域	金额（亿元）	同比（%）	数量（个）
1	其他水利工程	2148.81	60.16	703
2	水电工程	750.45	157.48	105
3	水库	503.29	-27.21	171
4	引水工程	437.81	164.95	71
5	灌溉排水	283.35	55.89	54
6	水利枢纽	77.13	-34.14	22

数据来源：建设通，采用平均金额计算。

2. 主要企业

2022年全国3000万元及以上公投市场水利水电工程行业排名前20家企业均为国企，平均中标金额74.83亿元，平均中标数量22个。水利水电工程行业头部企业中无民企身影。2022年全国1亿元及以上公投市场水利水电工程行业中，中国水利水电第六工程局有限公司仍位居榜首，中标金额与2021年同期相比增长1345.15%，增长最高；其次是中国水利水电第十一工程局有限公司，同比增长1135.45%（见表3.13）。

表 3.13 2022年水利水电工程行业主要施工企业

1亿元及以上公投市场水利水电工程行业施工企业					3000万元及以上公投市场水利水电工程行业施工企业			
排名	企业名称	中标金额（亿元）	同比（%）	中标数量（个）	排名	企业名称	中标金额（亿元）	中标数量（个）
1	中国水利水电第六工程局有限公司	132.59	1345.15	9	1	广东省建筑工程集团控股有限公司	136.96	14
2	中国电建集团华东勘测设计研究院有限公司	128.84	200.30	31	2	中国水利水电第六工程局有限公司	135.82	86
3	广东省建筑工程集团控股有限公司	110.13	95.62	33	3	中国电建集团华东勘测设计研究院有限公司	131.47	36
4	云南省建设投资控股集团有限公司	86.73	-56.51	33	4	云南省建设投资控股集团有限公司	96.57	53
5	中国水利水电第十四工程局有限公司	84.11	104.21	14	5	中国水利水电第十四工程局有限公司	92.87	27
6	新疆新华水电投资股份有限公司	82.80	—	1	6	中国水利水电第十一工程局有限公司	83.92	19
7	中国水利水电第十一工程局有限公司	82.55	1135.45	13	7	新疆新华水电投资股份有限公司	82.80	1
8	中国三峡建工（集团）有限公司	80.00	—	1	8	中国三峡建工（集团）有限公司	80.00	1
9	中铁二十局集团有限公司	75.48	—	5	9	中铁二十局集团有限公司	76.40	7
10	中国水利水电第八工程局有限公司	67.44	-17.83	9	10	中国水利水电第八工程局有限公司	68.54	12
11	中国水利水电第五工程局有限公司	58.07	-27.71	10	11	中国水利水电第五工程局有限公司	63.83	23
12	中国电建集团昆明勘测设计研究院有限公司	51.80	-3.94	16	12	中国水电基础局有限公司	56.65	27
13	中国水电基础局有限公司	47.66	9.54	11	13	黑龙江省建设投资集团有限公司	54.06	37

续 表

1亿元及以上公投市场水利水电工程行业施工企业					3000万元及以上公投市场水利水电工程行业施工企业			
排名	企业名称（穿透）	中标金额（亿元）	同比（%）	中标数量（个）	排名	企业名称	中标金额（亿元）	中标数量（个）
14	中国水利水电第九工程局有限公司	46.46	953.52	8	14	中国电建集团昆明勘测设计研究院有限公司	53.79	20
15	中铁二局集团有限公司	45.92	272.08	6	15	中交疏浚（集团）股份有限公司	50.85	27
16	中交疏浚（集团）股份有限公司	44.55	371.27	18	16	中国水利水电第九工程局有限公司	48.87	13
17	中国水利水电第七工程局有限公司	44.17	-15.97	8	17	中铁二局集团有限公司	47.12	8
18	中国葛洲坝集团股份有限公司	44.16	58.82	6	18	中国水利水电第三工程局有限公司	46.30	15
19	中国水利水电第三工程局有限公司	43.00	81.68	9	19	中国水利水电第七工程局有限公司	45.27	10
20	中铁隧道局集团有限公司	42.23	184.63	4	20	中国葛洲坝集团股份有限公司	44.58	7

注：企业中标金额按单招与联合体（平均）项目计算。

三、2022年公投市场项目模式分析

（一）2022年EPC项目模式分析

2022年全国3000万元及以上EPC项目11885个，中标金额35577.09亿元。其中，山东省EPC项目金额最高，3944.66亿元，项目数量1090个。前三中河南省EPC项目呈现项目数量少、规模大的特点，项目数量仅520个，中标金额2410.19亿元（见图3.9）。

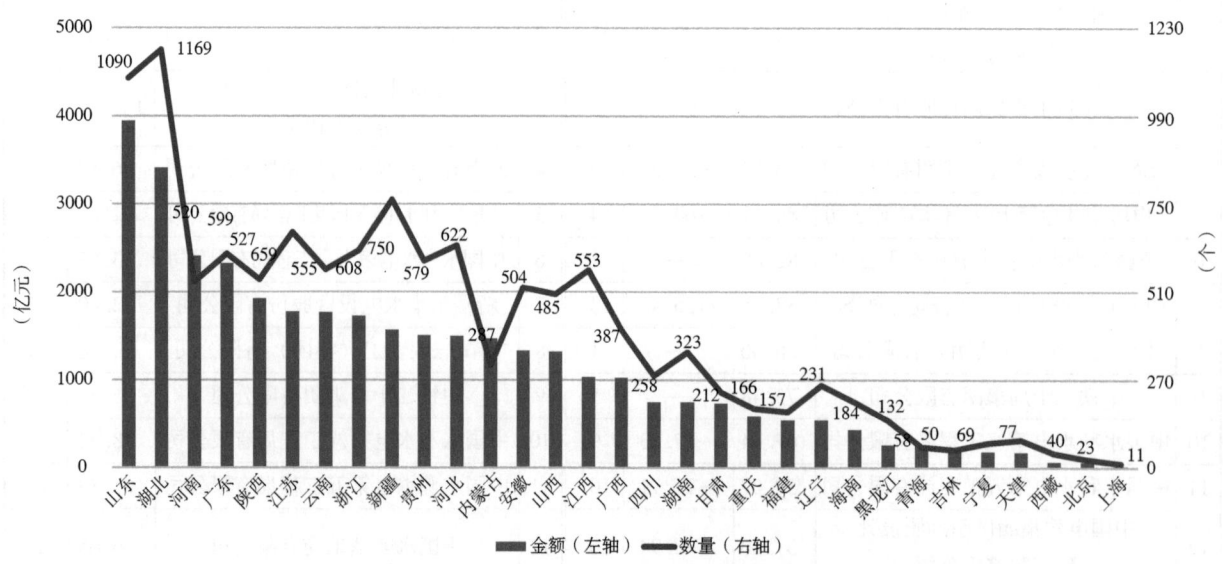

图3.9 2022年EPC项目金额及数量

（二）2022 年投融资类（PPP、EPC+F、投资人、特许经营等）项目分析

2022 年全国 3000 万元及以上 PPP 项目共计 633 个，金额 9982.80 亿元；EPC+F 项目数量 96 个，中标金额共计 387.77 亿元；投资人+EPC 中标金额共计 899.94 亿元，项目数量 34 个（见表 3.14）。

表 3.14　2022 年投融资类项目分析

项目模式	金额（亿元）	数量（个）
EPC	35577.09	11885
PPP	9982.80	633
投资人+EPC	899.94	34
EPC+F	387.77	96
特许经营	3833.57	167

第四章

市场环境

一、地区综合营商环境分析

营商环境是企业发展的土壤。它包含了企业从开办、运营到注销整个周期中的各种外部环境，是一项涉及经济社会改革和对外开放众多领域的系统工程，直接影响一个地区的经济繁荣程度，对中小企业影响尤其重大，最终反映在经济增长、财税收入、社会就业等各个方面。好的营商环境具有便利性、公平性、透明度、法治化、国际化等特征。

2015年5月12日，国务院召开全国推进简政放权放管结合职能转变工作电视电话会议，正式提出"放管服"改革，我国的营商环境优化自此开始。经过多年的改革推进，目前效果显著。徐现祥教授的《中国营商环境调查报告（2022）》（下称《调查报告》）显示，2018—2021年，我国企业开办更便利，登记注册平均耗时从7天减少至5.6天，实现"一天注册"的市场主体从20%增加至29%；信用监管更显成效，2018—2021年，被上门检查的市场主体比例从79%下降到66%；2021年使用国家企业信用信息公示系统的市场主体比例达68%。同时，该《调查报告》也显示，上海、广东、北京、浙江、江苏、福建的营商环境排名在该四年间稳居全国前六。

随着各地营商环境的持续优化，近年来，关于各地区的营商环境排名也纷纷涌现。中国社会科学院财经战略研究院《中国城市竞争力第19次报告》显示，2021年中国城市营商硬环境竞争力排名前二十位分别为上海、深圳、香港、北京、广州、高雄、厦门、台北、澳门、东莞、苏州、廊坊、无锡、青岛、舟山、天津、西安、杭州、宁波、成都。另外，全国工商联发布的《2022年度万家民营企业评营商环境主要调查结论》显示，2022年营商环境位列前十的省份是：浙江、广东、江苏、上海、北京、山东、湖南、安徽、四川、福建（见表4.1）。

表4.1 2022年营商环境前十大省份及城市

排名	省　　份	排名	城　　市
1	浙江	1	杭州
2	广东	2	温州
3	江苏	3	广州
4	上海	4	深圳
5	北京	5	宁波
6	山东	6	长沙
7	湖南	7	南京
8	安徽	8	苏州
9	四川	9	青岛
10	福建	10	合肥

数据来源：全国工商联《2022年度万家民营企业评营商环境主要调查结论》。

二、地区工程建设环境风险度分析

所谓工程建设环境风险度，是指法院类不良信息数量占中标总量的比例，该比例越高说明环境风险度越高。数据显示，全国各地区2022年度工程建设环境风险度普遍较低，其中贵州、山西、江西、上海、浙江和河南，环境风险度均大于或等于1.00%，相比于其他地区，具有稍高的风险度（见图4.1）。

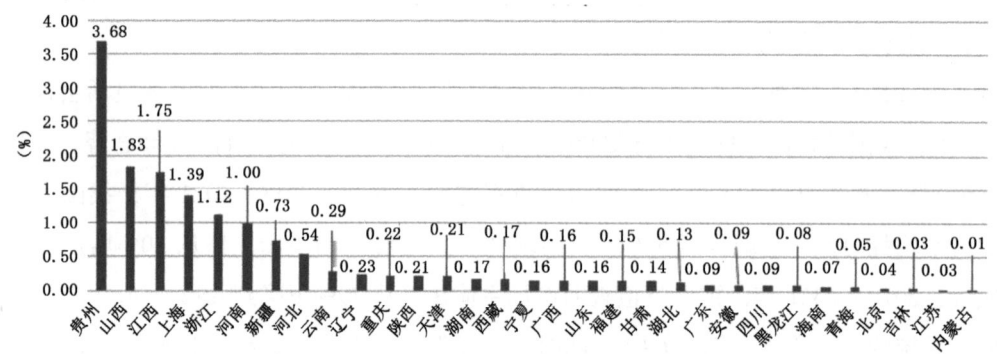

图4.1　2022年各地区工程建设环境风险度

三、地区招投标民企市场活跃指数分析

（一）全国建筑施工民企市场活跃指数分析

2018—2022年，全国建筑施工民企市场活跃指数呈下降趋势，说明建筑施工民企的市场份额持续被挤压。2022年建筑施工民企的市场活跃指数为8.20%，为五年最低，比上年减少0.6%，增速同比上年下降6.82%（见图4.2）。

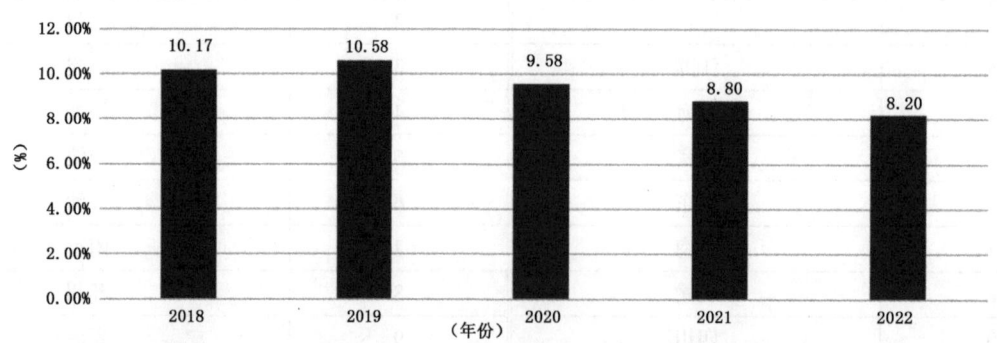

图4.2　2018—2022年全国建筑施工民企市场活跃指数变化

注：建筑施工民企市场活跃指数是通过对全部活跃施工民企做样本筛选（按照一定的比例筛选出一定数量的特级、一级、二级、三级施工总承包企业样本），计算民企样本的中标量占整个市场中标量的比重。

(二) 各省份建筑施工民企市场活跃指数分析

从各省份来看，建筑施工民企市场活跃指数排前十的地区分别为河南、宁夏、安徽、湖南、辽宁、浙江、江苏、吉林、广西和湖北。河南施工民企市场活跃指数最高，为5.21%，重庆施工民企市场活跃指数最低，为1.95%，次低的是江西，为2.42%，说明重庆、江西的建筑施工民企拥有市场份额相对较少。江西民企活跃指数偏低，主要是受到2022年信用分规则变化的影响（见图4.3）。

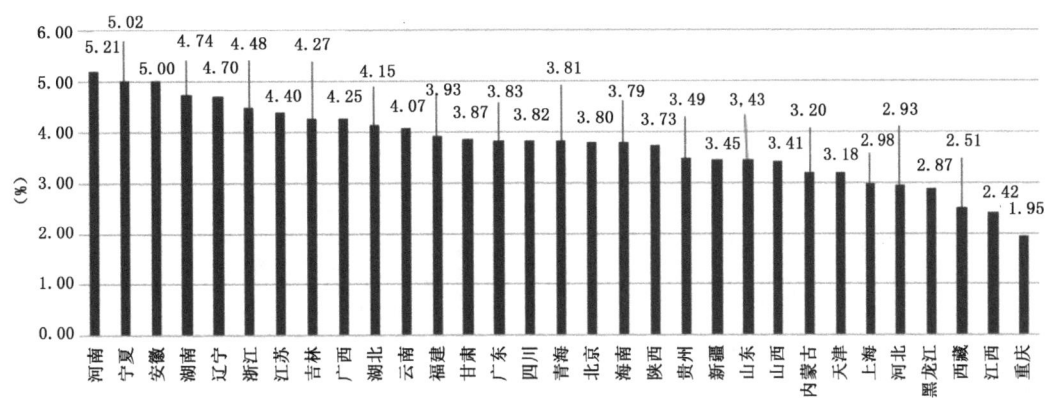

图4.3　2022年各省份建筑施工民企市场活跃指数

四、地区招投标市场开放指数分析

（一）全国建筑招投标市场开放指数分析

2018—2022年，全国建筑招投标市场开放指数呈增强走势。2022年全国市场开放指数为21.04%，比上年减少0.13%，全国市场开放情况稍有收缩，但变化较小，开放指数依然较高（见图4.4）。

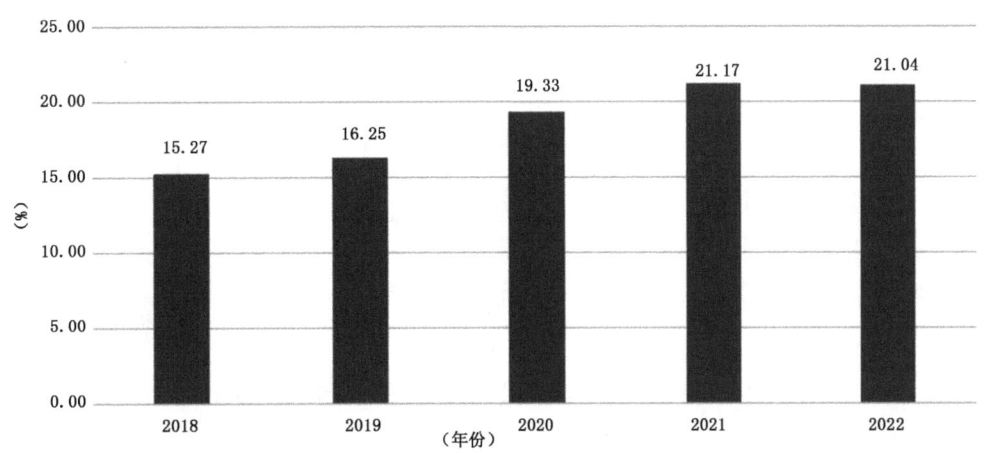

图4.4　2018—2022年全国建筑招投标市场开放指数变化

（二）各省份建筑招投标市场开放指数分析

从各省份来看，2022 年建筑招投标市场开放指数排前十的地区分别为西藏、内蒙古、海南、江西、重庆、河北、新疆、青海、山西和贵州。市场开放指数排名末五位的地区分别为江苏、浙江、陕西、上海和福建。西藏开放指数最高，为 52.4%，江苏开放指数最低，为 10.0%。结合图 4.3 的施工民企市场活跃指数，可以发现，开放指数较高的地区，民企市场活跃指数则较低（见图 4.5）。

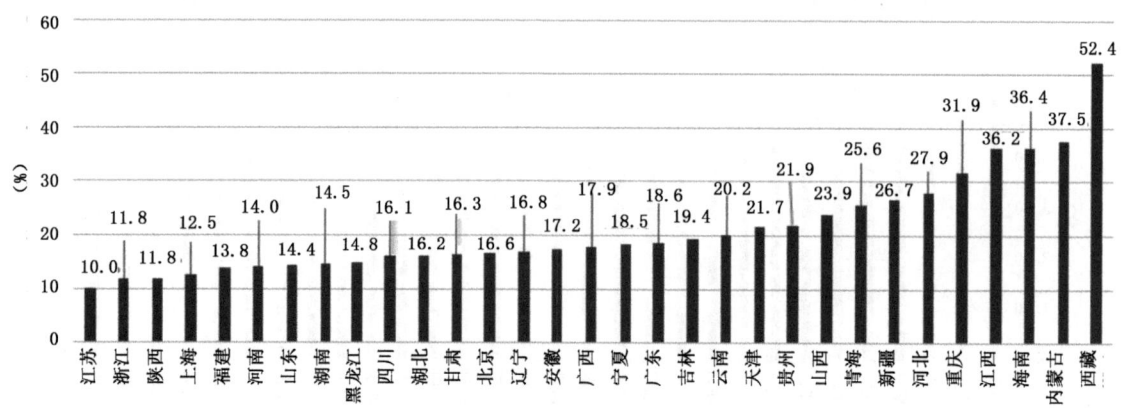

图 4.5　2022 年各省份建筑招投标市场开放指数

（三）主要城市建筑招投标市场开放指数分析

从各城市来看，2022 年建筑招投标市场开放指数排前十的地区分别为拉萨、海口、呼和浩特、郑州、乌鲁木齐、南昌、南宁、贵阳、长春和西宁。市场开放指数排名末五位的城市分别为成都、杭州、武汉、宁波和大连。省份和省会城市（或该省的大型城市）的开放指数排名稍有偏差，但大体趋势相近。拉萨开放指数最高，为 57.8%；成都开放指数最低，为 20.0%（见图 4.6）。

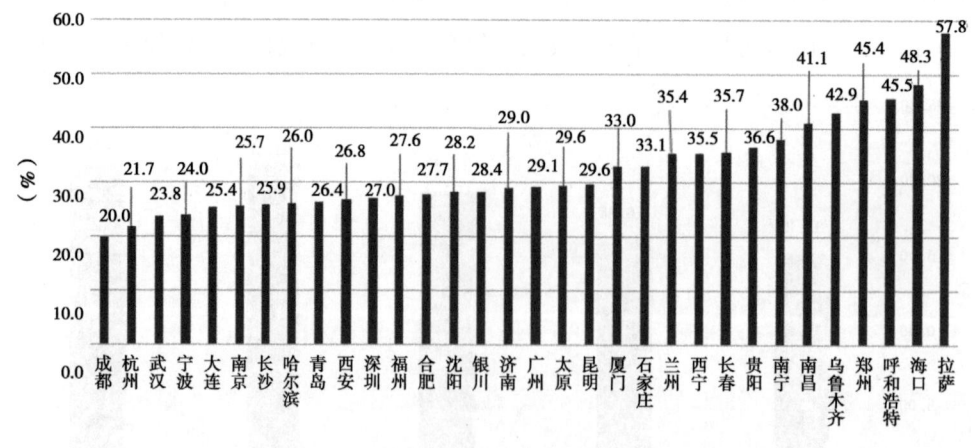

图 4.6　2022 年主要城市建筑招投标市场开放指数对比

五、地区招投标市场竞争指数分析

(一) 全国建筑招投标市场竞争指数分析

2018—2022年，全国建筑招投标市场竞争指数呈增强走势，说明市场竞争越来越激烈。2022年全国市场竞争指数为25.19%，比上年增长1.78%。从开标记录看，2022年单个项目的企业投标数量有下降趋势，平均下浮13.28%，这和当地的信用分规则变化有较大的关系（见图4.7）。

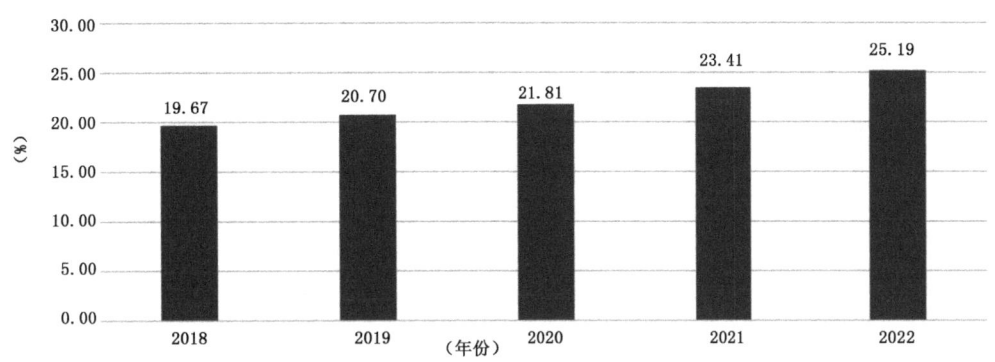

图4.7　2018—2022年全国建筑招投标市场竞争指数变化

注：市场竞争指数是指活跃施工企业对项目的竞争度，即活跃企业数与项目数的比。

(二) 各省份建筑招投标市场竞争指数分析

从各省份来看，2022年建筑招投标市场竞争指数排前十的地区分别为：西藏、福建、陕西、内蒙古、海南、天津、四川、江西、山东和北京。说明这些地区市场"僧多粥少"现象较为严重，竞争更为激烈。市场竞争指数排名末五位的地区分别为：广东、浙江、重庆、广西和上海。说明这些地区市场项目和企业数量相对平衡（见图4.8）。

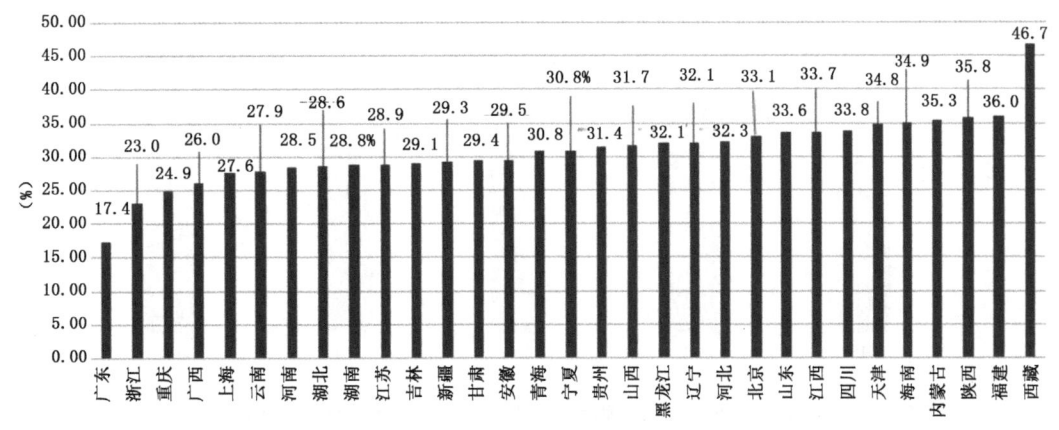

图4.8　2022年各省份建筑招投标市场竞争指数对比

（三）主要城市建筑招投标市场竞争指数分析

各城市来看，2022年建筑招投标市场竞争指数排前十的地区分别为：拉萨、南昌、福州、西宁、海口、乌鲁木齐、西安、厦门、兰州和银川。市场竞争指数排名末五位的城市分别为：宁波、广州、深圳、杭州和青岛。省份和省会城市（或该省的大型城市）的竞争指数排名稍有偏差，但大体趋势相近。拉萨市场竞争指数最高，为67.6%；宁波市场竞争指数最低，为28.3%（见图4.9）。

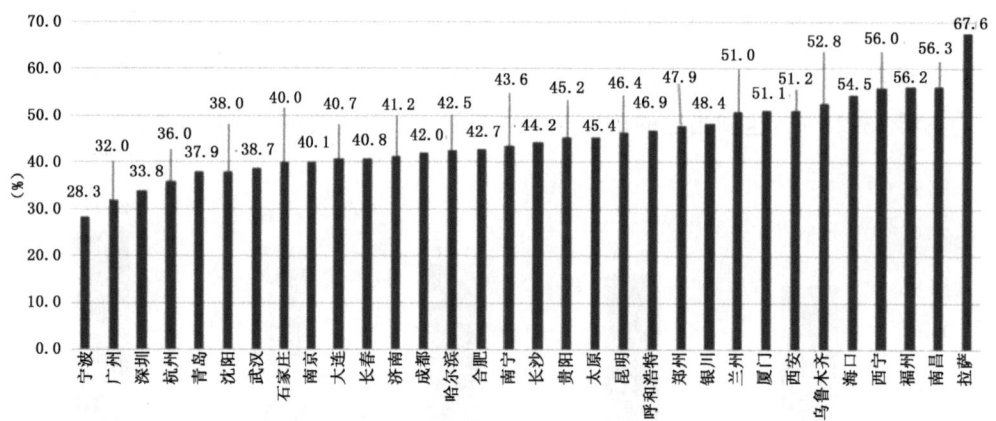

图4.9　2022年主要城市建筑招投标市场竞争指数对比

六、地区招投标市场集中指数分析

（一）全国建筑招投标市场集中指数分析

2018—2022年，全国建筑招投标市场集中指数波动较为明显，整体走强。2022年全国市场集中指数为18.63%，比上年增加了6.14%，同比上年增长49.19%，达到近五年新高。说明2022年建筑施工头部企业（中标额前20企业）的市场份额有大幅提升（见图4.10）。

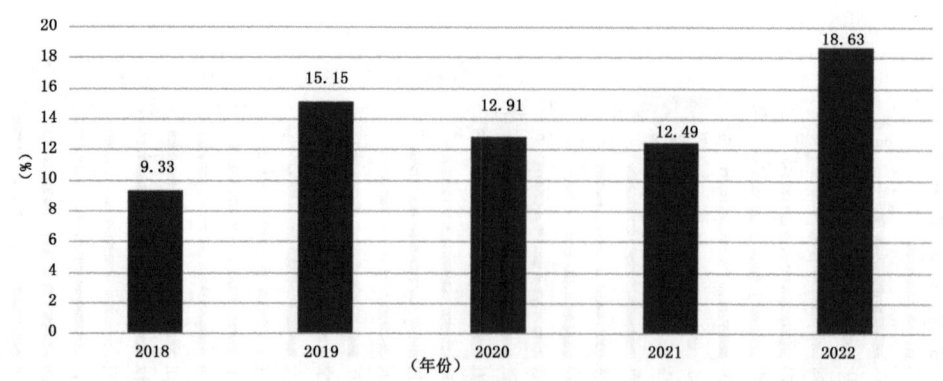

图4.10　2018—2022年全国建筑招投标市场集中指数（CR20）变化

注：CR20指中标额前20企业。

（二）各省份建筑招投标市场集中指数分析

从各省份来看，2022年建筑招投标市场集中指数排前十的地区分别为上海、青海、北京、天津、宁夏、黑龙江、重庆、陕西、海南和山西。市场集中指数排名末五位的地区分别为浙江、江西、江苏、新疆和贵州。上海市场集中指数最高，达到71.5%，说明上海市场基本被业绩前20的企业所包揽。浙江市场集中指数最低，为24.0%。31个省份中，有9个地区市场集中指数超过50%，有14个地区市场集中指数超过平均集中指数43.85%。平均集中指数超过40%，说明大部分省份前20企业的市场份额比较高（见图4.11）。

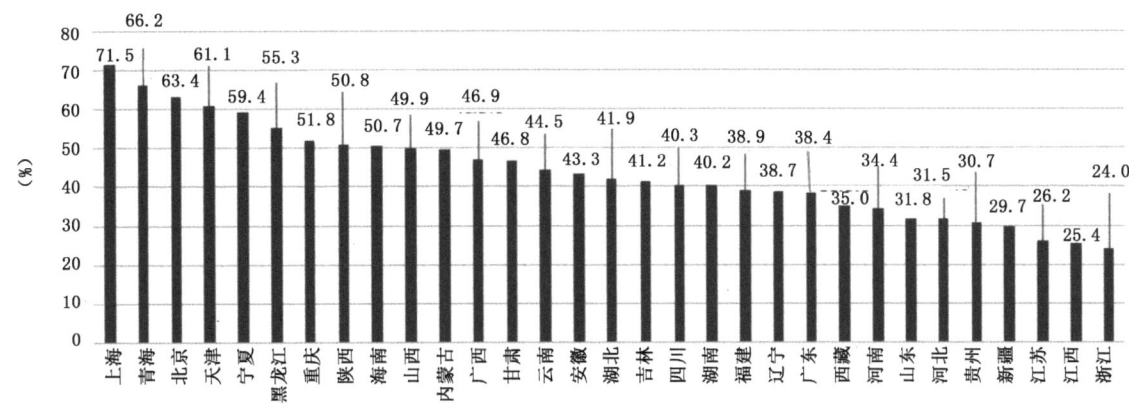

图4.11　2022年各省份建筑招投标市场集中指数（CR20）对比

注：各省份集中指数数据采用3000万元以上的项目数据计算。

（三）主要城市建筑招投标市场集中指数分析

从各城市来看，2022年建筑招投标市场集中指数排前十的地区分别为西宁、海口、哈尔滨、兰州、银川、南宁、呼和浩特、厦门、长沙和大连。市场集中指数排名末五位的城市分别为青岛、宁波、杭州、南京和沈阳。省份和省会城市（或该省的大型城市）的竞争指数排名稍有偏差，但大体趋势相近。西宁市场集中指数最高，达到86.0%，说明西宁市场基本被业绩前20家企业包揽。青岛市场集中指数最低，为40.3%。32个重点城市中，市场集中指数超过或等于50%的城市有27个，超过八成（见图4.12）。

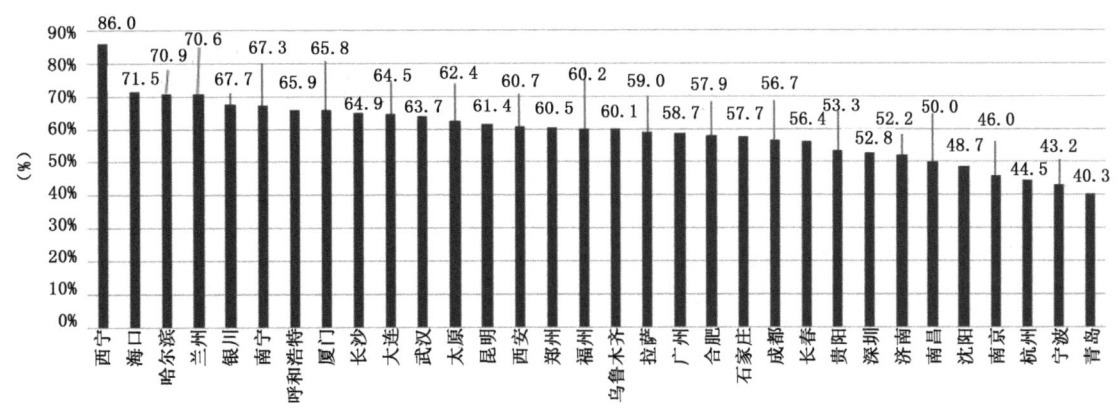

图4.12　2022年主要城市建筑招投标市场集中指数（CR20）对比

第五章

市场规则

一、地区招投标市场规则分析

（一）重点城市主要评标办法分析

对33个重点城市的最新调研结果显示，2022年，33个重点城市的主要评标办法占比（即该城市采用该评标办法评标的项目占所有项目的比重）均超过50%，有11个城市的主要评标办法占比超过90%，分别为杭州、济南、西安、兰州、长春、郑州、上海、石家庄、成都、海口和呼和浩特，说明这几个城市的评标办法相对固定（见表5.1）。

表5.1 33个重点城市招投标市场主要评标办法占比情况

评标办法类型	城　　市	主要评标办法的占比
合理低价法/最低价投标	上海	90%
	昆明	70%
	太原	60%
	重庆	50%~80%
报价承诺法	南昌	80%~90%
评定分离	深圳	70%~80%
	银川	70%
	乌鲁木齐	50%
	厦门	50%
信价量化法	合肥	50%
综合评分法/评估法	杭州	100%
	宁波	50%
	成都	90%~100%
	北京	80%~90%
	天津	50%~70%
	哈尔滨	80%~100%
	济南	100%
	青岛	70%
	广州	80%
	武汉	80%
	长沙	70%
	福州	50%以上
	南京	45%~70%
	郑州	95%
	石家庄	90%
	西安	100%
	海口	90%~95%
	兰州	100%
	贵阳	60%
	呼和浩特	90%~100%
	长春	100%
	大连	80%
	沈阳	25%~50%

33个重点城市采用的最主要评标办法有5种，分别为综合评分法/评估法、合理低价法/最低价投标法、评定分离法、报价承诺法和信价量化法。采用综合评分法/评估法的城市最多，有23个，占比70%，采用合理低价法/最低价投标法、评定分离的城市均为4个，占比均为12%（见图5.1）。

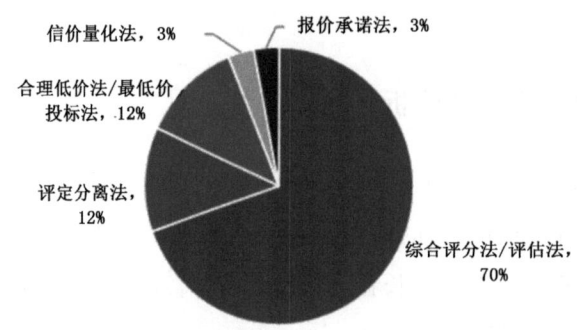

图5.1　33个重点城市招投标市场主要评标办法分布

（二）重点城市大型项目（1亿元以上）主要评标办法分析

最新调研结果显示，33个重点城市在大型项目（1亿元以上项目）上采用的主要评标办法与整体的主要评标办法基本保持一致，仅有6个城市（昆明、南昌、宁波、乌鲁木齐、合肥、沈阳）有变化。有19个城市的大型项目主要评标办法占比超过90%，说明大型项目的评标办法相对整体项目的评标办法（有11个城市主要评标办法占比超过90%）更固定一点（见表5.2）。

表5.2　33个重点城市招投标市场大型项目（1亿元以上项目）的主要评标办法占比

评标办法类型	城 市	大项目评标办法占比
合理低价法/最低价投标法	太原	60%
	上海	90%
	重庆	40%
有限数量制法	沈阳	90%
评定分离法	深圳	70%~100%
	宁波	50%
	银川	100%
	厦门	50%
综合评分法/评估法	合肥	70%~100%
	北京	100%
	郑州	100%
	哈尔滨	50%~100%
	广州	70%~85%
	呼和浩特	100%
	济南	100%
	青岛	90%
	宁波	50%
	乌鲁木齐	50%
	海口	90%

续　表

评标办法类型	城　　市	大项目评标办法占比
综合评分法/评估法	杭州	100%
	重庆	60%
	长春	100%
	长沙	90%
	武汉	90%
	石家庄	80%
	福州	50%以上
	天津	70%
	贵阳	80%
	南昌	60%
	昆明	95%
	南京	90%
	成都	90%~100%
	兰州	100%
	西安	100%
	大连	90%

33个重点城市大型项目采用的最主要评标办法共有4种，其中，采用综合评分法/评估法的城市最多，有27个，占比75.0%；采用评定分离的城市有5个，占比13.9%，采用合理低价法/最低价投标法的城市有3个，占比8.3%（见图5.2）。

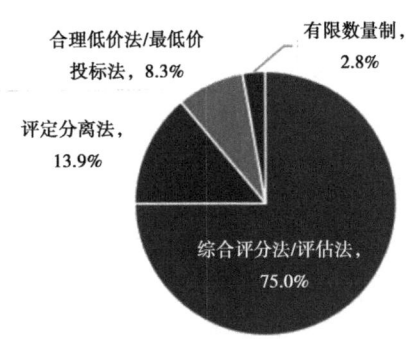

图5.2　33个重点城市招投标市场大型项目（1亿元以上项目）的主要评标办法分布

（三）重点城市综合评标办法各项标的占比分析

最新调研结果显示，33个重点城市在招投标中采用综合评分法/评估法时，有32个城市有设置技术标权重。其中，有16个城市的技术标权重超过30%，武汉技术标权重最高，达到60%。技术标权重在10%以下仅有3个城市，分别为：厦门0%~10%、合肥5%~10%、兰州0%。32个城市的技术标平均权重约为30%（见表5.3）。

表 5.3 33 个重点城市招投标市场综合评分法/评估法中技术标的权重情况

城　市	技术标	城　市	技术标
深圳	30%~35%	长春	35%
合肥	5%~10%	长沙	5%~30%
北京	20%~30%	武汉	60%
郑州	30%~40%	石家庄	20%~30%
哈尔滨	40%~70%	福州	10%~30%
太原	50%	天津	40%
上海	30%	贵阳	40%
广州	20%~40%	南昌	25%
呼和浩特	30%~40%	昆明	30%
济南	20%~30%	沈阳	25%~40%
青岛	12%	南京	30%~40%
宁波	20%	成都	15%~20%
乌鲁木齐	50%	兰州	0%
海口	30%~50%	西安	30%
杭州	10%~30%	厦门	0~10%
重庆	10%~30%	大连	40%
银川	20%		

33 个重点城市的综合评分法/评估法中均有商务标（指报价/经济类标，部分城市称为报价标或经济标，为方便统计区分，统称为商务标），且商务标权重均超过 20%。其中，有 13 个城市的商务标权重超过 60%，兰州商务标权重最高，达到 100%。商务标权重低于 30% 的，仅有 2 个城市：乌鲁木齐和武汉，均为 20%。33 个城市的商务标平均权重约为 56%（见表 5.4）。

表 5.4 33 个重点城市招投标市场综合评分法/评估法中商务标（指报价/经济类标）的权重情况

城　市	商务标/经济标	城　市	商务标/经济标
深圳	40%~60%	长春	50%
合肥	70%~80%	长沙	35%~50%
北京	60%~70%	武汉	20%
郑州	50%~60%	石家庄	50%~60%
哈尔滨	30%~50%	福州	75%
太原	30%	天津	30%~60%
上海	65%	贵阳	50%
广州	30%~60%	南昌	60%
呼和浩特	40%~50%	昆明	50%~70%
济南	55%~60%	沈阳	40%~60%
青岛	65%	南京	40%~50%
宁波	65%	成都	50%~60%
乌鲁木齐	20%	兰州	100%
海口	50%~70%	西安	70%
杭州	60%~90%	厦门	74%~90%
重庆	60%~85%	大连	50%
银川	70%		

33个重点城市的综合评分法/评估法中,有31个城市有设置资信标权重(指资质、信用类标,部分地区称为信用标,为方便统计区分,统称为资信标)。其中,有11个城市的资信标权重超过15%,长沙资信标权重最高,为35%~45%。资信标权重低于10%的,有4个城市,分别为:重庆0%~10%、哈尔滨5%、上海5%和福州5%。31个城市的资信标平均权重约为14%(见表5.5)。

表5.5　33个重点城市招投标市场综合评分法/评估法中信用分占比情况

城　　市	资信标/信用标	城　　市	资信标/信用标
深圳	10%~25%	长春	15%
合肥	10%~15%	长沙	35%~45%
北京	5%~10%	武汉	20%
郑州	5%~10%	石家庄	15%
哈尔滨	5%	福州	5%
太原	10%	天津	10%
上海	5%	贵阳	10%
广州	12%~35%	南昌	15%
呼和浩特	10%~15%	昆明	20%
济南	15%	沈阳	10%~15%
青岛	23%	南京	5%~20%
宁波	15%	成都	15%~20%
乌鲁木齐	20%	兰州	资信标预审合格制
海口	0~23%(EPC项目)	西安	资格预审制
杭州	5%~20%	厦门	10%
重庆	0~10%	大连	10%
银川	10%		

33个重点城市的综合评分法/评估法中,有29个城市有设置信用分权重。其中,有24个城市的信用分权重在5%~15%之间,青岛信用分权重最高,为18%。信用分权重低于5%的,有2个城市,分别为:昆明和大连,均为3%。29个城市的信用分平均权重约为8%(见表5.6)。

表5.6　33个重点城市招投标市场综合评分法/评估法中资信标(指资质、信用类标)的权重情况

城　　市	信用分占比	城　　市	信用分占比
深圳	5%	长春	无信用分要求
合肥	5%~10%	长沙	10%~15%
北京	5%~10%	武汉	未启用信用分
郑州	5%~10%	石家庄	5%~10%
哈尔滨	5%	福州	10%
太原	10%	天津	3%~20%
上海	5%	贵阳	未启用信用分
广州	0~20%	南昌	10%
呼和浩特	5%~10%	昆明	3%
济南	5%~10%	沈阳	5%
青岛	18%	南京	5%~15%
宁波	5%~15%	成都	5%~10%
乌鲁木齐	10%	兰州	1~10%
海口	5%~10%	西安	未启用信用分
杭州	5%~10%	厦门	5%
重庆	10%	大连	3%
银川	10%		

（四）重点城市招投标市场投诉类型分析

调研结果显示，33个重点城市中，有30个城市存在招投标市场投诉情况，3个城市基本无投诉，分别为南京、上海和长春。30个有投诉的城市中，北京、哈尔滨和重庆的投诉类型最多，达到5种；投诉类型达到4种的城市有13个。银川、青岛和海口的投诉类型较少，均只有1种（见图5.3）。

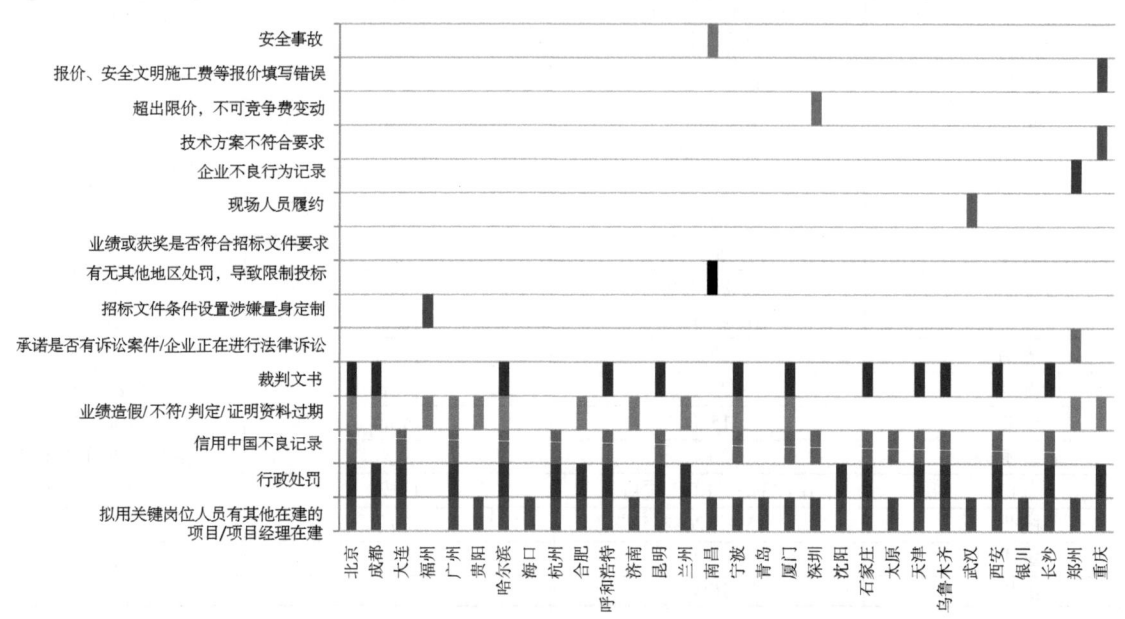

图 5.3　30个重点城市招投标市场主要投诉类型分布

存在投诉的30个城市中，有29个城市存在"拟用关键岗位人员有其他在建项目/项目经理在建"的投诉，占比达到96.67%，有17个城市存在"行政处罚"的投诉，占比达到56.67%，有16个城市存在"信用中国不良记录"投诉，占比53.33%（见图5.4）。

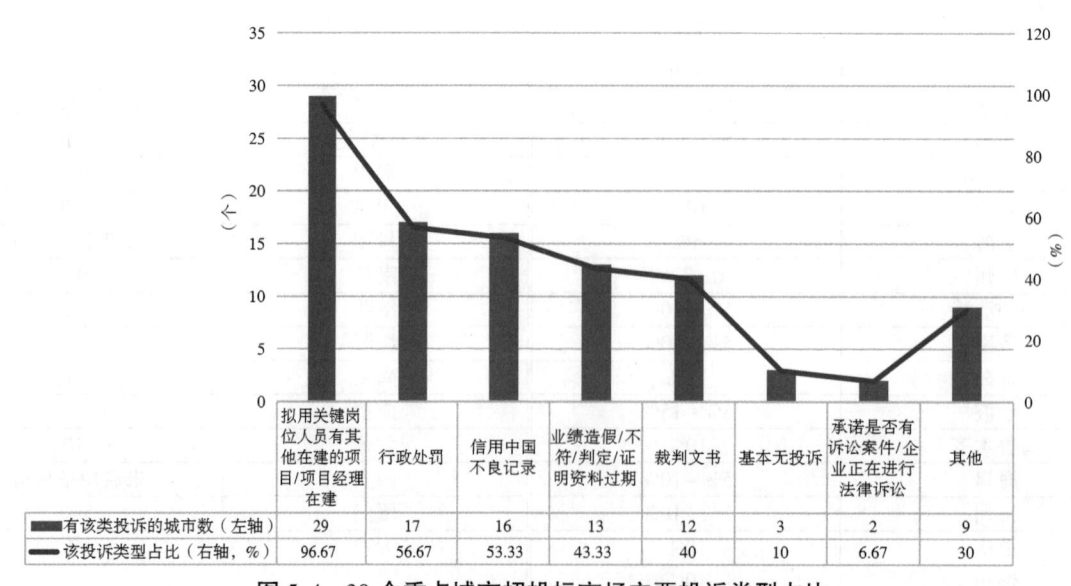

图 5.4　30个重点城市招投标市场主要投诉类型占比

二、地区招投标市场信用评价规则

（一）重点城市建筑施工企业信用分加分项分析

随着信用信息的推广使用，全国大部分城市均推出了建筑施工企业的信用评价，信用评价的指标里除了企业基本信息、项目/工程安全/质量相关管理行为、绿色/文明施工行为的计分类项目，还有一些常规的良好信息加分项与额外加分项。

29个重点城市的信用分规则统计显示，信用分加分项前十大类型主要有：荣誉/奖项（企业/项目）、科技进步类奖项、纳税/财务信用、本地工程业绩相关、社会贡献/责任/公益、外市/外省/境外承揽业务（或业绩）相关、建筑业产值、劳资管理/人力资源管理相关、管理体系认证/建立和建筑业发展增速（见图5.5）。

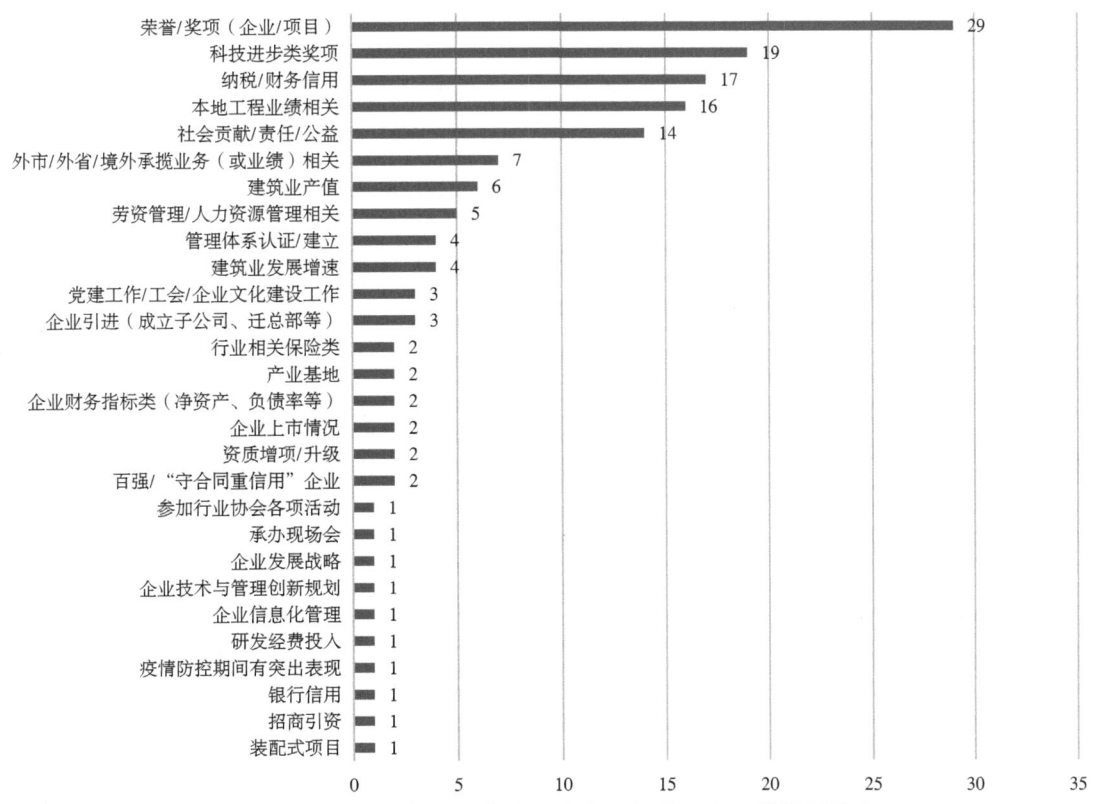

图5.5 29个重点城市在信用分主要加分项方面的数量分布

根据29个重点城市的统计数据，信用分加分项前十大类型中，城市数占比超过50%的有四项，其中荣誉/奖项（企业/项目）类是每个城市都会采用的，占比100%；第二位是科技进步类奖项，有19个城市采用，占比66%；纳税/财务信用类有17个城市采用，占比59%；本地工程业绩相关类有16个城市采用，占比55%；社会贡献/责任/公益类占比48%，有14个城市采用，也是比较主要的加分项。总体看，前五类加分项采用的城市数相对较多，第六类加分项采用城市数仅占有24%，第九、十类加分项采用城市数占比仅为14%（见图5.6）。

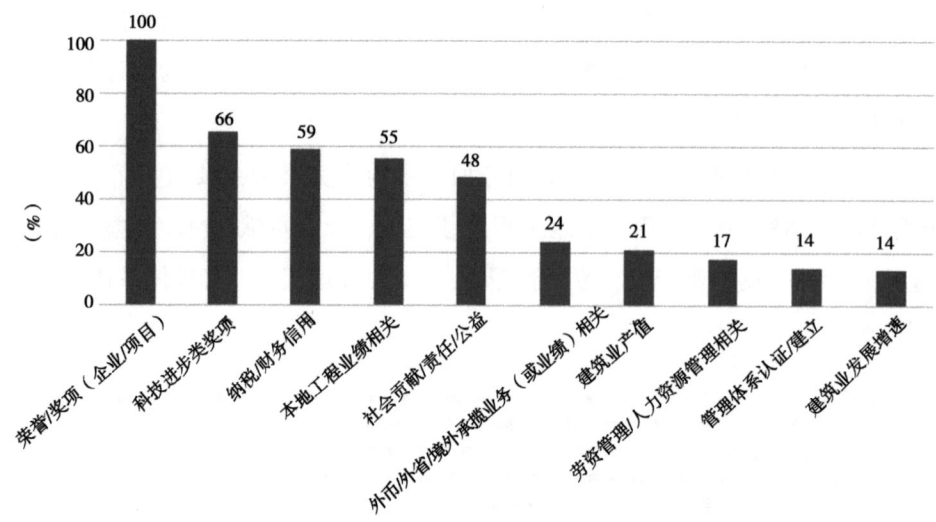

图5.6 29个重点城市信用分加分项前十大类型的采用城市占比情况

从信用分加分项前十大类型的地区分布来看，十大加分项类型中采用项数最多的有7项，具体采用城市为青岛市和长沙市；采用项数较多的有6项，具体采用城市为济南市、南宁市、深圳市、天津市、乌鲁木齐市和昆明市；采取项数有5项的城市为哈尔滨市和郑州市。采取4项的城市有10个，占比最多，达到35%左右。成都市和武汉市在十大主要加分项中采取的类型最少，仅采用了1项。

（二）部分重点城市建筑施工企业信用评价指标

根据公开资料整理，部分重点城市建筑施工企业信用评价指标详见表5.7。

表 5.7 部分重点城市建筑施工企业信用评价指标一览表

城市	信用分组成	记分项	记分内容	最高分值（分）
北京市	项目履约信息	项目规模	项目合同额（累计）	18
		安全质量和创新驱动	项目安全质量测评和智慧工地建设评价	60
		荣誉信息	地市级及以上政府部门的表彰、奖励、表扬，省级及以上标准化工地信息，省级及以上示范工程信息，绿色建筑标识证书信息，省级及以上行业社会组织的评比达标表彰保留项目	10
		不良行为信息	各级政府部门的通报、项目违法违规行为受到的行政处罚、各类失信行为信息等	不良行为信息扣分累计后平均在施项目，直接扣项目履约信息分，扣完为止
	企业信息	荣誉信息	各类政府部门表彰、行业评比表彰	3
		科技进步信息	国家、行业、地方的工程建设标准、工法、科技成果，社会组织的评比达标表彰保留项目涉及的科技奖项	5
		社会责任	纳税信用等级评定为A级，被评为专业应急抢险救援队伍，参与抢险救灾项目建设、抗击疫情工程项目建设、援建、"一带一路"房建和市政工程项目建设、国家重大活动等受到表彰或奖励，参与1项记1分	4
		不良行为信息	各级政府部门的通报、向行政机关提供虚假材料的信息等失信行为、企业违法违规行为受到的行政处罚	直接扣企业信息分，扣完为止
上海市	基础信息	基本信息	—	65
	加分项	工程业绩信息	按照在沪本市工商注册和外省市进沪建筑业企业在本市完成履约的合同业绩计分，按不同合同价设置不同加分标准	25
		安全生产标准化评价结果信息	分"不合格"、无竣工项目、"合格"、"优良"4档	5
		项目奖项信息	奖项每项计1分	5
	扣分项	不良信用信息	市、区相关管理部门做出的行政处罚、本市管理部门做出的非工程建设领域的行政处罚、经认定的B级不良信用信息、两年内的有管理部门处理意见的安全生产事故、企业存在司法机关公布的行贿犯罪记录、失信被执行人信息等不良行为	扣分项分数从基础分中扣除，扣完为止
石家庄市（满分120分）	计分项（达不到评价基本指标的按规定扣分）	企业经营能力	企业净资产、工程结算总收入、净资产收益率、资产负债率、产值利润率	12
		市场行为	经营活动、建造师相关、工人持证上岗率、行业报表、劳资管理	34
		工程质量、安全管理	工程质量管理、安全生产文明施工管理	24
		社会信用	税务管理、工商行政管理、合同履约情况、偿还银行贷款情况	30
	额外加分项	附加指标	企业荣获各种奖励及社会贡献（注：标准内容中，同一项目获多级奖励时按最高分，不重复计算；所得附加指标分累计不得超过20分）	20

续 表

城市	信用分组成	记分项	记分内容	最高分值（分）
深圳市（满分120分）	基本信息	基本信息申报	按照市住房建设部门《关于开展建筑企业和从业人员基本信息报送工作的通知》（深建设〔2018〕36号）要求，在"企业与人员信息诚信申报平台"完成报送企业和人员的基本信息，即得40分	40
	加分项	履约评价	投保工程质量保险，企业所承担的政府投资工程项目，建设单位没有提供履约评价不合格报告	10
		纳税评价	根据企业上一年度在深圳行政区域内实际缴纳的税金总额分档计分	20
		工程业绩	在深圳市所辖区域承接的工程项目总额	20
		行业奖项	市级以上各类奖项、百强企业、华夏建设科学技术三等奖及以上，在援建、抢险救灾、应急抢险等履行社会责任方面受到表彰，疫情防控期间有突出表现的	10
		建设科技	国家级高新技术企业，各级科技进步奖，各类产业基地、示范项目、示范工程等，参与制定标准等，各级创新载体	10
		行业综评	主办、参办有关公益/公共活动，及时上报行业统计报表，签署行业自律公约或者廉洁自律公约，企业及所属从业人员无任何廉洁从业负面信息等	10
	扣分项	质量安全类	行政处罚、红色警示、省动态扣分、黄色警示	红色警示直接评定为C级
		联合惩戒	按照国家、省、市住房建设部门与相关部门联合签署的实施联合惩戒的合作备忘录规定需要给予建筑市场主体失信联合惩戒的	3
		不良行为	综合类不良行为、经营管理不良行为	扣完为止
重庆市	企业通常行为评价（权重40%）	起评分	—	60
		业绩	近两年房屋市政工程累计承包总额	20分
		纳税信息	增值税缴纳（2分），企业所得税缴纳（3分），外地入渝企业在本市行政区域内产生的所得税全额在渝缴纳（5分）	5
		奖励信息	科技进步类奖项、产业进步类奖项、工程质量类奖项、安全文明施工类奖项、通报表扬	加分累计
		处罚信息	市场交易类处罚信息、项目管理类处罚信息、综合管理类处罚信息	扣分累计
	企业合同履约行为评价（权重20%）	起评分		100
		扣分项	施工合同备案（首轮评价项）、农民工工资支付保障机制（首轮评价项）、劳务用工管理及工资支付（其他轮次评价项）、拖欠不良行为（其他轮次评价项）、报送责任（其他轮次评价项）、结算及工期（其他轮次评价项）	扣分累计
	企业现场行为评价	企业质量行为评价	—	权重20%
		企业安全文明施工行为评价	—	权重20%

续 表

城市	信用分组成	记分项	记分内容	最高分值（分）
天津市	基本信息	基本分	企业按照信用平台要求提交相关信息，并完成注册后自动获得	600
		项目规模	按施工总承包合同总额记分，不同档次有不同分值	100
	市场经营信息	项目履约评价	由施工企业按季度填报在施项目（按合同工期计算）的"履约评价表"并上传至天津市建筑市场信用管理平台	100
		表彰奖项	国家级奖项和天津市奖项（联合体获奖得分乘系数0.8，参建获奖得分乘系数0.6）	100
	良好信用信息	社会责任	履行援建、抢险救灾、抗疫等社会责任受到国家级通报表彰的，受到天津市、区表彰的，参与天津市民心工程建设或履行其他社会责任	30
		施工科技	国家级、省部级科技进步奖，全国绿色建筑创新奖，国家级专利，参与国家级或省部级工法、行业标准、规程的编制，采用BIM技术	40
		财务信用	A级纳税信用等级	10
		管理体系认证	质量管理体系、职业健康安全管理体系、环境管理体系	20
	不良信用信息	质量安全事故	发生一般、较大、重大及以上质量安全事故	扣完为止，最高扣1000
		行政处罚信息（质量安全事故除外）	警告、通报批评、罚款、没收违法所得、责令停产停业、限制从业，降低资质等级，撤销单项资质	最高扣500
		资质条件	未履行告知承诺的、注册执业人员不达标、技术负责人不达标、净资产不达标、企业自有设备不达标	最高扣40
浙江省（2022年试用版，杭州市基本类似）	企业基本信息	基础能力分	同时具有有效的营业执照、建筑业企业资质证书、安全生产许可证，缺一项即不得分	15
		项目基本信息分	按浙江省建筑市场公共服务管理平台上录入的在建工程项目基本信息得分，企业所有在建项目信息（平台要求的必填字段）完整的得初始分15分，存在若干项目信息不完整则按项目个数平均计算扣分	15
		工程业绩分	按企业有效工程项目数量及规模评分（工程项目数量评分，每个项目得0.5分，最高得5分）	10
	加分项	良好信息	表彰奖励、政府质量奖、全国性行业协会表彰奖励、优质工程、标准化工地、示范企业、企业技术中心、高新技术企业（同一企业的同一工程具有同一性质不同级别良好信息的，按最高级别标准加分，不做累计加分）	40
	扣分项	不良信息	涉及多个扣分标准的，按照扣分最高标准执行，不累计扣分	初始分70，扣完为止

续 表

城市	信用分组成	记分项	记分内容	最高分值（分）
南京市	市场行为	加分项	政府及主管部门表彰）[区（园区）级及以上]，协会表彰（市级及以上），通报表扬[区（园区）级及以上]，重要贡献（参与市级以上政府或建设行业主管部门组织的活动作出重要贡献并经文件确认的，在建筑市场监管中配合市级及以上建设行业主管部门作出重要贡献经政府、建设行业主管部门（包括市级建筑市场监督机构）确认的，克服疫情影响上半年建筑业产值同比增速超过全市平均水平或增量超过一定水平的（此项加分封顶14分），工程业绩（按照考评期间截止日前12个月，企业按规定及时上报且被确认的在建工程合同额）	30（总分100，起评分70，在70基础上进行加减，得分以30%的比例计入信用评价的总评分）
		减分项	行政处罚、通报批评[区（园区）级及以上]、约谈[区（园区）级及以上]、清欠等，严重不良行为，一般不良行为，招投标活动失信行为	
	质量行为	加分项	获得工程质量奖（市级及以上），工法、新技术应用（省级及以上），优质示范工程（区级、市级及以上），在国家、省、市、区检查中受到表彰	30（质量行为总分100，各项评分细则在起评分70基础上进行加减，得分以30%的比例计入信用评价的总评分）
		减分项（可抵扣）	发生质量事故、受到行政处罚、受到通报（批评）	
		减分不可抵扣项	因施工质量原因造成群诉群访且被曝光造成恶劣影响，经查实的；因施工质量原因造成开裂、渗漏现象且产生不良影响，经查实的	
	安全行为	加分项	安全标准化文明工地（省、市级）；安康杯竞赛先进单位（市级及以上）；受到通报表扬（区级及以上）；观摩示范工地（区级及以上）；其他（实施差别化管理的工地；市级及市级以上政府或建设行业主管部门发文确认的扫雪、防汛应急抢险大队成员）	30（安全行为总分100，各项评分细则在起评分70基础上进行加减，得分以30%的比例计入信用评价的总评分）
		减分可抵扣项	受到行政处罚或行政处理、受到通报批评、其他	
		减分不可抵扣项	发生生产安全事故	
	实名制行为	计分项	企业行为规范、现场人员管理、人脸考勤管理、工资支付管理、保证金管理	10（实名制行为总分100，各项评分细则在起评分70基础上进行加减，得分以10%的比例计入信用评价的总评分）

续 表

城市	信用分组成	记分项	记分内容	最高分值（分）
郑州市	基准分	基础信息	企业基本信息完整，有效得60分	60
	加分项	优良信息	上市情况、工程业绩、纳税信息、技术能力信息、工程质量奖励信息、安全文明及劳动用工奖励信息、其他表彰信息、社会贡献信息	40
	减分项	不良信息	履行仲裁、判决责任，行政处罚，通报批评，投诉举报，工程质量，安全生产文明施工，劳动用工，影响社会稳定，建筑业统计	上不封顶
广州市	市场行为评价	基准分	在广州市住房和城乡建设委员会企业诚信档案信息库中建立企业诚信档案后自动起算基准分50分	权重30%（基础分50，加分项最高50，减分项不封顶。基础分加减各细项评分，得分以30%的比例计入信用评价的总评分）
		加分项	中标额（近2年累计）、合同金额（近2年累计）、合同结算金额（近2年累计）、劳务分包合同结算金额（近2年累计）、纳税总额（近2年营业税、增值税、企业所得税总额）、获奖奖项及获奖率（近2年累计）、"守合同重信用"企业	
		减分项	不良行为、严重不规范行为、一般不规范行为、轻微不规范行为	
	质量安全管理评价	加分项	工程质量管理评价权重为35%、工程安全管理权重为40%、工程绿色施工管理权重为25%、施工企业安全生产继续教育培训（考试通过额外加分）	权重50%（加分项最高100，减分项不封顶。得分以50%的比例计入信用评价的总评分）
		减分项	企业不良评价（不良行为、不规范行为）	
	建设单位履约评价	专业建设单位履约评价	前三年每年建设额10亿元以上且建设项目数10个以上的公共工程建设单位，应根据本单位工程建设实际，制定对施工和监理企业履约评价办法和评价标准，公开征求意见后，交广州市住房和城乡建设委员会统一发布后实施（评价标准应客观公平，采用百分制，以50分为基准分）	权重10%（此项最高100，负分时计0。得分以10%的比例计入信用评价的总评分）
		建设单位履约评点	建设单位应在工程竣工验收后对施工单位和监理单位进行履约评点，分好、中、差三档，并将评点表送广州市住房和城乡建设委员会。广州市住房和城乡建设委员会将差评计入诚信评价信息系统并公示，差评自计入系统起两年内纳入计算。各企业每纳入计算的差评1个扣5分，2个扣10分，3个扣20分，4个及以上扣50分	
	其他管理评价	行业管理	拖欠工程款或者工资、欠薪被行政处罚、不使用绿色生产达标企业生产混凝土的、不履行统计信息申报义务、使用劳务队伍不符合有关规定、施工现场违反"三禁"规定	权重10%（基准分100，在基准分上加减各细项评分。得分以10%的比例计入信用评价的总评分）

续 表

城市	信用分组成	记分项	记分内容	最高分值（分）
成都市	市场信用信息评价	基本信息	企业登记信息（70分）、企业经营指标信息（20分）	权重50%（此项满分100，其中基本信息最高90，良好行为信息最高10，不良行为扣分上不封顶。最终总分乘以50%计入信用评价总评分）
		良好行为信息	奖励（近两年在蓉从事建筑活动获得的科技进步类、工程质量类和安全文明施工类等奖项和获得的政府部门的通报表彰）	
		不良行为信息	市场交易类不良行为信息、综合管理类不良行为信息、项目管理类不良行为信息、合同履约类不良行为信息	
	现场信用信息评价	质量信用信息	质量信用信息得分=企业所有纳入评价范围的项目质量的算术平均值×50%－现场质量施工类不良行为信息分（企业扣分）；项目质量信用信息得分=基准分（100分）－现场质量施工类不良行为信息（项目扣分）	占比50%（此项满分100，其中质量信用信息最高50，安全信用信息最高50。最终总分乘以50%计入信用评价总评分）
武汉市	基本分	基本信息申报	部分信息由湖北省库信息直接采集到"武汉市建筑市场主体信用信息管理平台"，另一部分信息须企业自行去武汉市信用平台补充完善	70
	加分项	良好信息	企业表彰（国家级优良信用信息有效期3年，湖北省、武汉市优良信用信息有效期2年，武汉市辖区县级优良信用信息有效期1年。参与加分项目指武汉市行政区域内的工程项目）（同一项目或企业，因同一优良信息不同级别加分的，加最高分，不重复加分）	分数不设上限
	扣分项	不良行为	受到处罚、行业行为不良（同一项目或企业，因同一因素不同级别扣分的，扣最高分，不重复扣分）	基本分70减完为止
	黑名单	直接被纳入黑名单	利用虚假材料、以欺骗手段取得企业资质的；发生重大及以上工程质量安全事故，或1年内累计发生2次及以上较大工程质量安全事故，或发生性质恶劣、危害性严重、社会影响大的较大工程质量安全事故，受到行政处罚的；受到公安机关治安处罚或司法部门认定负有刑事责任的黑恶势力；经法院判决或仲裁机构裁决，认定为拖欠工程款，且拒不履行生效法律文书确定的义务的；文明施工工作不到位情节严重，被联合惩戒的	扣30/次，直接被纳入黑名单

续 表

城市	信用分组成	记分项	记分内容	最高分值（分）
合肥市（评分细则可能会随时调整，此版本为2022年第一版）	加分项	资质等级	施工总承包特级、一级、二级、三级资质对应有不同的计分	20
		上一年度在肥纳税额	特、一级企业封顶40分，二、三级企业封顶50分	50
		良好行为信息	政府、行业主管部门及行业协会表彰，科技创新，优质工程，标准化工地，通报表扬	130
	减分项	不良行为	行政处罚，其他一般不良行为	扣分不封顶
		严重不良行为	被"信用合肥"列入"黑名单"的，发生较大安全生产责任事故的，被列为"失信被执行人的"	不得评定为信用AA及以上等次
		一票否决项	党风廉政建设中存在严重违法违纪行为的，受到处罚的；防疫工作落实不力，引发疫情事件，造成严重影响的；发生重大及以上安全生产责任事故的；发生质量事故造成恶劣社会影响的	一票否决
长沙市	基本信息分	基本信息	基本素质（20分）、财信能力（20分）、技术力量（20分）、经营业绩（40分）	权重30%（满分100，综合实力评价分值=Σ各项目得分×对应项目权重）
	加分项	企业日常管理和履行社会职责评价	党建工作（10分）、统计报表（10分）、劳动者权益保障（30分）、社会义务（30分）、应急抢险（20分）、服从管理（扣分项）	权重10%（满分100，企业日常管理和履行社会职责评价分值=Σ各项目得分×对应项目权重）
		优良信息评价	工程安全质量管理及文明施工管理、市场行为、科技创新与绿色发展及其他	权重30%（满分100，优良信息评价分值=Σ各项目得分×对应项目权重）
	减分项	不良信息评价	工程安全质量管理及文明施工管理、市场行为、其他（100分）	权重30%（满分30，不良信息评价分值=Σ各项目得分×对应项目权重。实行扣分制，不设扣分限值）
济南市	基本信息分	基本信息	基本情况（50分）、资质信息（40分）、纳税信息（10分）、引进来（企业迁入济南落户，40分）、履约评价（40分）、行业监管（10分）、社会公益（3分）、建筑业发展增速（5分）	90
	加分项	优良信用信息	国家级、省级、市级各类良好信息	10
		不良信用信息	行政处罚信息	上不封顶
	减分项	严重失信行为信息	严格按照国家制定并公布的严重失信行为认定办法确定的条件、程序和标准等认定的信息	30/次

续表

城市	信用分组成	记分项	记分内容	最高分值（分）
青岛市	基本分	基本分	—	100
	加分项	良好行为信息	工程质量管理，安全文明施工，科技创新、技术进步，工程业绩，重大、突发、应急事件，综合实力，人员管理，积极推行建筑业试点，标准造价，企业文化、精神文明建设，经验介绍推广、工程观摩，纳税产值，其他表彰奖励	在基本分100的基础上，进行分数加减，得到信用考核分
哈尔滨市	基本分	基本分	资格素质；市场行为（履行法定建设程序情况，工程承、发包情况，合同签订和履约情况，工程质量情况，安全生产情况，文明施工情况，施工环境保护和卫生情况等）；社会信誉（缴纳税费及上报统计数据情况、银行信用情况、支付分包单位工程款和农民工工资情况等）	100
	加分项	良好行为	获国家、省、市级奖项；积极参加政府和行业开展的各项活动，支持各项社会公益活动和社会福利事业，并且贡献突出；通过质量管理体系、环境管理体系和职业安全卫生管理体系认证；获国家、省十项新技术示范工程金（银）奖；赴境外、省外、市外施工	20
	减分项	不良行为	各类不良行为	在基本分值100的基础上，按照不良行为扣减相应分值，对拒不改正不良行为的，实行按月累积扣分
	一票否决	不良行为	在信用等级评定中，弄虚作假的；涂改、伪造、转让、骗取证照和超越资质等级许可范围承揽工程的；在本年度内发生较大生产安全事故或者两起以上一般生产安全事故的；在本年度内发生重大质量事故的；拖欠工程款或者农民工工资，经有权机关核实认定后拒不还欠的；与建设单位或者企业之间相互串通投标，或者以行贿等不正当手段谋取中标的；偷、逃、抗税或者逃、废银行债务的；引起异常、越级、群体上访，影响社会稳定和正常社会秩序，经核实确实存在严重侵害群众利益行为，造成恶劣社会影响的；存在商业贿赂行为的；其他严重不诚信行为	有这些情形之一的，综合信用评价分值一次性降为0

续表

城市	信用分组成	记分项	记分内容	最高分值（分）
南宁市		基本分	—	100
	综合评价	综合实力	企业产值；产值增长情况；外地业务形成本地产值；增值税和所得税纳税情况	80
		优良行为加分	各类奖项、表彰；履行社会责任，配合市住建部门完成全市性各类重大活动、抢险救灾等工作，并获得通报表扬；开展新型建筑产业工人队伍试点工作，获得市住建部门通报表扬；建筑企业投资的产业园或楼宇引进配套企业年缴税达50万元以上；年度研发投入占主营业务收入比重达到1%以上；在党建、项目工会建设等工作获得通报表扬；其他情况获得各级住建部门通报表扬	加分无上限，超过都按100计算
		不良行为扣分	未参加各级住建部门召开的相关重要会议；未按时或拒不履行行政处罚义务缴纳处罚金；违法分包、转包、挂靠行为，受到行政处罚；放弃中标或者中标候选人资格；串标；被列入失信被执行人名单；因其他情况被各级住建部门通报	扣分上不封顶
	专业评价	获奖情况	在本市行政区域内承建的工程项目获得各类国家级奖项，获得各级优秀QC小组活动成果，获得各级安全文明标准化工地、优质工程、建筑装饰工程优质奖等	15
		优良行为加分	项目施工各类奖项，施工企业安全风险等级分级评定为B级以上，项目获得绿色建筑二、三星级评价标识或作为绿色相关示范项目，采用新技术、新工艺等获得通报表扬，项目在工程质量、安全和文明施工、生态环境保护等方面获得通报表扬	加分无上限，超过都按100计算
		不良行为扣分	项目施工中的各类不良行为	扣分上不封顶
呼和浩特市	基本素质	基本素质	企业资质等，公司组织机构及各项规章制度建设，管理体系建立，管理、技术人员专业结构配置	12
	加分项	经营能力及财务指标	企业净资产、净资产收益率、资产负债率	15
		管理指标	工程质量管理，安全生产、文明施工管理，劳资管理，材料采购、构配件管理，人力资源管理，信息化管理	18
		竞争力指标	企业发展战略，技术与管理创新规划，研发经费投入，技术与管理创新成果，标准化工作	25
		获奖情况	近三年市级以上的获奖	10
	减分项	不良行为	资质不良、承揽业务不良、履行合同不良、工程质量不良、工程安全不良、劳动者权益不良、纳税不良、银行信贷不良、其他不良	企业不良累计计分×30%进行扣减
西安市	基础分	基础信用分	基础信息	100
	加分项	施工总承包合同额信息分	合同额累计排名	12
		良好信息分	质量类获奖信息、安全类获奖信息、科技类获奖信息、承办现场会、其他表彰性通报信息、建筑业高质量稳增长扶持政策	上不封顶
	减分项	不良信息分	轻微、一般、严重不良	扣完为止

续 表

城市	信用分组成	记分项	记分内容	最高分值（分）
吉林省（长春市）	企业基本条件评价	基础分	—	25
		加分项	资质等级、管理人员情况、建筑业产值、省外市场开拓情况、统计报表	在基础分上累计加减分
		额外加分	科技进步水平	
	企业市场评价行为	基础分	—	25
		加分项	施工现场标准化管理，各级政府和有关主管部门的表彰、奖励，获得其他部门及外省、市级表彰、奖励的，工法、专利等	
		减分项	各类不良行为	
新疆（乌鲁木齐市）	基本分	基本信用信息（80分）	企业基本情况（45分）、企业业绩（10分）、合同履约情况（8分）、纳税情况（5分）、建筑工程现场管理人员及劳务用工人员管理（12分）	80
	加分项	良好信用信息	获奖（表彰）信息（最高30分）（同一项目获得多个奖项的，按照最高奖项分值计算）、科技创新（最高14分）（同一项目获多个奖项，按最高项分值计算）、编制标准（最高6分）、就业贡献（最高10分）、社会公益（最高10分）	70
		不良信用信息	各类企业市场不良市场行为	扣完为止
	减分项		利用虚假材料、以欺骗手段取得企业资质的；企业法定代表人、主要负责人在建设工程活动中因重大违法行为受到刑事处罚的；发生较大及以上工程质量安全事故或消防事故，或1年内累计发生2次及以上一般工程质量安全事故或消防事故，经认定由施工企业负主要责任的；经法院判决或仲裁机构裁决，认定为拖欠工程款和农民工工资，且拒不履行生效法律文书确定的义务的；被司法机关纳入失信被执行人名单的	直接评为C级
沈阳市	企业信用信息评价	基础信息	注册登记信息、资质信息、工程项目信息、注册执业人员信息、其他持证上岗人员信息和信用承诺情况信息等	信用信息评价权重40%，评价基准分为70，满分100
		优良信用信息	市级以上先进单位，各级政府部门或行业协会颁发的奖项或表彰，各级示范工地、示范企业等，优质工程奖，其他相关监管部门的奖励、表彰，参与制定技术标准、法规等	
		不良信用信息	各类建设程序不良、各类招标发包不良、各类质量不良、各类安全不良、其他不良	
	企业质量管理行为评价	企业质量管理行为评价	项目部管理人员履职情况，项目经理履职情况，工程分包及分包管理情况，现场配置工程技术标准、规范、图集的情况……	权重20%
	企业安全管理行为评价	企业安全管理行为评价	安全管理、文明施工、脚手架、基坑工程、模板支架、高处作业、施工用电、物料提升机与施工升降机、塔式起重机与起重吊装、施工机具、扬尘污染防治措施等	权重20%，满分150
	企业日常行为评价	加分项	建筑业企业资质有增项情形的，企业承揽境外"一带一路"工程项目的，参与抢险救灾有关的工程建设的等	权重20%，评价基准分为70，满分100
		减分项	在动态监管过程中不按时或不如实报送监管材料、恶意投诉、中标后无故放弃中标资格，等等	

续 表

城市	信用分组成	记分项	记分内容	最高分值（分）
厦门市	经济发展指标评价	缴纳税金	企业所得税、增值税（不含监理、设计、招标代理、造价咨询等增值税）、印花税、房产税、土地使用税	15
		良好行为	实施单位及国家、省建设主管部门对建筑施工企业做出的奖励、表彰，以及企业获得国家、省、市级的各类奖项	30
		不良行为	实施单位及国家、省建设主管部门对建筑施工企业做出的曝光、通报及处罚等	55 扣完为止
		额外奖励	企业缴纳税金总额超过满分的缴税额标准值的，给予奖励加分。企业纳税总额高于相应资质等级缴纳税金总额满分的标准值的，每超过10%（不含10%），加 0.3 分，奖励分累计不超过 3 分	3
	企业信用监管行为（C类）	工程质量管理		权重 30%
		安全生产管理		权重 20%
		文明施工管理		权重 15%
		建筑市场管理		权重 25%
		社会责任		权重 10%
	企业信用监管行为（P类）	良好行为	区级及以上表彰	—
		不良行为	很严重、较严重、严重、中等、一般、轻微	—
云南省（昆明市）	基础分	基础分	企业基础信息	60
	加分项	经济指标	企业产值（或营收）	20
		企业纳税总额	企业纳税信息	5
		良好信息	工程质量类奖项、安全文明施工类奖项、通报表彰、绿色科技创新技术、企业职工参保率、企业职工执业信息、取得的认证体系、实施工程总承包及全过程咨询项目、科学技术奖励奖项、取得建筑行业企业信用综合评价指标得分	
		经济指标	注册地在滇企业在省外、国外经济指标	
	减分项	不良信息	将承担的项目转包或者违法分包；企业承建（或参与项目建设的各方）的项目发生特别重大质量或生产安全责任事故；被行政主管部门列入欠薪黑名单；涂改、伪造、出借、转让企业资质证书、企业营业执照，允许其他单位或个人以本单位名义承接项目；企业以买卖、租借或其他形式非法取得个人执业注册证书或执业印章等	累计扣分

续　表

城市	信用分组成	记分项	记分内容	最高分值（分）
福建省（福州市）	基础分	起评分	企业参与企业通常行为评价的起评分为60分	60
	加分项	施工合同额信息	企业在福建省行政区域内的房屋建筑工程或市政基础设施工程累计签订的承包合同总额、企业上一年度累计完成的施工产值	20
		纳税信息	企业上一年度在本省行政区域内的累计缴纳增值税、企业上一年度在本省行政区域内的累计缴纳企业所得税	10
		奖励信息	近2年的各类奖项、科技进步类奖项、通报表扬、竣工结算信息填报	不设加分限值
	减分项	不良信息	市场交易类处罚信息、项目管理类处罚信息、综合管理类处罚信息	不设扣分限值，扣分累计
江西省（南昌市）	基础分	企业基础信息分	首次参与评价或新设立的、在评价对象内的企业；企业在我厅"住建云"上信息完整，包括企业名称、社会信用统一代码、取得资质、法人代表及联系方式、办公地址等；企业和企业负责人未列入失信联合惩戒对象；未被国家企业信用信息公示系统（江西）列为经营异常名录。	70
	加分项	良好信用分	工程业绩、诚信纳税、项目获奖、安全生产示范、质量标准示范、工程技术创新	30
	减分项	不良信用	通报批评，建设主管部门行政处罚，其他部门行政处罚，质量、安全管理体系不完备，企业填报信用信息弄虚作假，在建工地实名制管理，未按时报送统计报表，执业注册人员管理	始得分为0，实行减分制，不设下限

三、地区招投标市场信用信息分析

（一）全国工程荣誉数量统计情况

2022年全国共颁发工程荣誉奖65536项，其中，国家级工程荣誉3475项，占全部工程荣誉奖项数的5.30%，省级工程荣誉28544项，占比43.55%（见图5.7、图5.8）。

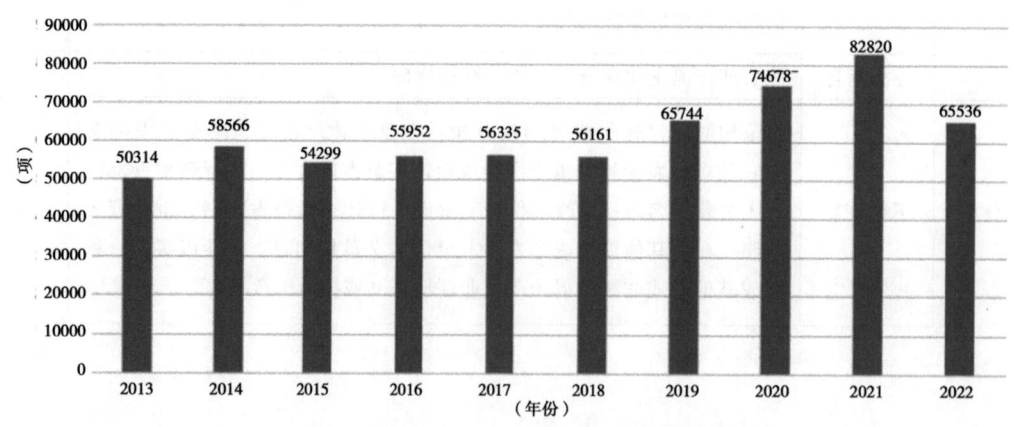

图5.7　2013—2022年全国工程荣誉奖项数

第五章 市场规则

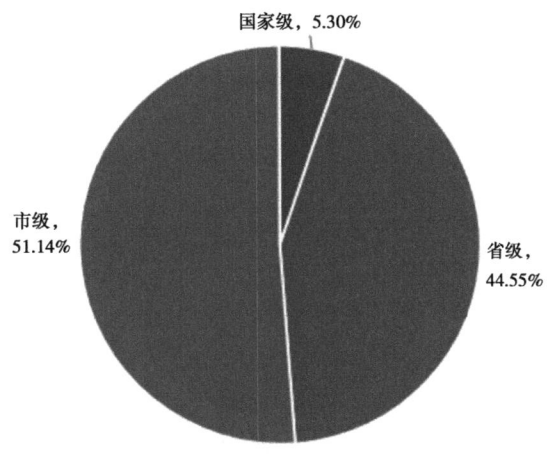

图 5.8 2022 年全国工程荣誉各等级分布

（二）工程荣誉获奖企业地区分布情况

超三成获国家级工程荣誉奖的建筑企业分布在北京、江苏、广东三省。荣誉数据库数据显示，2022 年全国共颁发 3475 项国家级工程荣誉，共有 4516 家企业参与相关获奖项目。2022 年获国家级荣誉的企业数量前三的地区分别是北京、江苏、广东，其获奖企业分别有 577 家、532 家和 497 家；排名后三位的地区是海南、宁夏、青海，其获奖企业分别为 6 家、16 家和 23 家。平均到每个地区的荣誉企业为 145 家，全国 7 个地区高于此数值（见图 5.9）。

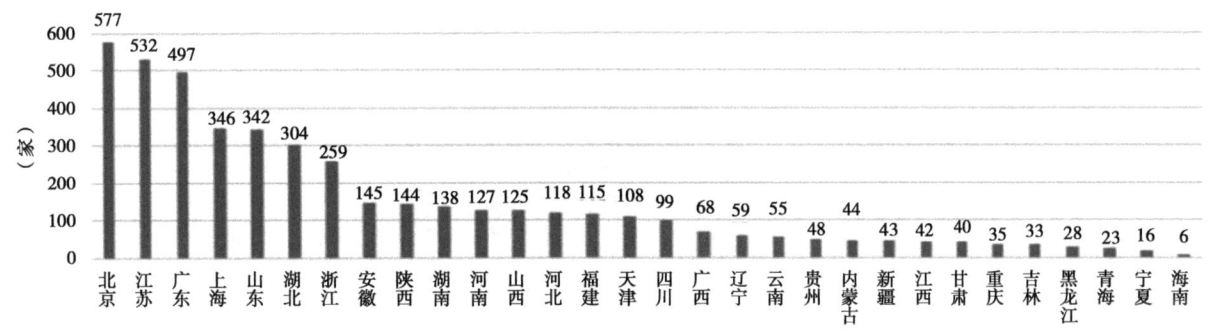

图 5.9 2022 年国家级工程荣誉获奖企业地区分布情况

荣誉数据库数据显示，2022 年全国共有 28544 项工程获省级工程荣誉。全国 31 个地区中，湖南、江苏 2 地企业获省级工程荣誉均超过 3000 家，其数量分别为 3687 家、3459 家；而西藏、青海、辽宁、甘肃、黑龙江、海南、吉林和新疆 8 地区的获奖企业数均不过百，最少为西藏 4 家。平均到每个地区的获奖企业为 1010 家，全国 12 个地区高于此数值（见图 5.10）。

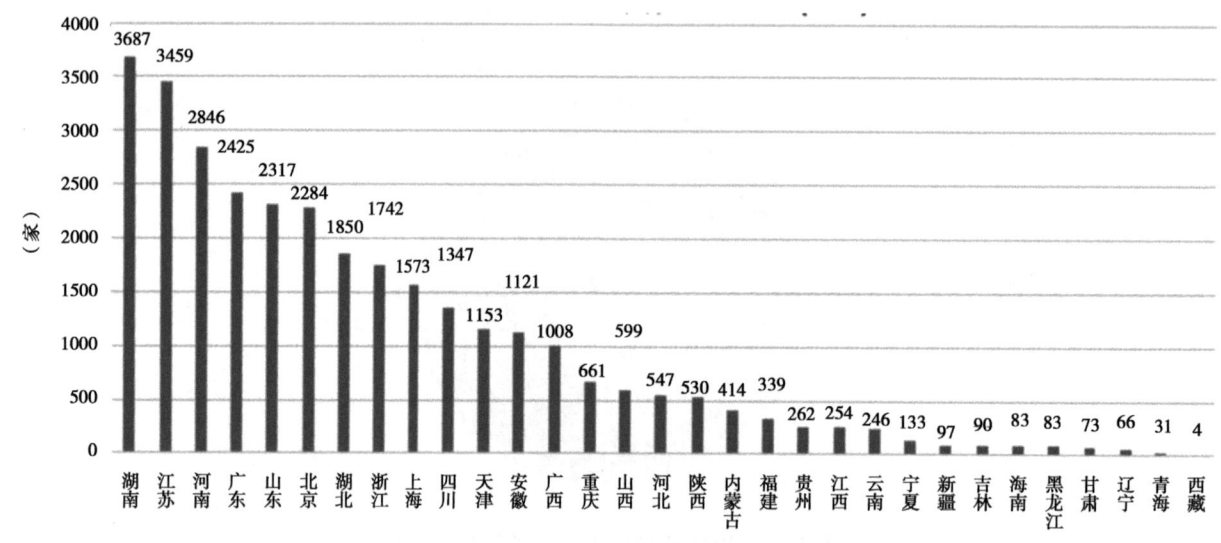

图 5.10　2022 年省级工程荣誉获奖企业地区分布

（三）2020—2022 年十大国家级、省级工程奖项类型分布

荣誉数据显示，2020—2022 年，国家级荣誉数量最多的奖项是全国（中国）建筑工程装饰奖，达到 4230 项。此外，超过 500 项的奖项还有国家优质工程奖、中国建筑工程钢结构金奖、中国安装工程优质奖。其余排进前十的奖项，除了鲁班奖，其他则分布在园林、装饰、勘察设计和铁路等不同专业领域（见图 5.11）。

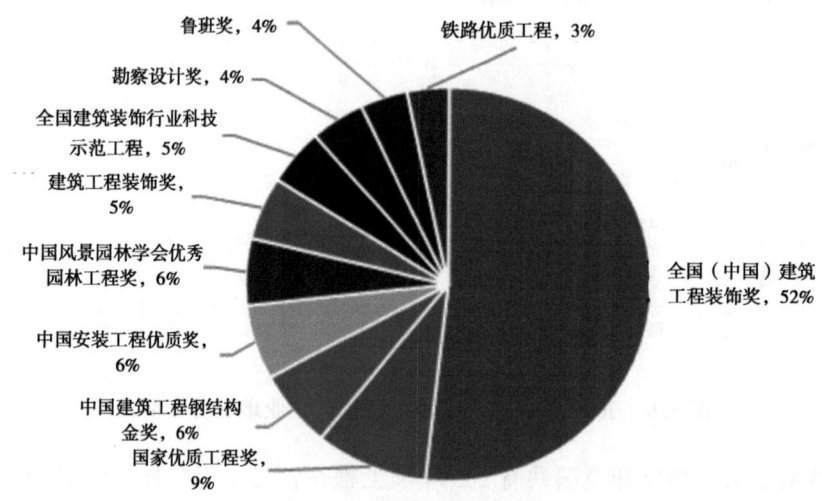

图 5.11　2020—2022 年国家级工程荣誉奖项分布

荣誉数据显示，2020—2022 年，各省级荣誉主要集中在优质结构工程、安全生产标准化优良工地、新技术应用示范工程等类型中。其中，优质结构工程数量最多，达到 12020 项。前十大奖项类型中，工程类奖项共 27364 项，工地类奖项共 21494 项（见图 5.12）。

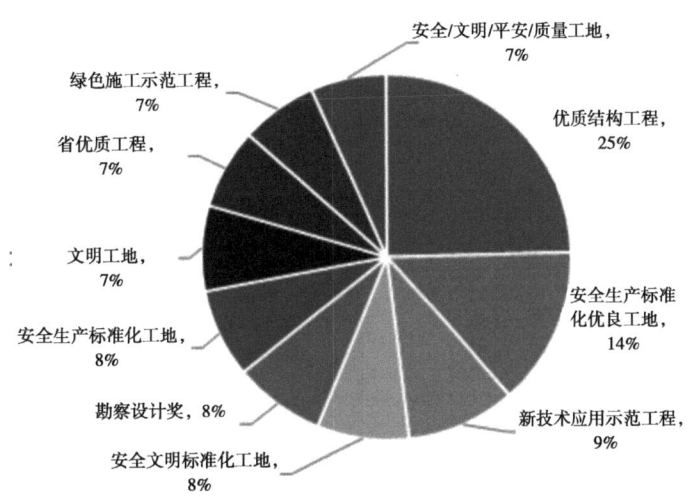

图 5.12　2020—2022 年十大省级工程荣誉奖项分布

(四) 2022 年获得国家级、省级工程荣誉企业排行榜

根据公开资料整理,2022 年获得国家级、省级工程荣誉企业排行榜详见表 5.8、表 5.9。

表 5.8　2022 年获得国家级工程荣誉企业排行榜

排名	企业名	国家级荣誉(个)	排名	企业名	国家级荣誉(个)
1	中国建筑第八工程局有限公司	65	20	内蒙古电力勘测设计院有限责任公司	23
2	中建三局集团有限公司	38	21	湖北省电力勘测设计院有限公司	22
3	西南电力设计院有限公司	36	22	上海市政工程设计研究总院(集团)有限公司	22
4	华北电力设计院有限公司	33			
5	中交第二航务工程局有限公司	32	23	中国建筑股份有限公司	21
6	中国建筑第二工程局有限公司	30	24	河北省电力勘测设计研究院有限公司	20
7	西北电力设计院有限公司	30	25	中交一公局集团有限公司	20
8	东北电力设计院有限公司	29	26	中国铁路设计集团有限公司	19
9	国核电力规划设计研究院有限公司	28	27	中建科工集团有限公司	19
10	中国石油工程建设有限公司	28	28	中国石油天然气管道工程有限公司	19
11	苏州金螳螂建筑装饰股份有限公司	28	29	中国能源建设集团广东省电力设计研究院有限公司	19
12	中南电力设计院有限公司	27			
13	江苏省电力设计院有限公司	26	30	北京市建筑设计研究院有限公司	18
14	山西省电力勘测设计院有限公司	26	31	中交第四航务工程勘察设计院有限公司	17
15	国网经济技术研究院有限公司	25	32	中国五冶集团有限公司	17
16	山东电力工程咨询院有限公司	24	33	中建三局第一建设工程有限责任公司	17
17	广东省电力设计研究院有限公司	24	34	安徽省电力设计院有限公司	17
18	中国电建集团华东勘测设计研究院有限公司	24	35	浙江省电力设计院有限公司	17
19	中铁第四勘察设计院集团有限公司	23	36	中国建筑设计研究院有限公司	17

续 表

排名	企业名	国家级荣誉（个）	排名	企业名	国家级荣誉（个）
37	中国电建集团河南省电力勘测设计院有限公司	16	70	深圳市建筑装饰（集团）有限公司	12
38	中铁四局集团有限公司	16	71	中建八局第二建设有限公司	12
39	同济大学建筑设计研究院（集团）有限公司	16	72	中建五局装饰幕墙有限公司	12
			73	中建八局装饰工程有限公司	12
			74	北京城建集团有限责任公司	12
40	中建一局集团建设发展有限公司	16	75	中铁五局集团有限公司	12
41	中建八局第一建设有限公司	15	76	中国能源建设集团广东火电工程有限公司	12
42	北京建工集团有限责任公司	15	77	中国建筑西南设计研究院有限公司	11
43	江苏沪宁钢机股份有限公司	15	78	中国电建集团西北勘测设计研究院有限公司	11
44	保利长大工程有限公司	15			
45	华东电力设计院有限公司	15	79	中国电力工程顾问集团西北电力设计院有限公司	11
46	湖南省电力设计院有限公司	15			
47	陕西省电力设计院有限公司	14	80	中交水运规划设计院有限公司	11
48	中国建筑第五工程局有限公司	14	81	上海市建筑装饰工程集团有限公司	11
49	电力规划总院有限公司	14	82	浙江精工钢结构集团有限公司	11
50	中建安装集团有限公司	14	83	中建八局第三建设有限公司	11
51	中交第二公路工程局有限公司	14	84	江苏鸿升建设集团有限公司	11
52	中铁十一局集团有限公司	14	85	甘肃省电力设计院有限公司	11
53	中国二十二冶集团有限公司	14	86	山西省安装集团股份有限公司	11
54	中铁大桥局集团有限公司	14	87	中油（新疆）石油工程有限公司	11
55	华东建筑设计研究院有限公司	13	88	中铁大桥勘测设计院集团有限公司	11
56	中铁十二局集团有限公司	13	89	云南省电力设计院有限公司	10
57	中铁建工集团有限公司	13	90	华设设计集团股份有限公司	10
58	德才装饰股份有限公司	13	91	中交路桥建设有限公司	10
59	上海宝冶集团有限公司	13	92	中国建筑一局（集团）有限公司	10
60	中铁十四局集团有限公司	13	93	中国电力工程顾问集团西南电力设计院有限公司	10
61	中国电建集团江西省电力设计院有限公司	13			
62	中能智新科技产业发展有限公司	13	94	中国恩菲工程技术有限公司	10
63	福建省电力勘测设计院有限公司	12	95	中国建筑第六工程局有限公司	10
64	大庆油田设计院有限公司	12	96	中油辽河工程有限公司	10
65	中交第三航务工程勘察设计院有限公司	12	97	中铁十八局集团有限公司	10
66	中交第二航务工程勘察设计院有限公司	12	98	中建二局安装工程有限公司	10
67	长庆工程设计有限公司	12	99	中化二建集团有限公司	9
68	青海省电力设计院有限公司	12	100	中国电力工程顾问集团华北电力设计院有限公司	9
69	广东电网能源发展有限公司	12			

表 5.9 2022 年获得省级工程荣誉企业排行榜

排名	企业名	省级荣誉（个）	排名	企业名	省级荣誉（个）
1	中国建筑第八工程局有限公司	580	36	广西建工第一建筑工程集团有限公司	88
2	中国建筑第五工程局有限公司	442	37	湖南星城建设集团有限公司	87
3	中建三局集团有限公司	442	38	岳阳建设工程集团有限公司	87
4	中国建筑第二工程局有限公司	341	39	中建二局第二建筑工程有限公司	87
5	中国建筑第七工程局有限公司	284	40	中交第二航务工程局有限公司	86
6	中天建设集团有限公司	279	41	中铁二院工程集团有限责任公司	84
7	中建五局第三建设有限公司	212	42	上海宝冶集团有限公司	82
8	中国建筑一局（集团）有限公司	197	43	河南省第二建设集团有限公司	82
9	湖南顺天建设集团有限公司	185	44	湖南高岭建设集团股份有限公司	82
10	湖南省沙坪建设有限公司	168	45	中建三局第一建设工程有限责任公司	81
11	湖南省第六工程有限公司	151	46	长沙市市政工程有限责任公司	79
12	中铁建设集团有限公司	150	47	北京城建集团有限责任公司	78
13	中国建筑第四工程局有限公司	147	48	上海建工集团股份有限公司	78
14	湖南省第三工程有限公司	138	49	湖南琨基建设集团有限公司	78
15	湖南建工集团有限公司	136	50	上海建工四建集团有限公司	76
16	湖南东方红建设集团有限公司	135	51	广东腾越建筑工程有限公司	76
17	江苏省苏中建设集团股份有限公司	134	52	上海建工一建集团有限公司	75
18	湖南省第五工程有限公司	133	53	洛阳城市建设勘察设计院有限公司	75
19	湖南省第四工程有限公司	132	54	中铁第六勘察设计院集团有限公司	75
20	中铁建工集团有限公司	124	55	中交一公局集团有限公司	75
21	五矿二十三冶建设集团有限公司	122	56	广西建工集团第二建筑工程有限责任公司	74
22	中建八局第二建设有限公司	119	57	中建八局第三建设有限公司	74
23	湖南兴旺建设有限公司	114	58	广东博意建筑设计院有限公司	73
24	湖南省衡洲建设有限公司	113	59	中国核工业华兴建设有限公司	72
25	中国五冶集团有限公司	108	60	天津市政工程设计研究总院有限公司	70
26	河南省第一建筑工程集团有限责任公司	102	61	河南省城乡规划设计研究总院股份有限公司	69
27	中铁四局集团有限公司	101	62	广西建工第五建筑工程集团有限公司	69
28	中国建筑西南设计研究院有限公司	96	63	中建科工集团有限公司	68
29	天元建设集团有限公司	93	64	山东省建筑设计研究院有限公司	68
30	中国铁路设计集团有限公司	92	65	中亿丰建设集团股份有限公司	66
31	河北建设集团股份有限公司	91	66	湖南乔口建设有限公司	66
32	上海建工五建集团有限公司	91	67	中建八局第一建设有限公司	65
33	郑州大学综合设计研究院有限公司	91	68	中国一冶集团有限公司	65
34	中建二局第三建筑工程有限公司	90	69	上海市政工程设计研究总院（集团）有限公司	65
35	北京建工集团有限责任公司	89	70	郑州一建集团有限公司	64

排名	企业名	省级荣誉（个）	排名	企业名	省级荣誉（个）
71	湖南北山建设集团股份有限公司	64	86	中铁城建集团有限公司	60
72	湖南省永安建筑股份有限公司	64	87	湖南望新建设集团股份有限公司	59
73	江苏扬建集团有限公司	64	88	河南五建建设集团有限公司	59
74	湖南长大建设集团股份有限公司	64	89	湖南柏加建筑园林（集团）有限公司	59
75	上海建工二建集团有限公司	63	90	中建安装集团有限公司	59
76	河南省建筑设计研究院有限公司	63	91	河南工程水文地质勘察院有限公司	58
77	同圆设计集团股份有限公司	63	92	河南三建建设集团有限公司	58
78	中国市政工程华北设计研究总院有限公司	62	93	河南省地矿建设工程（集团）有限公司	58
79	中冶建工集团有限公司	61	94	通州建总集团有限公司	57
80	江苏南通二建集团有限公司	61	95	湖南志鹏建设集团有限公司	57
81	山东华科规划建筑设计有限公司	61	96	湖南省绿林建设集团有限公司	56
82	江苏省华建设股份有限公司	60	97	重庆市设计院有限公司	56
83	南通四建集团有限公司	60	98	南通建工集团股份有限公司	56
84	山东正元建设工程有限责任公司	60	99	广西建工集团第三建筑工程有限责任公司	56
85	上海建工七建集团有限公司	60	100	机械工业第六设计研究院有限公司	56

（五）2020—2022年住房和城乡建设部公布的施工单位不良信息数量与占比情况

2022年工程安全、资质、工程质量不良信息占全部不良信息[1]的83.02%。2020—2022年，按住建部对施工单位不良信息划分标准，全国不良信息数量总计为137463条，其中，工程安全不良行为信息占全部不良信息的53.68%；资质不良行为信息排名第二，占总量的22.55%；工程质量不良行为信息排名第三，占总量的22.08%（见图5.13）。

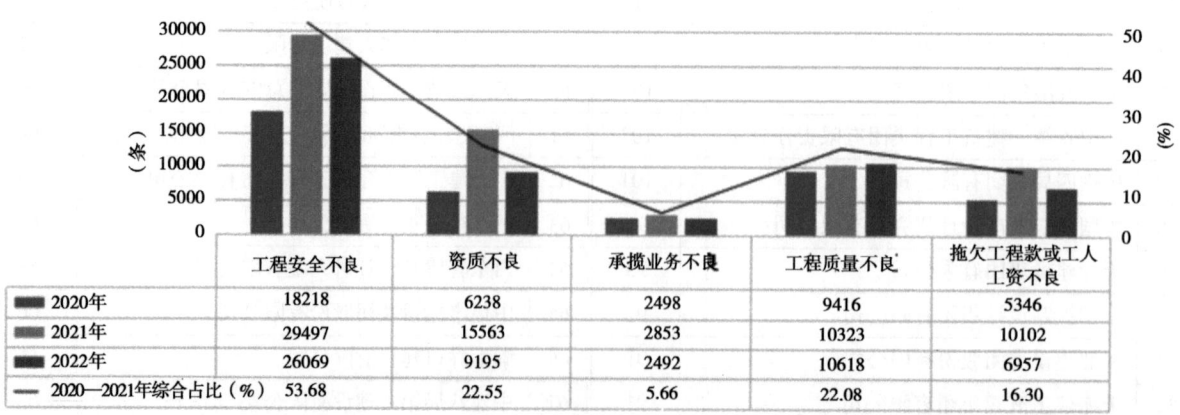

图5.13 2020—2022年住建部公布的施工单位不良信息数量及占比情况

---

[1] 此部分的不良信息划分以住建部制定的施工单位不良行为记录认定标准为依据，共五大类、41条。

(六) 2020—2022 年其他监管部门公布的施工单位不良信息数量与占比情况

2022 年纳税类不良信息大幅增加。从近三年来看，环保局、工商局、法院、国税、地税局对施工单位发出的不良行为信息总计为 195111 条，不良条目总数为 198082 条[1]，其中环保类不良信息占三年总量[2]的 63.23%，纳税不良占三年总量的 17.11%。2022 年，纳税类不良数量大幅增加，占 2022 年总量的 26.61%（见图 5.14）。

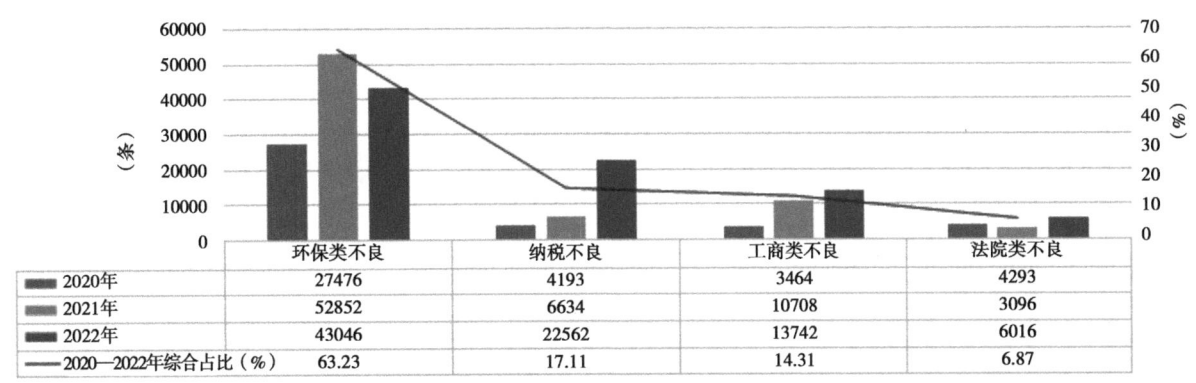

图 5.14　2020—2022 年其他监管部门对施工单位不良信息数量公布及占比情况

(七) 全国不良信息地区分布情况

诚信数据库数据显示，2022 年全国共发布 160738 条不良信息。全国 31 个地区中，共有 9 个地区不良记录超 5000 条，地区与数量排序分别为：浙江 31072 条、江苏 23469 条、广东 20246 条、北京 8853 条、山东 7733 条、福建 7596 条、安徽 6218 条、河南 6037 条、重庆 5326 条。2022 年浙江不良记录数占全国不良总数的 19.33%（见图 5.15）。

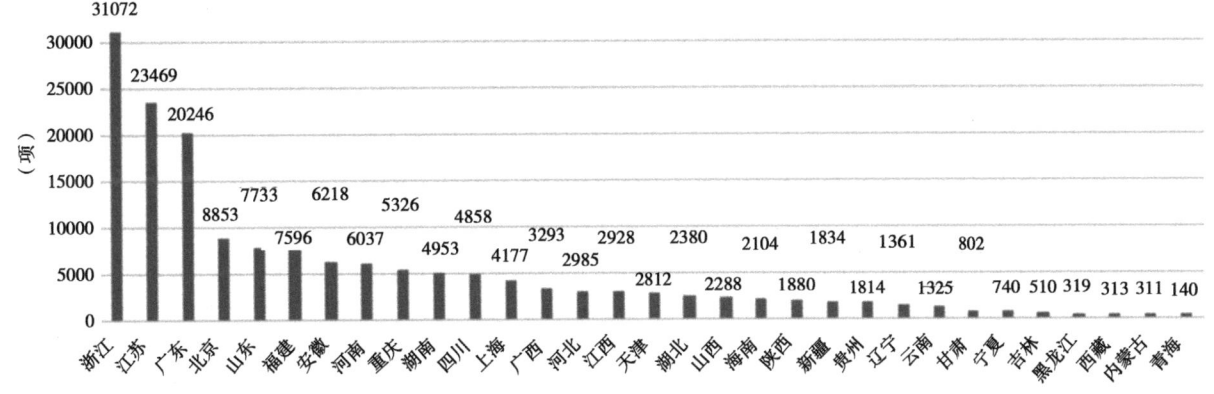

图 5.15　2022 年全国不良信息各地区数量情况

---

[1] 存在监管单位联合发布的不良信息，因此这类不良信息在统计存在条目数量重复计算的情况。
[2] 此部分的不良信息划分以环保局、工商局、法院、国税地税局对施工单位不良行为记录认定标准为依据。

(八) 全国各地区活跃企业不良信息分布情况

诚信数据库数据显示，2022年涉及当年活跃企业的不良记录有39488项。在全国31个地区中，活跃企业不良数量排序与全体不良数量排序有所改变，活跃企业不良排名前五的地区为广东、江苏、浙江、福建和重庆，全体不良中排第四、第五的北京和山东在此处排到了第十和第七位。2022年广东省活跃企业不良记录数占全国不良总数超一成（见图5.16）。

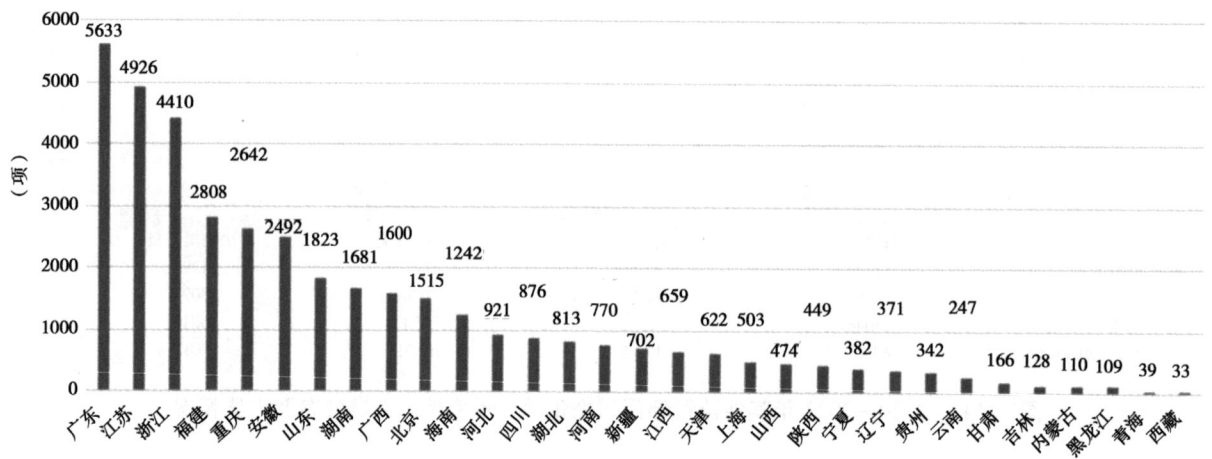

图5.16　2022年各地区活跃企业不良信息分布

第六章

市场机遇

आमुख

一、土地交易市场状况分析

1. 各地区土地交易排行

2022年各地区土地交易共计成交541766.11万平方米，72744宗。其中山东省土地交易成交面积最高，为50401.92万平方米，成交6824宗；内蒙古自治区土地成交43309.01万平方米，共计成交2152宗，新疆维吾尔自治区土地成交面积达到40978.03万平方米，共计成交3800宗（见图6.1）。

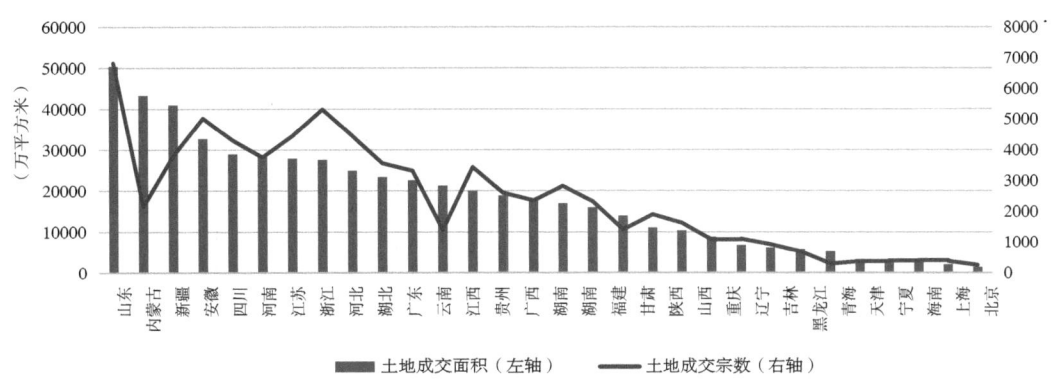

图6.1　2022年各地区土地交易面积及土地成交宗数

2. 土地交易领域

2022年各领域土地交易宗数主要集中于基础设施、工业建筑、民用建筑领域；从供地方式看，主要以划拨为主，占比59.07%，其次为挂牌出让，占比29.31%（见图6.2、图6.3）。

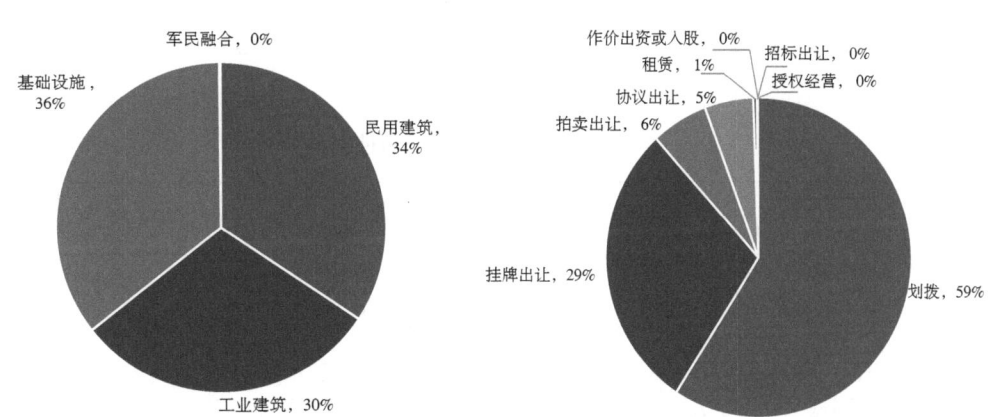

图6.2　土地交易领域项目宗数分布　　图6.3　供地方式土地成交面积分布（万平方米）

3. 土地使用权人

2022年各领域土地交易前十土地使用权人如下：

（1）民用建筑。中国雄安集团城市发展投资有限公司排第一，土地交易面积达到493.88万平方米，共计成交32宗（见表6.1）。

表6.1　全国民用建筑前十土地使用权人

序号	土地交易使用权人	土地交易面积（万平方米）	土地交易成交宗数
1	中国雄安集团城市发展投资有限公司	493.88	32
2	贵州医科大学	213.23	1
3	宜宾市科教产业投资集团有限公司	195.99	8
4	江西省机关事务管理局	176.03	1
5	青岛大学	122.33	1
6	贵州轻工职业技术学院	120.00	1
7	石家庄正定新区建设与房管中心	119.11	7
8	墨玉县博斯坦管理委员会	118.96	2
9	江西科技学院	117.54	2
10	第四师教育局教育资助和后勤服务中心	116.37	2

（2）基础设施。内蒙古引绰济辽供水有限责任公司排名第一，土地交易面积达到10811.29万平方米（见表6.2）。

表6.2　全国基础设施前十土地使用权人

序号	土地交易使用权人	土地交易面积（万平方米）	土地交易成交宗数
1	内蒙古引绰济辽供水有限责任公司	10811.29	10
2	湖南省高速公路集团有限公司	3382.66	50
3	广西右江水利开发有限责任公司	3358.90	3
4	国家电投集团内蒙古白音华煤电有限公司	2319.90	1
5	内蒙古白音华蒙东露天煤业有限公司	2210.32	1
6	泉州白濑水利枢纽工程投资开发有限公司	1636.71	2
7	山东高速集团有限公司	1630.49	131
8	内蒙古平西白音华煤业有限公司	1616.40	1
9	甘肃省公路交通建设集团有限公司	1552.24	2
10	巴州中铁工程建设有限公司	1456.90	1

（3）工业建筑。国网能源哈密煤电有限公司排第一，土地交易面积达到482.61万平方米，共计成交2宗（见表6.3）。

表6.3　全国工业建筑前十土地使用权人

序号	土地交易使用权人	土地交易面积（万平方米）	土地交易成交宗数
1	国网能源哈密煤电有限公司	482.61	2
2	南宁比亚迪新能源汽车综合测试场有限公司	370.47	1
3	宁夏宝丰昱能科技有限公司	366.84	7
4	江苏盛景新材料有限公司	334.61	2
5	四川省达州钢铁集团有限责任公司	321.69	8
6	中石化巴陵石油化工有限公司	310.94	17
7	联盛浆纸（漳州）有限公司	304.48	2
8	山东裕龙石化有限公司	294.49	7
9	玖龙纸业（北海）有限公司	259.01	6
10	窑街煤电集团酒泉天宝煤业有限公司	256.09	1

4. 2022 年各地区土地交易面积

（1）民用建筑领域。山东省土地交易面积 10566.9 万平方米，土地交易项目 2551 宗（见表 6.4）。

（2）基础设施领域。内蒙古自治区土地交易面积 35724.38 万平方米，交易 975 宗（见表 6.5）。

表 6.4 民用建筑

省（市、区）	土地交易面积（万平方米）	土地交易项目宗数
山东	10566.90	2551
江苏	7562.80	1644
浙江	7011.93	1734
河南	6960.84	1558
四川	6897.04	1525
安徽	6249.14	1264
河北	6169.43	1508
新疆	5832.66	1257
江西	5277.65	1239
湖南	5159.99	1241
湖北	4988.16	1095
贵州	4929.97	1175
广东	3848.56	899
广西	3725.70	746
福建	3119.81	759
陕西	3020.74	787
山西	2420.14	641
云南	2073.29	521
内蒙古	1934.95	468
重庆	1759.31	341
甘肃	1677.25	455
辽宁	1337.79	312
吉林	1208.99	267
黑龙江	744.52	229
北京	692.76	142
上海	678.16	155
海南	666.46	156
青海	609.92	121
天津	407.72	70
宁夏	405.49	113
总计	107938.07	24973

表 6.5 基础设施

省（市、区）	土地交易面积（万平方米）	土地交易项目宗数
内蒙古	35724.38	975
山东	31409.15	2613
新疆	26177.57	1389
云南	16962.24	527
安徽	16137.84	1814
四川	15683.05	1785
河南	15125.51	1088
浙江	14240.36	2140
广东	13169.86	1175
河北	12776.65	1604
江苏	10956.90	1206
湖北	10292.09	992
贵州	10072.94	742
甘肃	9065.10	600
福建	8928.21	898
江西	8792.47	1103
广西	8531.11	817
湖南	8044.19	870
重庆	5280.32	450
山西	4878.87	492
陕西	4607.26	589
黑龙江	3871.51	295
青海	3733.06	104
辽宁	3618.79	405
吉林	3079.18	385
天津	2323.56	212
海南	1990.85	195
宁夏	1212.03	148
上海	705.25	108
北京	475.99	78
总计	307866.32	25799

（3）工业建筑领域。安徽省土地交易面积10295.20万平方米，土地交易项目1947宗（见表6.6）。

（4）融合发展领域。海南省土地交易面积67.08万平方米，交易4宗（见表6.7）。

表6.6 工业建筑

省（市、区）	土地交易面积（万平方米）	土地交易项目宗数
安徽	10295.20	1947
江苏	9357.84	1604
新疆	8921.00	1144
山东	8419.91	1658
湖北	8027.07	1476
四川	6357.67	994
浙江	6323.35	1443
河南	6243.72	1109
河北	5956.15	1340
江西	5932.81	1092
内蒙古	5638.90	706
广东	5549.41	1244
广西	5189.26	779
福建	3863.71	667
贵州	3800.95	680
湖南	3718.90	712
陕西	3373.70	520
甘肃	3165.99	352
山西	3033.83	493
云南	2187.59	345
吉林	1842.60	275
辽宁	1729.40	386
重庆	1696.40	289
宁夏	1530.58	126
黑龙江	1109.05	170
青海	793.78	64
上海	629.94	114
天津	483.58	85
海南	223.30	47
北京	186.52	29
总计	125582.13	21890

表6.7 融合发展

省（市、区）	土地交易面积（万平方米）	土地交易项目宗数
海南	67.08	4
新疆	46.80	10
广西	29.63	10
甘肃	27.61	3
河北	27.18	7
四川	23.70	7
重庆	22.21	4
云南	18.87	4
安徽	17.34	3
青海	12.85	2
河南	12.16	4
内蒙古	10.77	3
湖北	8.79	2
陕西	7.46	3
辽宁	6.86	1
宁夏	6.77	2
江西	6.14	1
山东	5.96	2
湖南	5.77	4
福建	4.99	2
贵州	4.01	1
江苏	3.62	1
广东	1.55	1
黑龙江	1.44	1
总计	379.60	82

二、国家及各地区发展规划研究

(一) 综合交通发展规划分析

国务院先后印发《交通强国建设纲要》《国家综合立体交通网规划纲要》，构建交通强国的顶层设计。根据已公布的各地区综合交通"十四五"规划，21省"十四五"交通投资合计约16.53亿元，较"十三五"实际投资额增长26%。分地区看，多地区"十四五"交通运输投资较"十三五"完成额有大幅提升，其中，广西增长150%、河南增长114%、海南省增长83%。"十四五"期间综合交通投资额，广东、浙江投资规模均在2万亿元以上，广西、云南、四川、江苏投资规模均在1万亿元以上（见图6.4）。

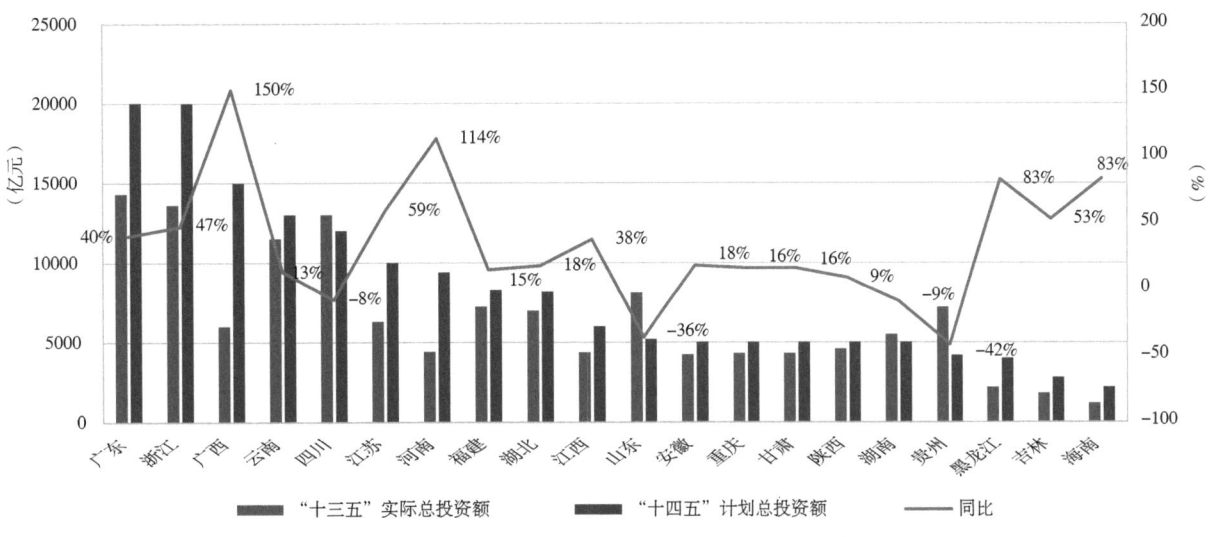

图6.4　各地区"十四五"综合交通固定投资额分析

细分领域来看：

1. 铁路

根据各地区"十四五"规划，不完全统计，山东新增里程2000公里以上，广西、云南、湖北三省区"十四五"期间新增里程均在1500公里以上。高速铁路：根据各地区"十四五"规划，不完全统计，"十四五"期间山东新增运营里程最长，达到2290公里（见图6.5、图6.6）。

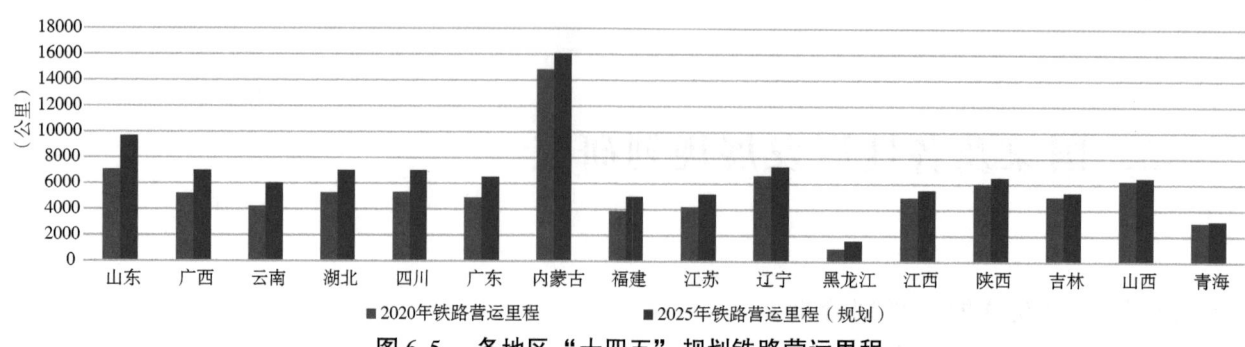

图 6.5 各地区"十四五"规划铁路营运里程

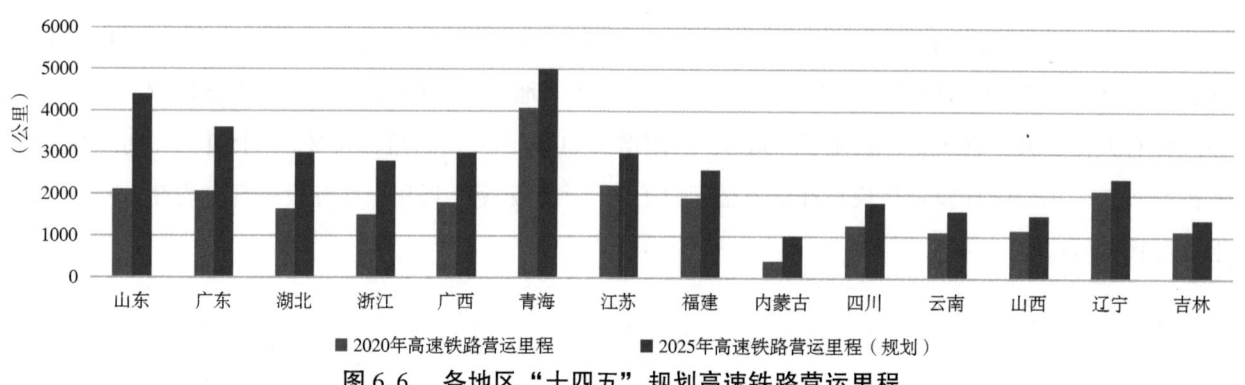

图 6.6 各地区"十四五"规划高速铁路营运里程

2. 轨道交通

根据不完全统计,"十四五"期间,广东规划新增营运轨道交通里程最长,达到 721 公里,其次为福建、江苏(详见图 6.7)。

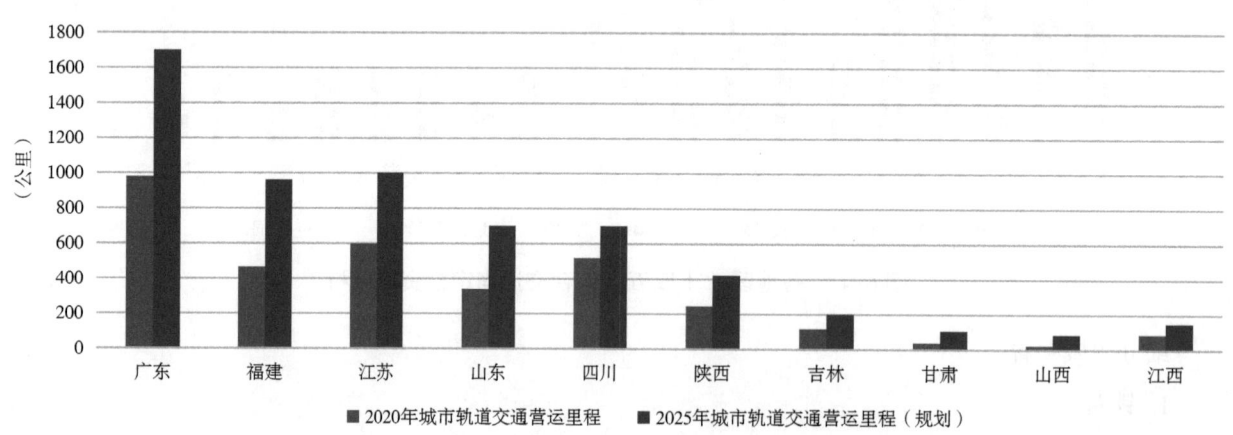

图 6.7 各地区"十四五"规划城市轨道交通营运里程

3. 公路

据不完全统计,云南规划新增公路总里程最长,达到 5.8 万公里,其次为四川、山东。高速公路方面,广西"十四五"期间规划新增里程最长,为 5197 公里,其次为云南、四川(见图 6.8、图 6.9)。

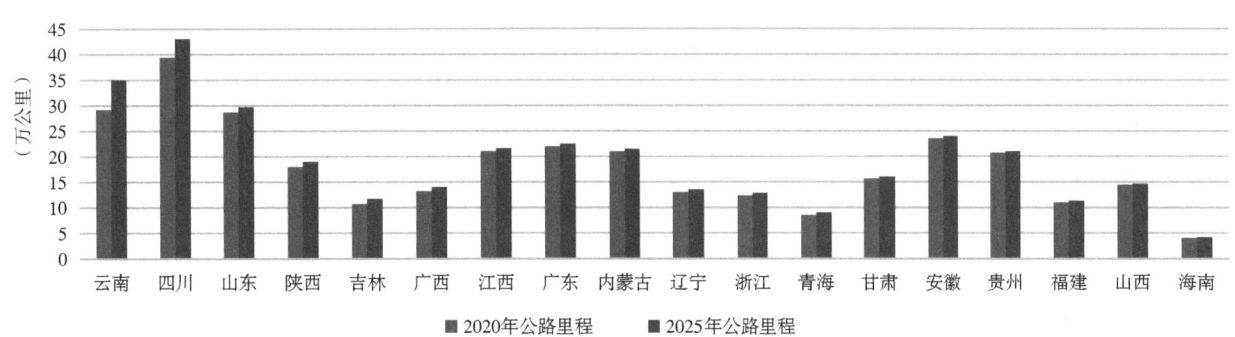

图6.8 各地区"十四五"规划城市轨道交通营运里程

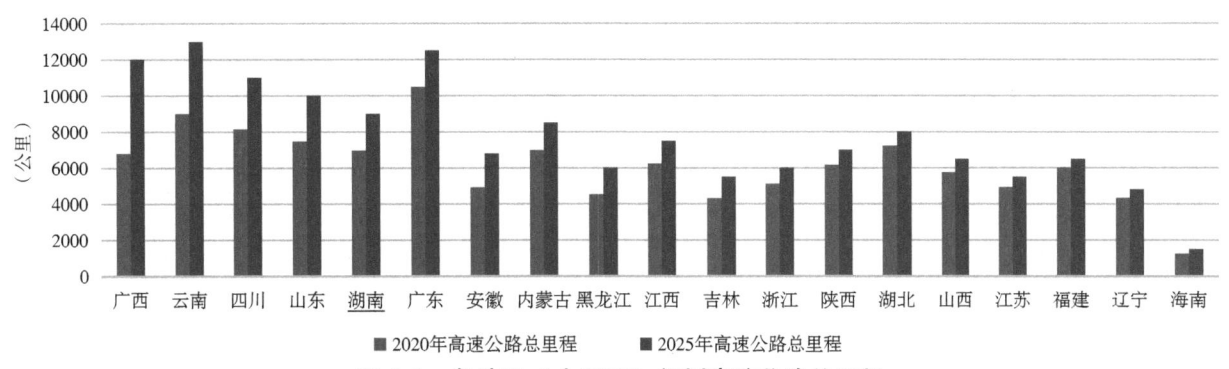

图6.9 各地区"十四五"规划高速公路总里程

4. 机场

"十四五"期间,全国机场建设市场空间巨大,规划新建、迁建、改扩建机场数量众多(见表6.8)。

表6.8 "十四五"时期运输机场重点建设项目

建设性质		项目个数	机场名称
续建	新建	16	成都天府、鄂州、邢台、绥芬河、丽水、芜宣、瑞金、菏泽、荆州、郴州、湘西、韶关、阆中、威宁、昭苏、塔什库尔干
	迁建	6	呼和浩特、青岛、湛江、连云港、达州、济宁
	改扩建	12	杭州、福州、烟台、广州、深圳、珠海、贵阳、丽江、西安、兰州、西宁、乌鲁木齐
新开工	新建	23	朔州、嘉兴、亳州、蚌埠、枣庄、安阳、商丘、乐山、黔北(德江)、盘州、红河、隆子、定日、普兰、府谷、定边、宝鸡、共和、准东(奇台)、和静(巴音布鲁克)、巴里坤、阿拉尔、阿拉善左旗
	迁建	4	厦门、延吉、昭通、天水
	改扩建	12	天津、太原、哈尔滨、沈阳、上海浦东、南昌、济南、长沙、南宁、重庆、昆明、拉萨
前期工作	新建	43	珠三角枢纽(广州)、正蓝旗、林西、东乌旗、四平、鹤岗、绥化、宿州、聊城、周口、鲁山、娄底、防城港、遂宁、会东、天柱、怒江、宣威、元阳、丘北、玉溪、楚雄、勐腊、平凉、武威、临夏、和布克赛尔、乌苏、轮台、且末(兵团)、皮山、华山、衡水、晋城、金寨、淄博、滨州、潢川、荆门、贵港、内江、广安、商洛
	迁建	15	大连、牡丹江、南通、衢州、义乌、龙岩、武夷山、威海、潍坊、恩施、永州、梅县、三亚、攀枝花、普洱
	改扩建	9	石家庄、长春、南京、宁波、温州、合肥、郑州、武汉、银川

(二) 物流发展规划分析

《"十四五"冷链物流发展规划》明确规定,要继续完善国家骨干冷链物流基地布局,加强产销冷链集配中心建设,补齐两端冷链物流设施短板,夯实冷链物流运行体系基础等。国务院办公厅印发《"十四五"冷链物流发展规划》,国家发展改革委印发《关于做好2022年国家骨干冷链物流基地建设工作的通知》,共明确建设41个国家骨干冷链物流基地,其中,东部地区15个、中部地区9个、西部地区13个、东北地区4个,已公布基地名单覆盖全国27个省(区、市)(见表6.9)。

表6.9 国家骨干冷链物流基地名单

省(区、市)	物流基地名称	批次	省(区、市)	物流基地名称	批次
北京	平谷国家骨干冷链物流基地	第一批	山西	晋中国家骨干冷链物流基地	第一批
天津	滨海新区中心渔港国家骨干冷链物流基地	第二批	安徽	合肥国家骨干冷链物流基地	第一批
河北	保定国家骨干冷链物流基地	第二批	安徽	蚌埠国家骨干冷链物流基地	第二批
上海	临港新片区国家骨干冷链物流基地	第二批	河南	郑州国家骨干冷链物流基地	第一批
江苏	苏州国家骨干冷链物流基地	第一批	河南	商丘国家骨干冷链物流基地	第二批
江苏	常州国家骨干冷链物流基地	第二批	湖北	武汉国家骨干冷链物流基地	第一批
浙江	舟山国家骨干冷链物流基地	第一批	湖北	宜昌国家骨干冷链物流基地	第二批
浙江	嘉兴国家骨干冷链物流基地	第二批	湖南	怀化国家骨干冷链物流基地	第一批
浙江	宁波北仑(奉化)国家骨干冷链物流基地	第二批	湖南	长沙国家骨干冷链物流基地	第二批
福建	福州国家骨干冷链物流基地	第一批	内蒙古	巴彦淖尔国家骨干冷链物流基地	第一批
山东	济南国家骨干冷链物流基地	第一批	内蒙古	呼和浩特国家骨干冷链物流基地	第二批
山东	青岛西海岸新区国家骨干冷链物流基地	第一批	广西	玉林国家骨干冷链物流基地	第二批
山东	威海国家骨干冷链物流基地	第二批	重庆	沙坪坝国家骨干冷链物流基地	第二批
广东	东莞国家骨干冷链物流基地	第一批	四川	自贡国家骨干冷链物流基地	第一批
广东	江门国家骨干冷链物流基地	第二批	四川	成都国家骨干冷链物流基地	第二批
辽宁	营口国家骨干冷链物流基地	第一批	贵州	贵阳国家骨干冷链物流基地	第二批
辽宁	沈阳国家骨干冷链物流基地	第二批	云南	昆明国家骨干冷链物流基地	第一批
吉林	四平国家骨干冷链物流基地	第二批	陕西	宝鸡国家骨干冷链物流基地	第一批
黑龙江	哈尔滨国家骨干冷链物流基地	第二批	陕西	延安国家骨干冷链物流基地	第二批
新疆	乌鲁木齐国家骨干冷链物流基地	第二批	甘肃	兰州国家骨干冷链物流基地	第二批
青海	西宁国家骨干冷链物流基地	第二批	—	—	—

(三) 水利水电规划发展分析

1. 水利工程

"十四五"期间水利工程建设空间广阔。根据"十四五"规划,水利建设将重点围绕防洪、供水、智慧水利和生态修复四大投资方向重点发力,投资增速有望在150项水利重大项目规划加速落地的推动下进入新一轮增长期。已经发布的"十四五"期间水利工程相关规划有：

（1）《黄河流域淤地坝建设和坡耕地水土流失综合治理"十四五"实施方案》。规划新建淤地坝1461座、粗泥沙集中来源区拦沙坝2559座，实施坡耕地水土流失综合治理407万亩。

（2）《"十四五"重大农业节水供水工程实施方案》。规划推进30处新建大型灌区，中央预算予以支持。

（3）《水土保持"十四五"实施方案》。规划期内新增水土流失治理31万平方公里。

（4）《"十四五"时期实施国家水网重大工程实施方案》。规划期内新增供水能力290亿立方米。

2. 水电工程

《抽水蓄能中长期发展规划（2021—2035年）》《"十四五"可再生能源发展规划》等规划科学推进金沙江、雅砻江、大渡河、乌江、红水河、黄河上游等主要水电基地扩机（见表6.10）。

表6.10 水利水电领域国家层面规划主要内容

规划名称	发布主体	发布时间	主要目标及内容
《黄河流域淤地坝建设和坡耕地水土流失综合治理"十四五"实施方案》	水利部、国家发展改革委	2021年8月	涉及黄河流域黄土高原7个省区，兼顾黄河下游山东省，拟通过5年时间，新建淤地坝1461座、粗泥沙集中来源区拦沙坝2559座，实施坡耕地水土流失综合治理407万亩，匡算总投资174亿元，中央预算内投资采取定额补助方式予以支持。
《"十四五"重大农业节水供水工程实施方案》	水利部、国家发展改革委	2021年8月	优先推进150项重大水利工程建设范围的30处新建大型灌区，优选124处已建大型灌区实施续建配套和现代化改造，中央预算内投资将予以支持，预计新建大型灌区可新增有效灌溉面积1500万亩，改善灌溉面积980万亩。
《抽水蓄能中长期发展规划（2021-2035年）》	国家能源局	2021年9月	至2025年，抽水蓄能投产规模达到6200万千瓦，2030年达到1.2亿千瓦。
《水土保持"十四五"实施方案》	水利部	2021年12月	至2025年，全国新增水土流失治理面积31万平方公里，全国水土保持率提高到73%以上，建设美丽乡村生态清洁小流域2000个。
《"十四五"时期实施国家水网重大工程实施方案》	水利部	2021年12月	至2025年，建设一批国家水网骨干工程，新增供水能力290亿立方米，新增、恢复有效灌溉面积1500万亩。
《"十四五"重点流域水环境综合治理规划》	国家发展改革委	2021年12月	至2025年，城市生活污水集中收集率力争达到70%以上，城市集中式饮用水水源达到或优于Ⅲ类比例不低于93%。
《"十四五"水安全保障规划》	国家发展改革委、水利部	2021年12月	到2025年，水旱灾害防御能力、水资源节约集约安全利用能力、水资源优化配置能力、河湖生态保护治理能力进一步加强，国家水安全保障能力明显提升。
《"十四五"时期完善流域防洪工程体系重点工作实施方案》	水利部	2022年1月	防洪突出薄弱环节得到有效解决，流域防洪工程布局进一步优化，流域防洪工程体系进一步完善，流域防洪工程调度水平进一步提高，洪涝灾害防御能力进一步提升，洪涝灾害损失率有效降低。
《"十四五"可再生能源发展规划》	国家发展改革委、国家能源局等	2022年6月	在中东部及西部地区，适应新能源的大规模发展，对已建、在建水电机组进行增容改造。科学推进金沙江、雅砻江、大渡河、乌江、红水河、黄河上游等主要水电基地扩机。

3. 各地区水利工程投资额

根据已公布的信息不完全统计，14个省级行政区"十四五"期间投资计划合计约3.14万亿元，较"十三五"实际投资额有较大幅度增长，增幅为57.18%。分地区看，"十四五"期间云南、广东计划投资规模为4000亿元以上，浙江、湖北、安徽、山东、福建计划投资规模2000亿元以上。云南、湖北、宁夏、广东"十四五"水利投资额较"十三五"实际完成额翻一番（见图6.10）。2023年水利部将积极推进一批重大工程开工建设，各地区陆续发布投资目标，多地投资金额较2022年大幅提升。重庆水利投资规模将达到390亿元，增速50%；福建计划新开工200个重大项目，确保超过2022年563亿元投资额；山东计划完成600亿元投资额。

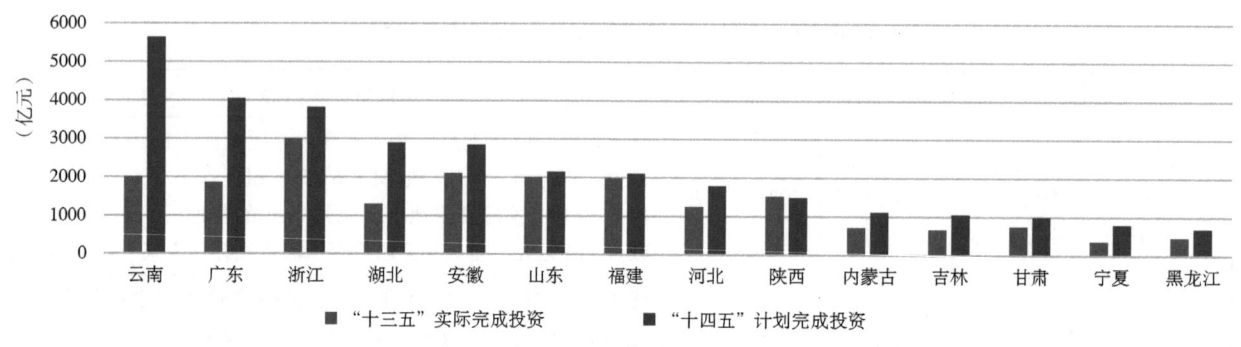

图6.10 各地区水利工程"十四五"计划投资额

4. 抽水蓄能规划

《抽水蓄能中长期发展规划（2021—2035年）》提出，到2025年，全国抽水蓄能投产总规模较"十三五"翻一番，达到6200万千瓦以上；到2030年，抽水蓄能投产总规模较"十四五"再翻一番，达到1.2亿千瓦左右；到2035年，形成满足新能源高比例大规模发展需求的技术先进、管理优质、国际竞争力强的抽水蓄能现代化产业。2022年6月，中国电建党委书记在《人民日报》刊文披露"十四五"期间将在200个市、县开工建设200个以上的抽水蓄能项目，开工目标2.7亿千瓦，抽水蓄能未来发展潜力巨大（见图6.11、图6.12）。

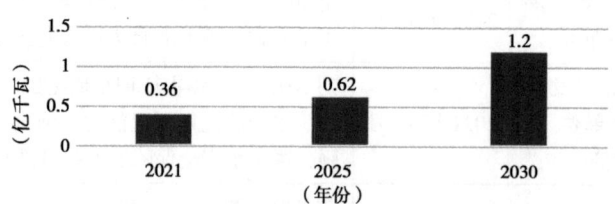

图6.11 全国抽水蓄能计划投产装机规模

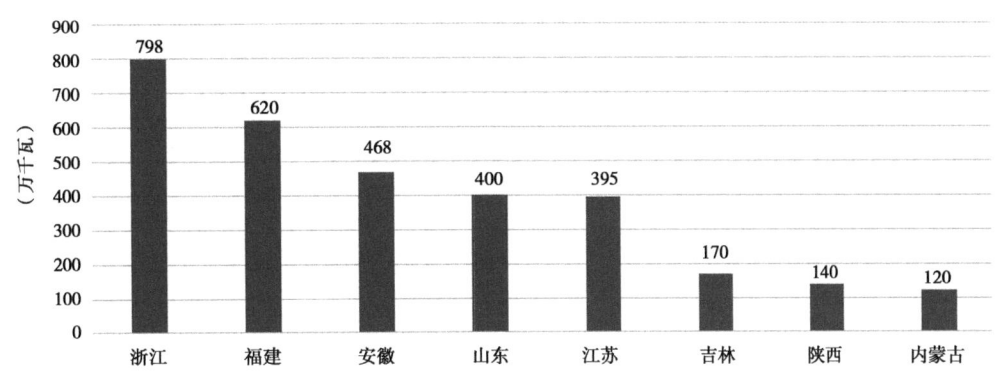

图 6.12 各地区"十四五"规划累计完成抽水蓄能装机规模

资料来源：抽水蓄能中长期发展规划。

（1）规划目标。2022 年以来，各地区陆续发布"十四五"可再生能源规划、能源规划等相关文件，各地区抽水蓄能重点项目也随之公布。部分省份在规划文件中明确了抽水蓄能"十四五"发展目标（见表 6.11）。如浙江计划累计建成 798 万千瓦，福建计划累计建成 620 万千瓦，安徽计划累计建成 468 万千瓦。

表 6.11 各地"十四五"能源规划主要内容

省(市、区)	规划名称	规划目标	项目情况
湖北	《湖北省能源发展"十四五"规划》	有序推进规划期内抽水蓄能电站建设，开工 5 个以上抽水蓄能电站。	中小型抽水蓄能：恩施大龙潭、竹山潘口、大悟黑沟、团风魏家冲、麻城黑石咀、枣阳新市、钟祥北山、武穴荆柱、谷城。
湖南	《湖南省"十四五"可再生能源发展规划》	"十四五"期间，力争新开工 3~5 个抽水蓄能电站项目；预计到 2035 年左右，全省抽水蓄能总装机容量将达 1740 万千瓦。	在建：平江抽水蓄能电站（140 万千瓦）。完成可研：安化（240 万千瓦）、炎陵（120 万千瓦）、攸县（180 万千瓦）、桃源（120 万千瓦）、汨罗（120 万千瓦）。中长期规划：桂阳（120 万千瓦）、双牌（120 万千瓦）、安仁（120 万千瓦）、衡南（120 万千瓦）、常宁（120 万千瓦）、江华（120 万千瓦）、浏阳（120 万千瓦）、辰溪（120 万千瓦）。
甘肃	《甘肃"十四五"能源发展规划》	大力发展抽水蓄能，按照"多核快核，能开尽开"的原则，加快建设。	规划昌马、张掖、黄羊、东乡、麦积黄龙、永昌、肃南皇城、阿克塞、平川、康乐、积石山、宕昌等抽水蓄能项目。
内蒙古	《内蒙古"十四五"能源发展规划》	"十四五"抽水蓄能累计建成装机达到 120 万千瓦。	力争投产：赤峰芝瑞 120 万千瓦抽水蓄能电站。确保开工：完成乌海 120 万千瓦、包头 120 万千瓦抽水蓄能电站的前期工作，确保"十四五"期间开工建设。开展规划选址和前期论证：乌兰察布、兴安盟、呼和浩特二期、巴彦淖尔、呼伦贝尔、乌海二期、鄂尔多斯、赤峰、通辽等抽水蓄能站点。
山西	《山西省"十四五"能源发展规划》	重点实施 2~3 个中小型抽水蓄能电站示范项目。	力争建成：积极推进浑源、垣曲电站按期投产。力争开工：完善已纳入国家规划的河津、蒲县电站的前期手续。力争"十四五"期间开工建设：绛县（120 万千瓦）、垣曲二期（100 万千瓦）、西龙池二期（140 万千瓦）、盂县上社（140 万千瓦）、沁源（90 万千瓦）、沁水（120 万千瓦）、长子（60 万千瓦）、县黄草院（140 万千瓦）。

续 表

省(市、区)	规划名称	规划目标	项目情况
福建	《福建省"十四五"能源发展规划》	"十四五"期间抽水蓄能装机新500万千瓦,累计达到620万千瓦。	计划投产：建成厦门（4×35万千瓦）、永泰（4×30万千瓦）、周宁（4×30万千瓦）等抽水蓄能电站；加快建设云霄（6×30万千瓦）抽水蓄能电站；推进仙游木兰（4×30万千瓦）、永安（4×30万千瓦）、华安（4×35万千瓦）、古田溪一级（2×10万千瓦）共计400万千瓦抽水蓄能电站前期工作开展,力争"十四五"期间全部开工建设。中长期规划：加快"十五五"规划的德化、漳平、南安抽蓄项目前期工作,争取提前开工建设。
广西	《广西能源发展"十四五"规划》	全面加快国家抽水蓄能规划站点内20个抽水蓄能电站项目,"十四五"期间加快7座共计840万千瓦抽水蓄能电站开工建设。	开工建设：加快建设南宁、灌阳、贵港、玉林、防城港、钦州、来宾、百色抽水蓄能电站,争取7座共计840万千瓦抽水蓄能电站开工建设,力争南宁抽水蓄能电站（4×30万千瓦）首台机组。推进柳州、武鸣、梧州等抽水蓄能电站前期工作。
河南	《河南省"十四五"现代能源体系和碳达峰碳中和规划》	加快抽水蓄能电站建设,完善政策支持、谋划新一批的站点。	力争建成：南阳天池、洛宁大鱼沟、光山五月,新增装机规模180万。开工建设：鲁山花园沟、辉县九峰山、嵩县龙潭沟、济源逢石河、巩义后寺河、林州弓上、灵宝窄口、汝阳菠菜沟等抽水蓄能电站工程。
辽宁	《辽宁省"十四五"能源发展规划》	根据《辽宁省加快推进清洁能源强省建设方案》,确保2025年全省装机达到300万千瓦,2030年达到1300万千瓦。	力争建成：抚顺清原一期（180万千瓦）,计划2025年投产；拟开工项目：庄河（100万千瓦）、兴城（120万千瓦）、大雅河（160万千瓦）、朝阳（120万千瓦）、清原二期（120万千瓦）、太子河（180万千瓦）、玉石（100万千瓦）、龙潭（100万千瓦）。前期论证项目：阜新（120万千瓦）、西露天（60万千瓦）。
广东	《广东省能源发展"十四五"规划》	"十四五"期间新增抽水蓄能电站装机容量240万千瓦。	计划投产：梅州（五华）、阳江（阳春）抽水蓄能电站项目；开工建设：云浮水源山、肇庆浪江、汕尾三江口、惠州中洞、河源岑田、梅州二期、阳江二期、茂名电白等抽水蓄能电站；已开工：长龙山（210万千瓦）、宁海（140万千瓦）、缙云（180万千瓦）。
浙江	《浙江省可再生能源发展"十四五"规划》	"十四五"期间新增装机容量340万千瓦,累计装机容量达到798万千瓦,全省常规水电开发利用规模达到728万千瓦。	已开工：长龙山（210万千瓦）、宁海（140万千瓦）、衢江（120万千瓦）、磐安（120万千瓦）、缙云（180万千瓦）；计划开工：泰顺（120万千瓦）、天台（170万千瓦）、建德（240万千瓦）、桐庐（120万千瓦）。
山东	《山东省能源发展"十四五"规划》	"十四五"抽水蓄能电站累计装机达到400万千瓦,在建规模达到800万千瓦。	开工建设：加快沂蒙、文登、潍坊、泰安二期等抽水蓄能电站建设。推动前期工作：枣庄山亭抽水蓄能电站；开展青州朱崖、莱芜船厂、威海乳山等抽水蓄能电站研究论证；力争核准奉新、洪屏二期抽水蓄能电站建设；加快推进赣县、铅山、遂川、永新、寻乌等抽水蓄能电站前期勘察。

续表

省(市、区)	规划名称	规划目标	项目情况
江苏	《江苏省"十四五"可再生能源发展专项规划》	"十四五"末全省抽水蓄能装机达到395万千瓦。	前期工作：开展30万千瓦级以下抽水蓄能电站试点建设。建设中：句容（135万千瓦）。力争开工：连云港（120万千瓦）。
青海	《青海省"十四五"能源发展规划》	根据《青海打造国家清洁能源产业高地行动方案》，到2030年，装机容量达到420万千瓦。	开展前期工作：石矼山铜矿（100万千瓦）、韦岗青山湖（120万千瓦）；开工建设：贵南哇让（280万千瓦）、格尔木南山口（240万千瓦）；力争开工：玛尔挡（同德、玛沁）（380万千瓦）发展规划；前期研究：龙羊峡抽水蓄能电站（400万千瓦）。
四川	《四川省"十四五"能源发展规划》	优先在负荷中心、新能源大规模开发基地规划建设抽水蓄能电站。	推动大邑、道孚抽水蓄能电站建设，推进一批抽水蓄能项目前期工作。
重庆	《重庆市能源发展"十四五"规划》	加快推进抽水蓄能电站建设。	建成：綦江蟠龙抽水蓄能项目。开工建设：丰都栗子湾抽水蓄能项目。
陕西	《陕西省抽水蓄能中长期实施方案》	"十四五"期间开工规模1545万千瓦，投产总规模达到140万千瓦；"十五五"期间开工180万千瓦，投产总规模1395万千瓦；2035年投产总规模达到1865万千瓦。	"十四五""十五五"陕西重点实施项目共16个，总装机容量1725万千瓦。
安徽	《抽水蓄能中长期发展规划（2021—2035年）安徽实施方案》	到2025年、2030年和2035年，全省累计建成抽水蓄能电站装机容量分别达到468万千瓦、1000万千瓦以上和1600万千瓦以上。	"十四五"期间，核准抽水蓄能电站项目9个，装机容量1080万千瓦。进一步加快在建抽水蓄能电站项目建设进度，推动金寨电站2023年建成投运、桐城电站2027年建成投运。积极推动储备项目调整纳入规划重点实施项目，储备项目共8个。
江西	《江西省碳达峰实施方案》	到2030年，抽水蓄能装机规模达到1000万千瓦。	推进奉新、洪屏二期抽水蓄能电站建设，加快推进赣县、铅山、遂川、永新、寻乌等抽水蓄能电站前期工作，开展30万千瓦及以下抽水蓄能电站试点建设。
吉林	《吉林省能源发展"十四五"规划》《吉林省碳达峰实施方案》	预计到2025年，全省抽水蓄能开工建设规模达到1000万千瓦以上，到2030年，全省抽水蓄能装机容量达到1210万千瓦。	积极推进抽水蓄能电站建设，加大推进力度。

数据来源：各地可再生能源规划、抽水蓄能规划、能源局等。

(四) 能源发展规划分析

1. 国家级规划

2021年10月，国务院印发《2030年前碳达峰行动方案》，强调大力发展新能源，全面推进风电、太阳能发电大规模开发和高质量发展，加快建设风电和光伏发电基地，到2030年，风电、太阳能发电总装机容量达到12亿千瓦以上。

2022年6月，国家发展改革委、国家能源局等九部门发布《"十四五"可再生能源发展规划》，强调在"三北"地区优化推动风电和光伏发电基地化规模化开发，在西南地区统筹推进水风光综合开发，在中东南部地区重点推动风电和光伏发电就地就近开发，在东部沿海地区积极推进海上风电集群化开发，稳步推动生物质能多元化开发，积极推动地热能规模化开发，稳妥推进海洋能示范化开发。明确到2025年，可再生能源年发电量达到3.3万亿千瓦时左右。"十四五"时期，可再生能源发电量增量在全社会用电量增量中的占比超过50%，风电和太阳能发电量实现翻倍。在行动计划落实发展方面，部署了城镇屋顶光伏行动、千乡万村驭风行动、千家万户沐光行动、乡村能源站等九大行动计划，以扎实有效的行动保障规划全面落地。

2. 重要基地规划

"十四五"期间我国将建设九个大型清洁能源基地，包括雅鲁藏布江下游水电基地，金沙江上下游、雅砻江流域、黄河上游和几字湾、河西走廊、新疆、冀北、松辽等清洁能源基地，建设广东、福建、浙江、江苏、山东等海上风电基地，可以看出上述清洁能源基地均以风光水、风光火等一体化项目为主，光伏发电基地已成为标配（见表6.12）。

表6.12 全国清洁能源规划布局

序号	基地类型	规划基地名称	重点区域	规划目标
1	风光储一体化基地	松辽清洁能源基地	黑龙江、吉林、辽宁	预计到2025年，仅吉林新能源装机就要达到3000万千瓦，到2030年时，达到6000多万千瓦。
		冀北清洁能源基地	冀北地区	预计到2025年，风电、光伏发电装机容量分别达到4300万千瓦、5400万千瓦。
2	风光火储一体化基地	黄河几字湾清洁能源基地	内蒙古、宁夏	到2025年，内蒙古新能源成为电力装机增量的主体能源，新能源装机比重超过50%；预计到2025年，宁夏全区新能源电力装机力争达到4000万千瓦。
		河西走廊清洁能源基地	甘肃	预计到2025年，全省风光电装机达到5000万千瓦以上，可再生能源装机占电源总装机比例接近65%。

续 表

序号	基地类型	规划基地名称	重点区域	规划目标
3	风光水储一体化基地	黄河上游清洁能源基地	青海	建成国家清洁能源示范省，锚定2030年全省风电、光伏装机1亿千瓦以上、清洁能源装机超过1.4亿千瓦的目标，服务全国如期实现碳达峰、碳中和目标。
		金沙江上游清洁能源基地	四川	预计到2025年底，建成光伏、风电装机容量各1000万千瓦。
		雅砻江流域清洁能源基地	贵州	预计到2025年，发电装机突破1亿千瓦。
		金沙江下游清洁能源基地	云南	预计到2025年，全省电力装机达到1.3亿千瓦左右，绿色电源装机比重达到86%以上。
4	风光水火储一体化基地	新疆清洁能源基地	新疆	建设国家新能源基地，建成准东千万千瓦级新能源基地，推进建设哈密北千万千瓦级新能源基地和南疆环塔里木千万千瓦级清洁能源供应保障区。
5	海上风电基地	广东海上风电基地	广东	"十四五"时期将新增海上风电装机容量约1700万千瓦。规模化开发海上风电，推动项目集中连片开发利用，打造粤东、粤西千万千瓦级海上风电基地。
		福建海上风电基地	福建	"十四五"期间增加并网装机410万千瓦，新增开发省管海域海上风电规模约1030万千瓦，力争推动深远海风电开工480万千瓦。
		浙江海上风电基地	浙江	着力打造百万千瓦级海上风电基地，到2025年，浙江省风电装机达到641万千瓦以上，其中海上风电500万千瓦以上。
		江苏海上风电基地	江苏	到2025年，全省风电装机达到2800万千瓦以上，其中海上风电装机达到1500万千瓦以上。
		山东海上风电基地	山东	加快发展海上风电。按照统一规划、分步实施的总体思路，积极开发渤中、半岛北、半岛南三大片区海上风电资源，重点打造千万千瓦级海上风电基地。

数据来源：全国"十四五"发展规划、全国"十四五"能源发展规划、各地区可再生能源规划，各地区能源局公告等。

风电、光伏领域来看，根据各省（市、区）已公布的可再生能源规划、能源规划不完全统计，22个省"十四五"期间总计新增风光装机规模达到55542万千瓦（其中光伏新增装机规模34412万千瓦，风电装机21131万千瓦）。内蒙古、甘肃、山西、山东新增风光装机规模在4000万千瓦以上。其中"十四五"期间山西新增光伏装机规模最多，"十四五"期间内蒙古新增风电装机规模最多（见图6.13、图6.14、表6.13）。

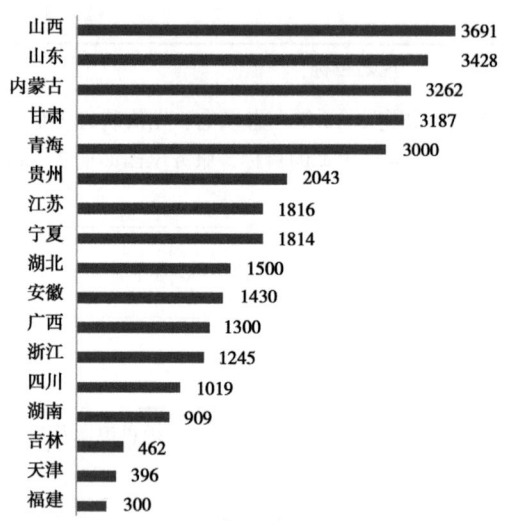

图 6.13 计划新增光伏装机总量(万千瓦)

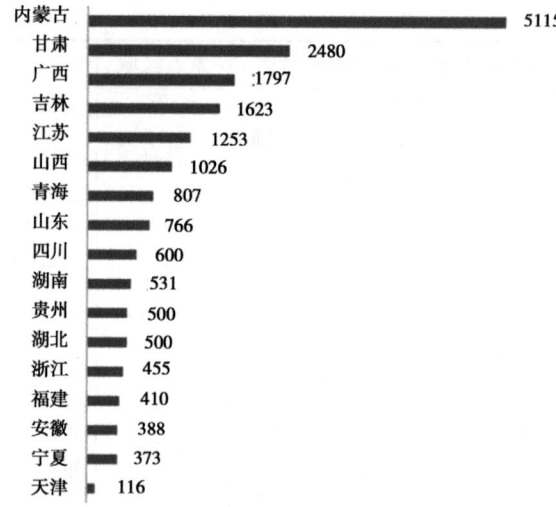

图 6.14 计划新增风电装机总量(万千瓦)

表 6.13 各地区风光新增装机规模

单位:万千瓦

序号	省份	2020年光伏发电装机总量	2025年光伏发电装机总量	新增光伏发电装机总量	2020年风电装机量	2025年风电装机量	新增风电装机总量	风光新增总装机
1	内蒙古	1238	4500	3262	3785	8900	5115	8377
2	甘肃	982	4169	3187	1373	3853	2480	5667
3	山西	1309	5000	3691	1974	3000	1026	4717
4	山东	2273	5700	3428	1734	2500	766	4194
5	青海	1580	4580	3000	843	1650	807	3807
6	广西	399	1500	1300	653	2450	1797	3097
7	江苏	1684	3500	1816	1547	2800	1253	3069
8	贵州	1057	3100	2043	580	1080	500	2543
9	宁夏	1197	3250	1814	1377	1750	373	2187
10	吉林	338	800	462	577	2200	1623	2085
11	湖北	698	2200	1500	135	1000	500	2000
12	河南	—	—	1000	—	—	1000	2000
13	安徽	1370	2800	1430	412	800	388	1818
14	江西		2400	1600		700	200	1800
15	浙江	1517	2762	1245	186	641	455	1700
16	四川	191	1210	1019	426	1003	600	1619
17	黑龙江	—	—	550	—	—	1000	1550

续表

序号	省份	2020年光伏发电装机总量	2025年光伏发电装机总量	新增光伏发电装机总量	2020年风电装机量	2025年风电装机量	新增风电装机总量	风光新增总装机
18	湖南	391	1300	909	669	1200	531	1440
19	福建	200	500	300	490	900	410	710
20	天津	164	560	396	85	200	116	512
21	上海	—	—	270	—	—	180	450
22	北京	—	251	190	—	30	11	201

3. 新型储能

2021年7月，国家发展改革委、国家能源局发布《关于加快推动新型储能发展的指导意见》（简称《指导意见》），多措并举助推新型储能规模化安全发展。《指导意见》首次提出装机规模目标："十四五"期间，新型储能装机规模达3000万千瓦以上。这意味着到2025年新型储能装机至少还有4倍左右空间。2022年2月，国家能源局又印发《"十四五"新型储能发展实施方案》，明确"十四五""十五五"期间国内新型储能发展的基础目标，计划到2025年实现新型储能由商业化初期步入规模化发展阶段、具备大规模商业化应用条件，电化学储能系统成本降低30%以上。根据各地区已公布的相关规划不完全统计，17个省公布了新型储能的规划目标，共计5920万千瓦。其中甘肃、山西、青海到"十四五"期末累计装机规模将达到600万千瓦（见图6.15）。

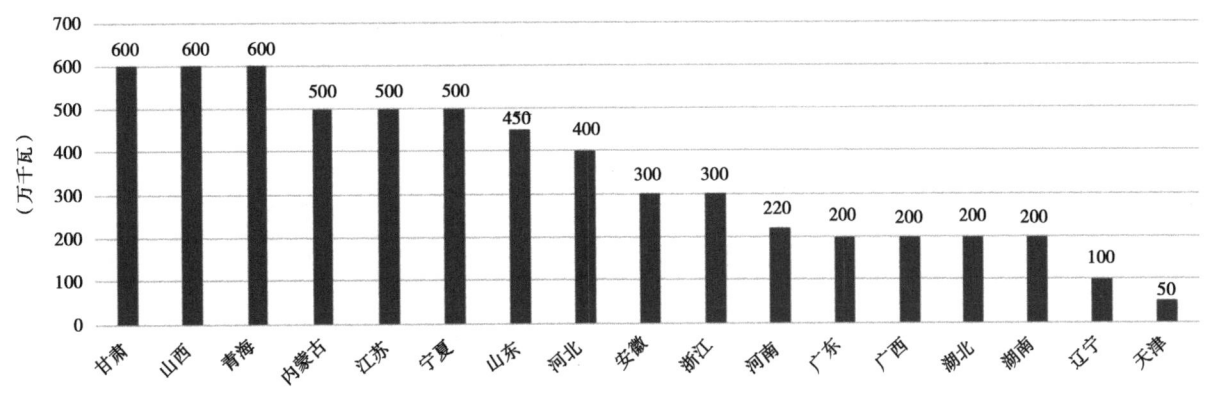

图6.15 各地区规划新型储能装机规模

数据来源：各地可再生能源规划、新型储能规划，及能源局等。

（五）城市更新发展规划分析

我国城市发展进入城市更新重要时期，由大规模增量建设转为存量提质改造和增量结构调整并重，2021年3月"实施城市更新行动"首次列入政府工作报告以及"十四五"规划。

城市更新规划目标："十四五"规划纲要中明确设立城市更新目标，老旧小区改造成为城市更新发力主向。"十四五"期间城市更新目标：计划"十四五"期间完成2000年底前建成的21.9万个城镇老旧小区改造。2021年11月5日，《住房和城乡建设部办公厅关于开展第一批城市更新试点工作的通知》

将北京等 21 个城市确定为第一批城市更新试点，指导各地因地制宜探索城市更新的方法路径。2022 年政府工作报告提出，计划新开工改造城镇老旧小区 5.3 万个（见表 6.14）。

表 6.14　第一批城市更新试点名单

地区	城市（区）	地区	城市（区）	地区	城市（区）
北京市	北京市	江苏省	南京市	重庆市	渝中区
河北省	唐山市	江苏省	苏州市	重庆市	九龙坡区
内蒙古自治区	呼和浩特市	浙江省	宁波市	四川省	成都市
辽宁省	沈阳市	安徽省	铜陵市	陕西省	西安市
湖北省	黄石市	安徽省	滁州市	山东省	烟台市
湖南省	长沙市	江西省	南昌市	山东省	潍坊市
福建省	厦门市	江西省	景德镇市	宁夏回族自治区	银川市

"十四五"期间，城市更新的项目模式主要分为三大类：综合整治类，以老旧小区为主；功能改变类，以市政设施改扩建为主；拆建新建类，以棚改和保障房为主。

细分子领域如下：

1. 老旧小区改造

根据已公布的 21 个省（市、区），大部分地区老旧小区改造目标同比"十三五"时期有大幅度提高，其中广东"十四五"时期计划新增改造 9000 个老旧小区，较"十三五"时期同比增加 4 倍以上（见表 6.15）。

表 6.15　部分地区"十三五"及"十四五"时期老旧小区改造目标对比

地区	"十三五"实际完成	"十四五"计划新增	单位	同比（%）
广东	1600	9000	个	463
北京	2000	10000	万平方米	400
贵州	14	70	万户	400
广西	11	44	万户	290
吉林	3791	13000	万平方米	243
重庆	1686	5192	个	208
浙江	1015	3000	个	196
湖北	3871	11129	个	187
江西	2192	6243	个	185
黑龙江	52	140	万户	169
辽宁	2599	6398	个	146
四川	104	250	万户	140
福建	31	68	万户	120
甘肃	25	50	万户	97
安徽	3024	5600	个	85

续表

地区	"十三五"实际完成	"十四五"计划新增	单位	同比（%）
云南	4803	6706	个	40
河北	6311	6755	个	7
山东	252	240	万户	-5
上海	5300	5000	万平方米	-6
江苏	9757	5000	个	-49

2. 保障性住房

根据已公布的13个省（市、区）规划目标，广东计划在"十四五"期间建设129.7万套，浙江计划建设120万套，均突破100万套（见图6.16）。

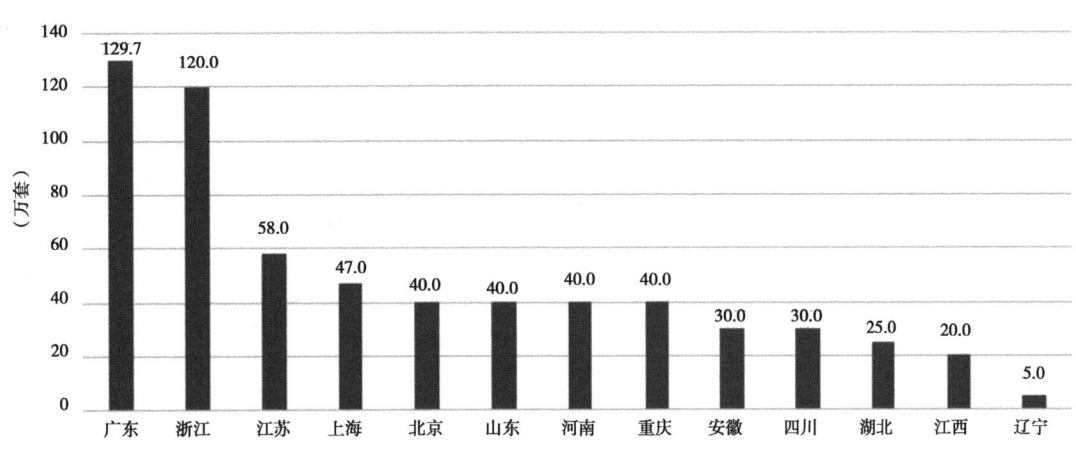

图6.16 "十四五"各地区建设筹集保障性住房

3. 重点城市"十四五"保障性住房规划

广州最多，达到60万套，上海47万套、北京、深圳均为40万套（见图6.17）。

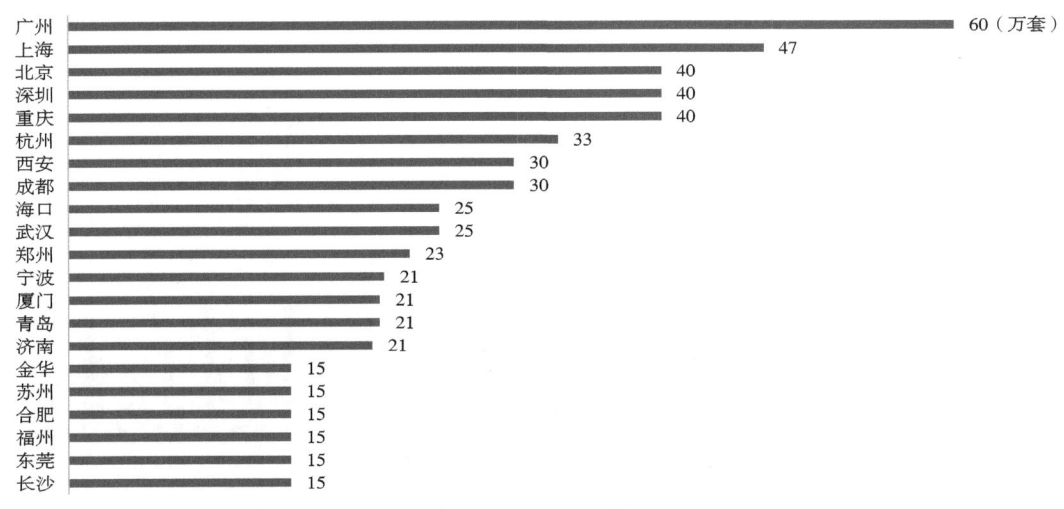

图6.17 重点城市"十四五"计划建设保障性住房

(六) 新型基础设施发展规划分析

根据国家发展改革委的定义，新型基础设施包括信息基础设施、融合基础设施和创新基础设施。传统新基建七大领域包括5G基建、特高压、城际高速铁路和城际轨道交通、新能源汽车充电桩、大数据中心、人工智能和工业互联网。

近年来，工业和信息化部密集发布《"双千兆"网络协同发展行动计划（2021—2023年）》《工业互联网创新发展行动计划（2021—2023年）》《5G应用"扬帆"行动计划（2021—2023年）》《新型数据中心发展三年行动计划（2021—2023年）》等系列文件，系统推进新型基础设施建设、应用、安全一体化发展。2021年11月，工业和信息化部印发《"十四五"信息通信行业发展规划》，明确到2025年，基本建成高速泛在、集成互联、智能绿色、安全可靠的新型数字基础设施。2022年3月，国家发展改革委、工业和信息化部等四部门联合发布包括"八大枢纽、十大集群"的全国一体化大数据中心体系总体布局，"东数西算"工程正式全面启动，将建设包括京津冀、长三角、粤港澳大湾区、成渝、内蒙古、贵州、甘肃、宁夏在内的8个国家算力枢纽节点，同时规划了10个国家数据中心集群。

具体细分子领域如下：

1. 5G基站

从全国层面来看，5G基站增长最为显著，根据《"十四五"信息通信行业发展规划》，"十四五"末每万人拥有5G基站数将达到26个，约为"十三五"末的5.2倍，"十三五"信息通信基础设施累计投资2.5万亿元，"十四五"累计投资达到3.7万亿元，增幅约48%。

根据各地区已公布信息通信行业发展规划及新基建规划不完全统计，26个省（市、区）计划新增约251万个5G基站。其中四川5G基站新增规划建设最多约21.4万个，其次为山东、江苏。以"十四五"期末累计值来看，江苏、四川、山东、广东、河南、浙江六省5G基站建设规模均达到20万个以上（见图6.18）。

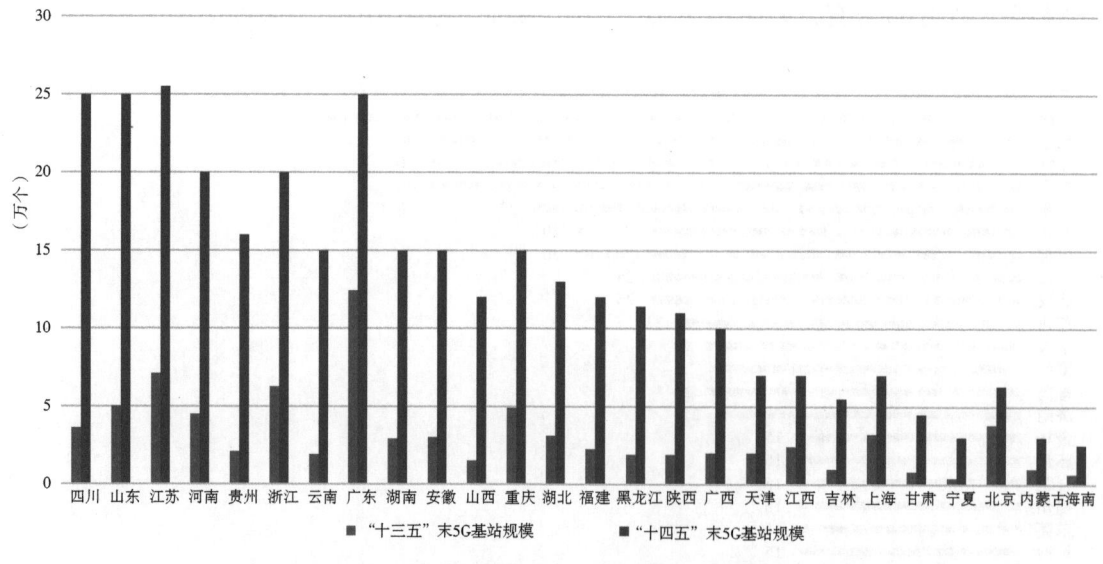

图6.18 各地区5G基站规划建设规模

2. IDC 数据中心机架数

根据各省（市、区）已公布的信息通信行业发展规划、数字经济规划、新基建规划不完全统计，17个省级行政区共计新增515万架IDC数据中心机架。其中，广西"十四五"期间新增机架数最多，达到80万架次，宁夏、广东、贵州均新增60万架以上。以2025年末累计规划来看，广西、广东均规划达到100万架，贵州、宁夏、江苏、四川、山西规划在50万架以上（见图6.19）。

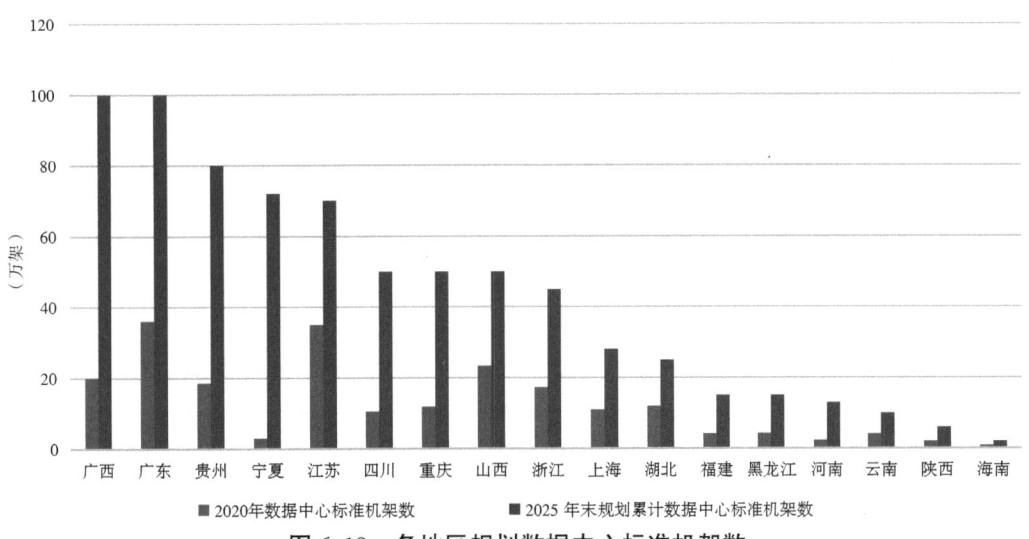

图 6.19　各地区规划数据中心标准机架数

三、拟建项目情况

各地区拟建项目投资额：根据拟建项目数据（部分数据），广东省拟建项目投资达12564.96亿元，湖北、浙江、山东三省拟建项目投资额均超过8000亿元，陕西、江西两省投资规模均在7000亿元以上（见图6.20）。

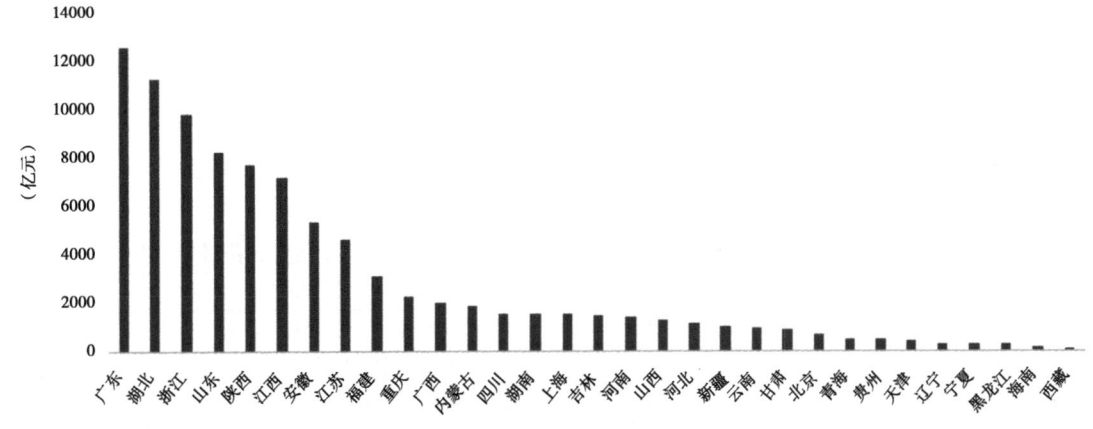

图 6.20　各地区拟建项目投资额

计划开工进度分析：根据拟建项目数据（部分数据），2023年第一季度计划开工项目数量最多，整体计划开工以上半年为主（见图6.21、表6.16）。

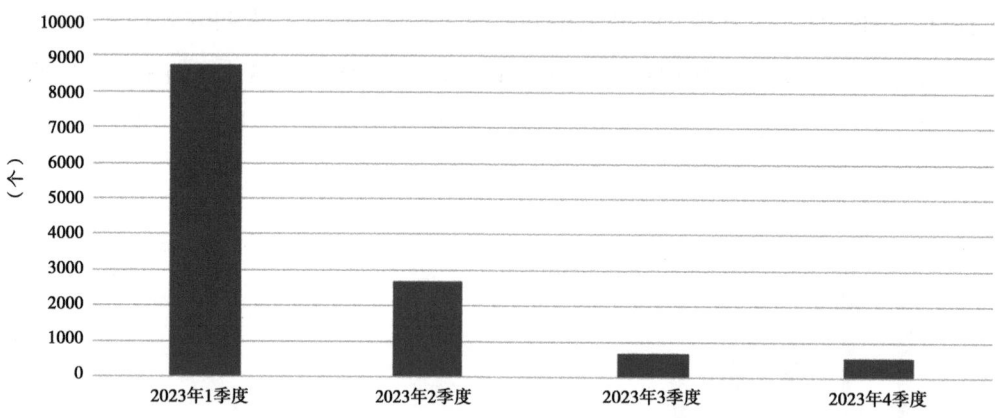

图6.21　2023年计划开工项目数量

表6.16　部分地区"十三五"及"十四五"时期老旧小区改造目标对比

广东省拟建项目前十业主单位			湖北省拟建项目前十业主单位		
业主单位	计划投资额（亿元）	拟建项目数量（个）	业主单位	计划投资额（亿元）	拟建项目数量（个）
惠州市谷驰芯片科技有限公司	600.00	1	黄冈国融投资控股有限公司	666.00	5
广深珠高速公路有限公司	471.00	1	湖北丹硅新材料科技有限公司	450.00	1
东莞天磁新能源有限公司	350.00	1	荆门市产城融合投资发展有限公司	397.83	4
中国石油化工股份有限公司茂名分公司	289.20	1	湖北省梧桐湖新区投资有限公司	384.58	1
中国南方电网有限责任公司	228.00	3	湖北虹瑞新材料有限公司	292.00	1
广州市番禺区珠江房地产有限公司	223.00	1	武汉旅游体育集团有限公司	200.00	1
嘉美控股（茂名）有限公司	200.00	1	湖北银丰实业集团有限责任公司	175.00	3
东莞市路桥投资建设有限公司	182.25	1	孝感市交通运输局	157.00	1
广东省能源集团有限公司水电分公司	182.00	3	湖北海格斯新能源股份有限公司	139.50	1
惠州市珠江惠仁文化教育有限公司	180.00	1	武汉城建天樾置业有限公司	127.69	3
浙江省拟建项目前十业主单位			山东省拟建项目前十业主单位		
业主单位	计划投资额（亿元）	拟建项目数量（个）	业主单位	计划投资额（亿元）	拟建项目数量（个）
常山县城市投资集团有限公司	4000.00	1	菏泽市金仓科技产业园集团有限公司	1000.00	1
武义县交通运输局	286.00	2	菏泽市国能金仓能源科技有限公司	1000.00	2
温州市综合交通前期管理中心	225.82	1	鲁南高速铁路有限公司	521.00	1
宁波市绕城高速连接线建设有限公司	137.23	3	济南轨道交通集团建设投资有限公司	240.22	1
宁波杭州湾新区海平开发建设有限公司	133.43	2	滨化集团股份有限公司	200.00	1
杭州之江未来城开发建设有限公司	120.93	2	山东赢祥医养有限公司	160.00	1
杭州云辰置业有限公司	95.60	1	山东玖德化学有限公司	120.35	1
苍南景川海上风电有限公司	95.00	1	山东高创能源有限公司	100.00	1
宁波市鄞工首开建设有限公司	88.76	1	诸城市辰恒智能装备有限公司	100.00	1
文成县国有资产投资经营有限公司	82.56	2	青岛临空宝鲲建设有限公司	100.00	2

续表

陕西省拟建项目前十业主单位			陕西省拟建项目前十业主单位		
业主单位	计划投资额（亿元）	拟建项目数量（个）	业主单位	计划投资额（亿元）	拟建项目数量（个）
神木神信新材料有限公司	702.82	1	西安市阎良荆山开发建设管理有限公司	180.60	22
陕西金泰恒业天朗实业有限公司	350.00	1	陕西鼎炬实业有限公司	180.00	1
黄陵矿业集团有限责任公司	282.00	1	国网新源控股有限公司西北开发建设分公司	107.00	1
汉中褒河物流园区滨河建设投资开发有限公司	250.34	10	陕西榆能精细化工材料有限公司	96.80	1
西安腾运置业有限公司	200.00	2	陕西华电陕西能源有限公司	87.70	1

专 题

专题一 行业政策

1. 国务院：有序推进基础设施智能升级，推动数字城乡融合发展

2021年12月12日，国务院印发《"十四五"数字经济发展规划》，要求稳步构建智能高效的融合基础设施，提升基础设施网络化、智能化、服务化、协同化水平。加快推进能源、交通运输、水利、物流、环保等领域基础设施数字化改造。推动新型城市基础设施建设，提升市政公用设施和建筑智能化水平。统筹推动新型智慧城市和数字乡村建设，深化新型智慧城市建设，推动城市数据整合共享和业务协同，因地制宜构建数字孪生城市。加快城市智能设施向乡村延伸覆盖，完善农村地区信息化服务供给，推进城乡要素双向自由流动，合理配置公共资源，形成以城带乡、共建共享的数字城乡融合发展格局。

2. 住房和城乡建设部：推动长江经济带城乡建设、黄河流域生态保护和城乡建设

2022年1月6日，住房和城乡建设部印发《"十四五"推动长江经济带发展城乡建设行动方案》《"十四五"黄河流域生态保护和高质量发展城乡建设行动方案》，明确"十四五"长江经济带发展城乡建设、黄河流域生态保护和高质量发展城乡建设的总体方略。

通过实施城市建设绿色低碳转型发展行动、流域区域协调发展建设行动、城市防洪排涝能力提升行动、城乡建设品质提升行动、城市建设创新发展行动、山水人城和谐相融建设行动，到2025年，长江经济带初步建成人与自然和谐共处的美丽家园，率先建成宜居、绿色、韧性、智慧、人文的城市转型发展地区。

通过实施城镇生态保护治理行动、安全韧性城镇建设行动、城乡水资源节约集约利用行动、城乡人居环境高质量建设行动、历史文化保护利用与传承行动，到2025年，黄河流域人水城关系逐渐改善，城镇生态修复和水环境治理工程有效推进，城市风险防控和安全韧性能力持续加强，节水型城市建设取得重大进展；城市转型提质、县城建设补短板取得明显成效，城市绿色发展和生活方式普遍推广；黄河流域各省区城乡历史文化保护传承体系日益完善，沿黄城市风貌特色逐渐彰显。

3. 住房和城乡建设部：推动新一代信息技术与建筑业深度融合，加快建筑业转型升级

2022年1月19日，住房和城乡建设部印发《"十四五"建筑业发展规划》，主要阐明"十四五"时期建筑业发展的战略方向，明确发展目标和主要任务，是行业发展的指导性文件。规划提出加快智能建造与新型建筑工业化协同发展等任务。明确"十四五"时期，我国要初步形成建筑业高质量发展体系框架，建筑市场运行机制更加完善，营商环境和产业结构不断优化，建筑市场秩序明显改善，工程质量安全保障体系基本健全，建筑工业化、数字化、智能化水平大幅提升，建造方式绿色转型成效显著，加速建筑业由大向强转变。并提出到2035年，建筑业发展质量和效益大幅提升，建筑工业化全面实现，建筑品质显著提升，企业创新能力大幅提高，高素质人才队伍全面建立，产业整体优势明显增强，"中国建造"核心竞争力世界领先，迈入智能建造世界强国行列。

4. 住房和城乡建设部：到2025年，城镇新建建筑全面建成绿色建筑

2022年3月1日，住房和城乡建设部印发《"十四五"建筑节能与绿色建筑发展规划》，明确到2025年，城镇新建建筑全面建成绿色建筑，建筑能源利用效率稳步提升，建筑用能结构逐步优化，建筑能耗和碳排放增长趋势得到有效控制，基本形成绿色、低碳、循环的建设发展方式，为城乡建设领域2030年前碳达峰奠定坚实基础。规划同时明确了"十四五"时期建筑节能与绿色建筑发展九项重点任务——提升绿色建筑发展质量、提高新建建筑节能水平、加强既有建筑节能绿色改造、推动可再生能源应用、实施建筑电气化工程、推广新型绿色建造方式、促进绿色建材推广应用、推进区域建筑能源协同、推动绿色城市建设。鼓励利用城市信息模型（CIM）基础平台，建立城市智慧能源管理服务系统。

5. 住房和城乡建设部：突破CIM等核心技术及装备，研究BIM与新一代信息技术的融合应用

2022年3月1日，住房和城乡建设部印发《"十四五"住房和城乡建设科技发展规划》，提出到2025年，住房和城乡建设领域科技创新能力大幅提升，科技创新体系进一步完善，科技对推动城乡建设绿色发展、实现碳达峰目标任务、建筑业转型升级的支撑带动作用显著增强。要求突破一批绿色低碳、人居环境品质提升、防灾减灾、城市信息模型（CIM）平台等关键核心技术及装备，形成一批先进适用的工程技术体系，建成一批科技示范工程；开展基于城市信息模型（CIM）平台的智能化市政基础设施建设和改造、智慧城市与智能网联汽车协同发展、智慧社区建设、城市运行管理服务平台建设等关键技术和装备研究；研究BIM与新一代信息技术融合应用的理论、方法和支撑体系，研究工程项目数据资源标准体系和建设项目智能化审查、审批关键技术，研发自主可控的BIM图形平台、建模软件和应用软件，开发工程项目全生命周期数字化管理平台。

6. 加强对工程建设领域统一监管

2022年4月10日，《中共中央 国务院关于加快建设全国统一大市场的意见》发布，要求打破地方保护和市场分割，加快建设高效规范、公平竞争、充分开放的全国统一大市场。其中，涉及加快营造稳定、公平、透明、可预期的营商环境，加强对工程建设领域统一公正监管和持续清理招标采购领域违反统一市场建设的规定和做法等。

7. 中共中央、国务院：发展绿色建筑，推广装配式建筑，推行绿色施工

2022年5月6日，中共中央办公厅、国务院办公厅印发《关于推进以县城为重要载体的城镇化建设的意见》，提出推动能源清洁低碳安全高效利用，引导非化石能源消费和分布式能源发展，在有条件的地区推进屋顶分布式光伏发电。坚决遏制"两高"项目盲目发展，深入推进产业园区循环化改造。大力发展绿色建筑，推广装配式建筑、节能门窗、绿色建材、绿色照明，全面推行绿色施工。

8. 住房和城乡建设部：推进 BIM 全过程应用，推广工程项目数字化交付

2022 年 5 月 9 日，住房和城乡建设部印发《"十四五"工程勘察设计行业发展规划》，要求推进施工图审查数字化、智能化，扩大人工智能审图试点范围，逐步推广 BIM 审图；加快提升 BIM 设计软件性能，重点突破三维图形平台、建模软件、数据管理平台，开发基于 BIM、5G、云计算等技术的协同设计应用系统。加快推进 BIM 正向协同设计，倡导多专业协同、全过程统筹集成设计，优化设计流程，提高设计效率；推进工程项目设计方案 BIM 交付，完善工程项目设计及竣工成果数字化交付体系；推进 BIM 软件与 CIM 平台集成开发公共服务平台研究与应用，积极探索工程项目数字化成果与 CIM 基础平台数据融合，研究建立数据同步机制。

9. 乡村建设

2022 年 5 月 23 日，中办、国办印发《乡村建设行动实施方案》，围绕加强农村基础设施和公共服务体系建设，提出了 12 项重点任务，并在道路、供水、农房、农村人居环境等方面的重点任务中实施八大工程（即农村道路畅通工程、强化农村防汛抗旱和供水保障工程、乡村清洁能源建设工程、农产品仓储保鲜冷链物流设施建设工程、数字乡村建设发展工程、村级综合服务设施提升工程、农房质量安全提升工程、农村人居环境整治提升五年行动），加强农村重点领域基础设施建设。

10. 国务院：探索城市信息模型、数字孪生等技术，提升城市治理智能化水平

2022 年 6 月 23 日，国务院印发《关于加强数字政府建设的指导意见》，推进智慧城市建设，推动城市公共基础设施数字转型、智能升级、融合创新，构建城市数据资源体系，加快推进城市运行"一网统管"，探索城市信息模型、数字孪生等新技术运用，提升城市治理科学化、精细化、智能化水平。推进数字乡村建设，以数字化支撑现代乡村治理体系，加快补齐乡村信息基础设施短板，构建农业农村大数据体系，不断提高面向农业农村的综合信息服务水平。

11. 城乡建设领域碳达峰

2022 年 6 月 30 日，住房和城乡建设部、国家发展和改革委发布《城乡建设领域碳达峰实施方案》，明确我国城乡建设碳减排目标：2030 年前，城乡建设领域碳排放达到峰值；力争到 2060 年前，城乡建设方式全面实现绿色低碳转型。方案还从优化城市结构和布局、提高绿色低碳建筑水平、推进绿色低碳建造、推广应用可再生能源等多方面给出了降碳路径。

12. 住房和城乡建设部、国家发展改革委：到 2030 年培育 100 个智能建造产业基地，打造一批建筑产业互联网

2022 年 6 月 30 日，住房和城乡建设部、国家发展改革委印发《城乡建设领域碳达峰实施方案》，提出到 2025 年，城镇新建建筑全面执行绿色建筑标准，星级绿色建筑占比达到 30%以上，新建政府投资公益性公共建筑和大型公共建筑全部达到一星级以上。到 2030 年，装配式建筑占当年城镇新建建筑的比例达到 40%，培育 100 个智能建造产业基地，打造一批建筑产业互联网平台，形成一系列建筑机器人标志性产品。利用建筑信息模型（BIM）技术和城市信息模型（CIM）平台等，推动数字建筑、数字孪生城市建设，加快城乡建设数字化转型。

13. 住房和城乡建设部、国家发展改革委：推动城市基础设施建设体系化、智慧化、绿色低碳

2022年7月7日，住房和城乡建设部、国家发展改革委印发《"十四五"全国城市基础设施建设规划》，意在推进城市基础设施体系化建设，增强城市安全韧性能力；推动城市基础设施共建共享，促进形成区域与城乡协调发展新格局；完善城市生态基础设施体系，推动城市绿色低碳发展；加快新型城市基础设施建设，推进城市智慧化转型发展。通过部署"八项重大行动"，即城市交通设施体系化与绿色化提升行动、城市水系统体系化建设行动、城市能源系统安全保障和绿色化提升行动、城市环境卫生提升行动、城市园林绿化提升行动、城市基础设施智能化建设行动、城市居住区市政配套基础设施补短板行动、城市燃气管道等老化更新改造行动，到2025年，城市建设方式和生产生活方式绿色转型成效显著，基础设施体系化水平、运行效率和防风险能力显著提升，超大特大城市"城市病"得到有效缓解，基础设施运行更加高效，大中城市基础设施质量明显提升，中小城市基础设施短板加快补齐。到2035年，全面建成系统完备、高效实用、智能绿色、安全可靠的现代化城市基础设施体系，建设方式基本实现绿色转型，设施整体质量、运行效率和服务管理水平达到国际先进水平。

14. 国家发展改革委、住房和城乡建设部、生态环境部：推进污泥无害化处理和资源化利用

2022年9月22日，国家发展改革委、住房和城乡建设部、生态环境部联合印发《污泥无害化处理和资源化利用实施方案》，提出因地制宜合理选择污泥处理路径和技术路线，鼓励采用厌氧消化、好氧发酵、干化焚烧、土地利用、建材利用等多元化组合方式处理污泥。到2025年，全国新增污泥（含水率80%的湿污泥）无害化处置设施规模不少于2万吨/日，城市污泥无害化处置率达到90%以上，地级及以上城市达到95%以上，基本形成设施完备、运行安全、绿色低碳、监管有效的污泥无害化资源化处理体系。污泥土地利用方式得到有效推广。京津冀地区、长江经济带、东部地区城市和县城、黄河干流沿线城市污泥填埋比例明显降低。县城和建制镇污泥无害化处理和资源化利用水平显著提升。

15. 财政部、住房和城乡建设部、工业和信息化部：加大政府绿色低碳产品采购力度，全面推广绿色建筑和绿色建材

2022年10月12日，财政部、住房和城乡建设部、工业和信息化部联合印发《关于扩大政府采购支持绿色建材促进建筑品质提升政策实施范围的通知》，全面推广绿色建筑和绿色建材，在南京、杭州、绍兴、湖州、青岛、佛山等6个城市试点的基础上，进一步扩大政府采购支持绿色建材促进建筑品质提升政策实施范围。自2022年11月份起，在北京市朝阳区等48个市（市辖区）实施政府采购支持绿色建材促进建筑品质提升政策。纳入政策实施范围的项目包括医院、学校、办公楼、综合体、展览馆、会展中心、体育馆、保障房等政府采购工程项目，含适用招标投标法的政府采购工程项目。到2025年实现政府采购工程项目政策实施的全覆盖。鼓励将其他政府投资项目纳入实施范围。

16. 住房和城乡建设部：智能建造试点城市公布，北京等 24 个城市入选

2022 年 10 月 25 日，住房和城乡建设部发布《关于公布智能建造试点城市的通知》，包括北京市、天津市、重庆市、雄安新区、保定市、沈阳市、哈尔滨市、南京市、苏州市、温州市、嘉兴市、台州市、合肥市、厦门市、青岛市、郑州市、武汉市、长沙市、广州市、深圳市、佛山市、成都市、西安市、乌鲁木齐市，共计 24 个城市。试点自公布之日开始，为期 3 年。

17. 国家发展改革委：推进县级地区生活垃圾焚烧处理设施建设

2022 年 11 月 14 日，国家发展改革委、住房和城乡建设部、生态环境部、财政部、人民银行等印发《关于加强县级地区生活垃圾焚烧处理设施建设的指导意见》，明确到 2025 年，全国县级地区基本形成与经济社会发展相适应的生活垃圾分类和处理体系，京津冀及周边地区、长三角地区、粤港澳大湾区、国家生态文明试验区等具备条件的县级地区基本实现生活垃圾焚烧处理能力全覆盖。长江经济带、黄河流域、生活垃圾分类重点城市、"无废城市"建设地区以及其他地区具备条件的县级地区，应建尽建生活垃圾焚烧处理设施。不具备建设焚烧处理设施条件的县级地区，通过填埋等手段实现生活垃圾无害化处理。

到 2030 年，全国县级地区生活垃圾分类和处理设施供给能力和水平进一步提高，小型生活垃圾焚烧处理设施技术、商业模式进一步成熟，除少数不具备条件的特殊区域外，全国县级地区生活垃圾焚烧处理能力基本满足处理需求。

18. 扩大内需战略

2022 年 12 月 14 日，中共中央、国务院印发《扩大内需战略规划纲要（2022—2035 年）》，提出优化投资结构，拓展投资空间，加大制造业投资支持力度，持续推进重点领域补短板投资，系统布局新型基础设施，建设高效规范、公平竞争的国内统一市场，破除妨碍生产要素市场化配置和商品服务流通的体制机制障碍，降低全社会交易成本。推进投融资体制改革，优化营商环境，激发市场活力，促进形成强大国内市场，着力畅通国内经济大循环，促进国内国际双循环良性互动。

12 月 15 日，国家发展改革委印发《"十四五"扩大内需战略实施方案》，明确规划纲要实施的重点工作，如加快交通、能源、水利基础设施建设，完善物流基础设施网络和社会民生基础设施，加大生态环保设施建设力度，加快补齐市政基础设施短板，加强新型基础设施建设，推进以县城为重要载体的城镇化建设，促进传统产业改造提升，高质量共建"一带一路"等举措。

19. 优化调整建筑业企业资质类别和等级

2022 年 1 月 26 日，住房和城乡建设部发布《住房和城乡建设部关于修改〈建筑业企业资质管理规定〉等三部规章的决定（征求意见稿）》，大幅压减企业资质类别和等级，放宽建筑市场准入限制。其中，建筑业企业资质拟新设综合资质。

20. 房屋市政工程安全生产治理行动

2022 年 3 月 25 日，住房和城乡建设部印发通知，决定开展房屋市政工程安全生产治理行动，集中用两年左右时间，聚焦重点排查整治隐患，严厉打击违法违规行为，夯实基础提升安全治理能力，坚

决遏制房屋市政工程生产安全重特大事故，有效控制事故总量。

21. 提高建设工程进度款支付比例

2022年6月14日，财政部、住房和城乡建设部发布《关于完善建设工程价款结算有关办法的通知》，为维护建筑市场秩序，减轻建筑企业负担，保障农民工权益，明确要求自2022年8月1日起，政府机关、事业单位、国有企业建设工程进度款支付应不低于已完成工程价款的80%。

22. 修改《建筑工人实名制管理办法（试行）》

2022年8月2日，住房和城乡建设部、人力资源社会保障部印发经部分修改的《建筑工人实名制管理办法（试行）》，规定全面实行建筑工人实名制管理制度。建筑企业应与招用的建筑工人依法签订劳动合同，对不符合建立劳动关系情形的，应依法订立用工书面协议。

23.《进一步提高产品、工程和服务质量行动方案（2022—2025年）》

2022年11月1日，市场监管总局、国家发展改革委、住房和城乡建设部等18部门联合印发《进一步提高产品、工程和服务质量行动方案（2022—2025年）》，围绕提高供给体系质量，聚焦突出问题、明显短板和发展关键，明确提高产品、工程和服务质量的若干重点任务和一批政策措施，以推动质量供给与需求更加适配，推进质量强国建设。

24. 不得以年龄为由"一刀切"清退农民工

2022年11月16日，人力资源社会保障部、国家发展改革委、财政部、农业农村部、国家乡村振兴局联合发布《关于进一步支持农民工就业创业的实施意见》，重点支持农民工就业集中的建筑业、制造业、服务业企业渡过难关，最大限度稳定农民工就业岗位。加速落地吸纳农民工就业数量较多、成效较好的项目，尽快发挥带动农民工就业作用。做好大龄农民工就业扶持，不得以年龄为由"一刀切"清退。

专题二 案例分享：国内标杆建筑行业企业发展举措

（一）中国中铁——基建龙头实力显现，业绩增长强劲

1. 发展现状及转型

中国中铁股份有限公司（简称中国中铁）前身是成立于1950年3月的中华人民共和国铁道部工程总局和设计总局，1958年合并为铁道部基本建设总局；1989年7月1日，组建为中国铁路工程总公司，2003年5月起隶属国务院国资委管理，为中央特大型骨干企业。2007年9月，整体重组创立中国中铁股份有限公司，于当年12月3日和7日分别在上海、香港两地上市。国资委通过中国铁路工程集团有限公司持有中国中铁46.98%的股份（见图1）。2021年，中国中铁列世界500强第35名，ENR全球最大国际承包商第2名，是世界最大的交通基建企业。

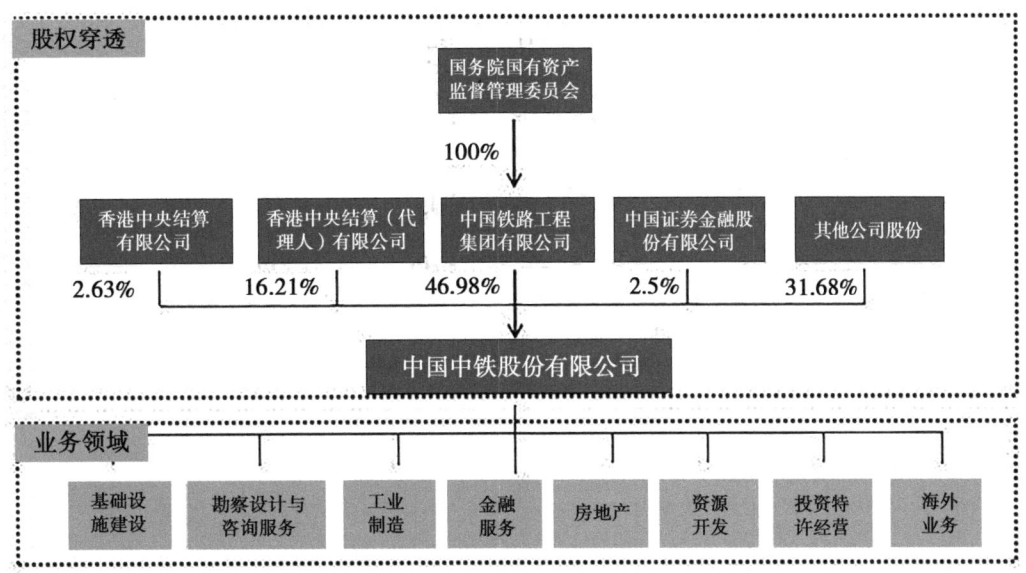

图 1　中国中铁股权结构及业务领域图

2022年前三季度，中国中铁新签订合同额19830.8亿元。基础设施建设、设计与咨询、工程设备与零部件制造是中国中铁的核心板块，签订合同额分别为17523.5亿元、241.9亿元和443.3亿元，占比分别为88.4%、1.2%和2.2%。基建三大方向铁路、公路、市政及其他占比分别为9%、14.2%和76.8%。房地产开发板块，签订合同额411.4亿元，占比2.1%（见表1）。

表1　中国中铁2021年、2022年前三季度新签合同额统计表

业务类型		2022年前三季度新签合同额（亿元）	占比（%）	2021年前三季度新签合同额（亿元）	同比增减（%）
基础设施建设		17523.50	88.37	12688.20	38.10
其中	铁路	1579.40	9.01	2068.30	-23.60
	公路	2485.50	14.18	1591.30	56.20
	市政及其他	13458.60	76.80	9028.60	49.10
勘察设计与咨询服务		241.90	1.22	146.80	64.80
工程设备与零部件制造		443.30	2.24	429.80	3.10
房地产开发		411.40	2.07	438.90	-6.30
其他		1210.70	6.11	959.80	26.10
合计		19830.80	100.00	14663.50	35.20

近四年业务中基建业务居核心地位，占比80%以上，新签订合同额持续增加。勘察设计与咨询服务、工程设备与零部件制造和房地产开发占比小，受政策和疫情影响略有浮动（见表2）。

从基建业务的细分类型看，随着国内城市群、都市圈和新型城镇化建设的推进，城市建设市场的开发力度进一步加强，市政和其他业务订单占比明显增高，从2019年的65.44%增加到2022年的76.8%；受铁路固定资产投资降低影响，2022年铁路业务占比下降明显，但国内大中型铁路建设市场占有率持续保持全国第一；全国公路业务步入稳健状态，近两年公路业务占比降低（见图2）。

表2 近四年分业务新签合同额对比

单位：亿元

业务类型	2019年	2020年	2021年	2022年前三季度
基础设施建设	17946.30	21829.20	24166.80	17523.50
勘察设计与咨询服务	288.10	258.60	205.50	241.90
工程设备与零部件制造	420.90	542.80	612.80	443.30
房地产开发	696.80	685.60	580.30	411.40
其他	2296.60	2740.40	1727.80	1210.70

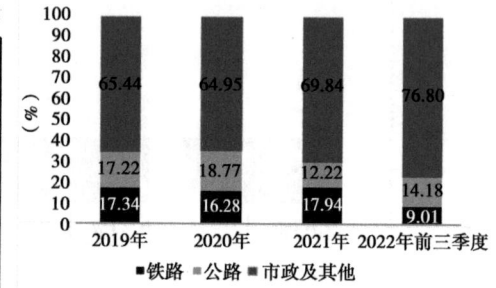

图2 近四年分类型合同额占比对比

（1）深耕水务领域，与龙头企业合作，打造水务环保领域全产业链系统服务商

2019年12月，中国中铁为践行习近平总书记"绿水青山就是金山银山"发展理念，将水务环保业务板块重组整合成立中铁水务集团公司，作为中国铁工投资建设集团旗下全资子公司，培育水务环保领域新的经济增长点，助推转型升级，业务涉及城乡供水、城镇污水及工业废水处理、海水淡化、污泥处置、水环境综合整治领域。2021年1月21日，北控水务集团与中国铁工投资建设集团签署战略合作框架协议。2022年3月16日，中国铁工投资集团与首创环保集团签署战略合作协议。

（2）并购江西水利院，提升行业认知和把控能力

2020年9月28日，中国中铁与江西省水利厅签署江西省水利规划设计研究院股权转让协议，中国中铁占江西省水利规划设计研究院注册资本的65%，成为最大股东。2021年3月15日，江西省水利规划设计研究院有限公司更名为中国中铁水电规划设计集团有限公司，成为中国中铁的二级企业，是江西省内唯一拥有甲级资质的水利水电勘测设计单位。

（3）收购滇中引水公司，手握重大水利工程，布局区域引水市场

2022年5月12日，中国中铁发布公告，拟以110亿元收购云南省信用增进有限公司持有的云南省滇中引水工程有限公司33.54%股权。交易完成后，中国中铁及全资子公司中铁开投合计持有滇中引水公司53.37%股权，标的公司将成为中国中铁控股子公司，纳入上市公司合并报表范围。

滇中引水是国家172项重大水利工程之一，是"十四五"期间国家重点水利水电工程，是云南省可持续发展的战略性基础工程。此次收购是中国中铁以市场为导向调整产业结构、优化资源配置，以增量市场助推产业转型、做大新兴业务的重要举措。同时，通过与云南省相关公司在标的公司开展股权合作，也是"央企入滇"的延续和深化，是打造央地合作典范的有益尝试。

2. 分（子）公司中标情况分析

中国中铁分（子）公司（不含设计院、投资类公司）共计中标30422.44亿元，在基础设施领域中标金额最多，为24474.33亿元，其次是民用建筑领域4514.57亿元。在工程局中，中铁四局集团有限公司中标金额最多，为3672.47亿元（见表3）。

表3 中国中铁分（子）公司中标情况

单位：亿元

分子公司	基础设施	民用建筑	城乡更新	专业工程	工业建筑	农林建筑	融合发展	总计
中铁四局集团有限公司	2844.03	589.42	80.6	56.56	85.11	13.98	2.77	3672.47
中铁一局集团有限公司	2507.51	284.78	88.15	116.43	21.02	5.9	—	3023.79
中铁五局集团有限公司	2161.8	196.84	64.85	14.42	12.58	30.47	0.44	2481.39
中铁二局建设有限公司	1899.11	267.68	29.19	24.01	3.42	—	0.72	2224.11
中铁隧道局集团有限公司	2122.86	42.12	2.28	12.22	19.58	—	—	2199.06
中铁三局集团有限公司	1704.87	272.05	0.9	6.8	10.54	—	—	1995.16
中铁大桥局集团有限公司	1949.36	12.48	—	6.14	1.67	—	—	1969.65
中铁十局集团有限公司	1220.91	326.78	10.91	25.05	11.95	75.46	0.4	1671.47
中铁七局集团有限公司	1060.1	274.26	54.6	18.64	33.37	2.24	—	1443.21
中铁六局集团有限公司	1275.21	143.66	8.8	8.44	3.47	—	—	1439.59
中铁建工集团有限公司	332.67	785.59	31.74	23.01	94.48	0.31	14.12	1281.91
中国中铁股份有限公司	1266.55	—	—	—	—	—	—	1266.55
中铁电气化局集团有限公司	924.39	142.53	8.3	91.84	6.07	—	—	1173.12
中铁广州工程局集团有限公司	971.76	87.79	28.1	4.47	5.9	5.33		1103.34
中铁上海工程局集团有限公司	840.56	188	9.82	3.66	6.81	3.76	2.78	1055.4
中铁八局集团有限公司	558.85	363.27	2.5	6.06	37.28	1.45	—	969.4
中铁北京工程局集团有限公司	516.22	116.43	9.13	2.94	1.17	—	1.8	647.7
中铁二院工程集团有限责任公司	171.31	238.56	3.06	15.64	3.13	—	—	431.7
中铁九局集团有限公司	64.81	168.32	6.2	0.93		2.34	—	242.61
中铁武汉电气化局集团有限公司	77.91	9.8	0.56	33.38	0.53	—	—	122.18
中铁科学研究院有限公司	3.55	3.04	—	0.86	—	—	—	7.45
中铁置业集团有限公司	—	1.18	—	—	—	—	—	1.18
总计	24474.33	4514.57	439.68	471.51	358.08	141.25	23.02	30422.44

中国中铁分（子）公司（不含设计院、投资类公司）在中标金额前十的省份共计中标22276.52亿元，占全国中标业绩的5.54%，其中，在云南省中标金额最多，为4354.92亿元，其次是广东省，为3951.06亿元（见表4）。

表4 中国中铁分（子）公司中标省份

单位：亿元

分（子）公司	云南	广东	吉林	广西	山东	四川	浙江	湖北	贵州	河南
中铁四局集团有限公司	544.85	355.43	426.73	118.37	261.93	37.86	348.44	35.91	22.04	47.41
中铁一局集团有限公司	211.59	493.94	435.97	612.27	112.53	56.17	70.3	28.45	3.64	50.66
中铁五局集团有限公司	214.54	172.94	4.6	65.26	40.18	759.09	7.71	1.64	313.76	473.48
中铁隧道局集团有限公司	1143.64	234.92	—	—	74.43	66.8	72.37	204.77	19.91	28.36

续表

分（子）公司	云南	广东	吉林	广西	山东	四川	浙江	湖北	贵州	河南
中铁二局建设有限公司	232.77	205.81	420.53	346.32	172.81	162.98	33.88	3.98	56.13	31.49
中铁三局集团有限公司	330.83	265.52	4.91	0.45	116.53	89.5	44.63	207.07	254.92	1.73
中铁大桥局集团有限公司	—	115.32	420.63	22.65	30.22	47.98	375.6	711.42	—	0.86
中铁十局集团有限公司	420.2	155.62	18.88	33.94	480.35	36.75	37.28	9.32	4.48	20.31
中铁七局集团有限公司	212.86	291.99	22.57	7.77	80.62	32.55	8.04	205.87	5.34	216.88
中铁六局集团有限公司	326.03	228.92	423.73	—	37.81	0.36	23.9	8.47	10.97	18.49
中铁建工集团有限公司	27.7	153.12	7.7	2.59	466.22	38.27	23.97	48.9	32.62	23.1
中国中铁股份有限公司	—	438.21	418.96	166.56	103.49	—	—	—	—	—
中铁电气化局集团有限公司	120.34	151.83	—	164.68	30.11	49.01	316.41	8.12	15.75	8.39
中铁广州工程局集团有限公司	16.81	444.88	11.91	350	52.97	—	—	2.89	17.02	—
中铁上海工程局集团有限公司	32.69	101.82	10.92	25.97	113.21	37.34	55.61	23.95	237.82	9.29
中铁八局集团有限公司	343.03	1.33	19.54	144.56	38.34	53.58	4.19	—	63.11	32.23
中铁北京工程局集团有限公司	14.14	0.31	21.96	311.12	—	33.63	13.06	25.95	6.44	—
中铁二院工程集团有限责任公司	42.91	127.51	0.59	7.25	46.24	34.15	6.65	0.34	—	0.42
中铁九局集团有限公司	120	10.32	45.38	—	—	3.86	0.56	—	3.04	0.86
中铁武汉电气化局集团有限公司	—	1.34	—	—	—	23.69	4.16	29.48	11.3	2.79
中铁科学研究院有限公司	—	—	—	—	—	0.31	—	—	3.36	0.55
中铁置业集团有限公司	—	—	—	—	—	—	—	—	1.18	—
总计	4354.92	3951.06	2715.52	2379.77	2257.99	1563.87	1446.76	1556.51	1082.82	967.3

（二）中国建筑——"逆周期拿地"，房建业务优化，基建订单加速

1. 发展现状及转型

中国建筑股份有限公司的母公司为中国建筑工程总公司，2007年12月8日由中国建筑工程总公司、中国石油天然气集团公司、中国中化集团公司及宝钢集团有限公司共同出资设立。2009年7月29日，中国建筑股份有限公司（简称中国建筑）在上海证券交易所上市。国务院国资委通过中国建筑集团有限公司持有中国建筑56.35%的股份。中国建筑是我国最大的建筑房地产综合企业集团，是国内唯一一家同时拥有"三特"资质、"1+4"资质和建筑行业工程设计甲级资质的建筑企业（见图3）。

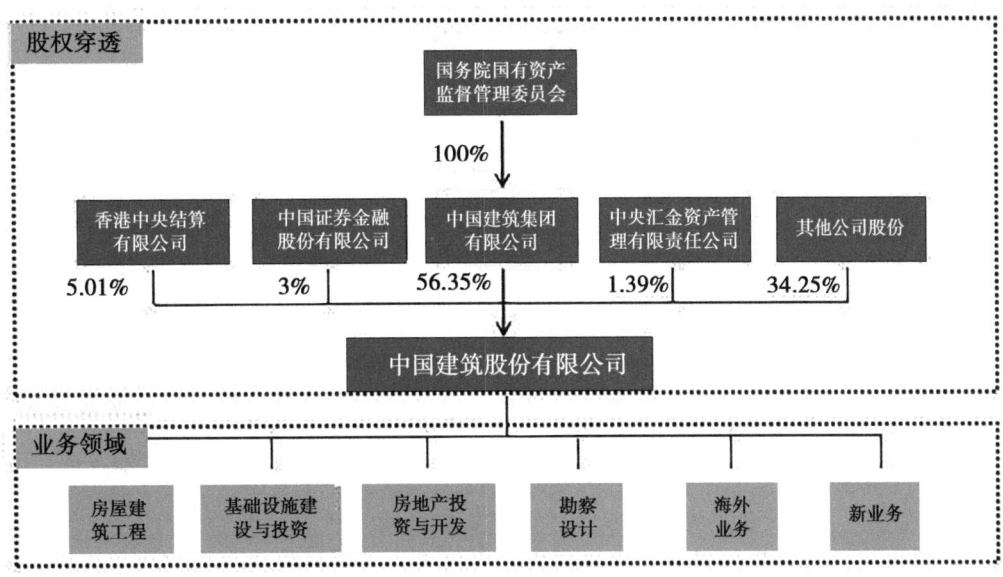

图 3　中国建筑股权结构及业务领域图

2022年前三季度,公司新签合同额27267亿元,同比增长11.20%,完成年度预算目标的70.80%。实现营业收入15352.7亿元,同比增长14.80%,完成年度预算目标的76.10%(见表5)。

表 5　中国建筑 2022 年前三季度新签合同额及营业收入统计表

业务类型		新签合同额（亿元）	同比增长（%）	营业收入（亿元）	同比增长（%）	毛利率（%）
房屋建筑工程		17775	8.80	9751	20.40	7.20
其中	住房	5090	-24.90			
	工业厂房	2655	96.60	—		
	教育设施	1154	48.00			
基础设施建设与投资		6675	30.90	3588	23.30	9.90
其中	市政道路	1172	48.50			
	轨道交通	698	47.60	—		
	公路	676	83.50			
	生态环保	468	32.70			
房地产投资与开发		2725	-9.30	1803	-17.20	19.30
勘察设计		93	3.70	68	7.40	16.60
海外业务		884	-12.40	732	16.20	5.80

中国建筑新签订单稳健增长,市场占有率持续提升,房建业务占比达60%以上,增强在超高层建筑、大跨空间结构、快速建造、绿色建造、智慧建造等领域核心竞争力,不断巩固房建领域的绝对优势;基建业务快速增长,业务转型调整持续优化,推动基础设施业务高质量发展;受国家政策影响,保障地产业务持续健康发展,房地产新签合同额下降;勘察设计整体保持稳健发展态势;海外业务受疫情和海外经营环境影响,下降明显(见图4、图5)。

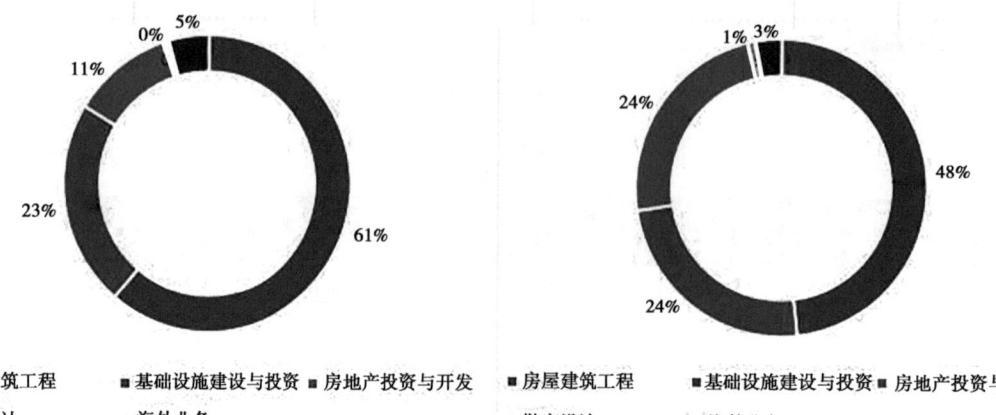

图 4　2022 年前三季度营业收入占比　　图 5　2022 年前三季度毛利润占比

房建业务是规模最大的主营业务，营业收入贡献达到 60%，在基建投资加速的背景下，房建业务中公共建筑类项目占比提升、结构优化，为房建业务订单增长提供支撑。房建业务结构优化增强盈利能力，降低经营风险。基础设施建设与投资毛利率高于房建，盈利能力水平强；2022 年地产行业面临大整顿，但仍实现 19.30% 高毛利率，短期承压，未来仍存在大市场机会。

中国建筑科技创新按下"快进键"，积极探索智慧、数字、低碳发展新路径，打造自主知识产权的技术、大数据、云计算三大平台，集成物联网、流媒体接入、数据采集分析、数据处理、敏捷开发等能力，将 BIM、物联网、大数据、人工智能、机器人、5G 等技术应用于建筑产业及衍生业务，差异化布局新产品、新服务，包括打造专业设计软件产品、智慧园区运营平台、农村污水治理终端设施数字化运营平台、装配式建筑智能建造平台、商砼产业互联网平台等，凭借技术优势在建筑新业态上领先行业（见表6）。

表 6　近四年分业务新签合同额对比

单位：亿元

业　　务	2019 年	2020 年	2021 年	2022 年前三季度
房屋建筑工程	19506	20779	22506	17775
基础设施建设与投资	5226	6798	8439	6675
房地产投资与开发	3826	4287	4221	2725
勘察设计	131	143	129	93
海外业务	1872	1872	1636	884

2. 分（子）公司中标情况分析

中国建筑分（子）公司（不含设计院、投资类公司）共计中标 25500.58 亿元，其中，民用建筑领域中标金额最多，为 13717.31 亿元，其次是基础设施领域，为 9542.91 亿元；在工程局中，中国建筑第八工程局有限公司中标金额最多，为 6064.69 亿元（见表7）。

表7 中国建筑分（子）公司中标情况

单位：亿元

分（子）公司	民用建筑	基础设施	工业建筑	专业工程	城乡更新	农林建筑	融合发展	总计
中国建筑第八工程局有限公司	3450.87	2116.90	123.58	189.78	122.24	20.87	40.44	6064.69
中国建筑第三工程局有限公司	2873.80	2134.17	157.23	72.01	82.06	6.35	2.66	5328.27
中国建筑第五工程局有限公司	1457.82	943.75	57.12	56.17	91.03	12.51	0.70	2619.11
中国建筑一局（集团）有限公司	1381.60	680.26	205.73	34.89	52.88	56.92	16.17	2428.46
中国建筑第七工程局有限公司	1517.36	582.16	55.98	43.77	42.61	3.92	2.26	2248.05
中国建筑第二工程局有限公司	1014.34	909.06	151.19	46.06	84.23	15.37	—	2220.23
中国建筑第四工程局有限公司	1028.49	495.18	110.64	30.32	12.66	16.61	0.77	1694.66
中国建筑第六工程局有限公司	398.82	500.42	17.11	14.26	25.29	4.45	1.02	961.38
中国建设基础设施有限公司	342.84	339.64	—	—	1.53	4.59	—	688.61
中国建筑股份有限公司	—	515.08	—	1.54	—	—	—	516.62
中建港航局集团有限公司	53.87	158.51	18.15	4.18	—	—	—	234.72
中建安装集团有限公司	54.93	86.11	16.35	27.42	20.36	—	—	205.16
中建国际建设有限公司	86.59	7.46	—	—	2.38	—	—	96.43
中建科技集团有限公司	44.98	41.54	—	—	1.32	—	—	87.84
中国建筑装饰集团有限公司	11.01	8.38	—	61.37	1.28	—	—	82.04
中建生态环境集团有限公司	0.00	24.30	—	—	—	—	—	24.30
总计	13717.31	9542.91	913.08	581.79	539.87	141.59	64.03	25500.58

中国建筑分子公司（不含设计院、投资类公司）在中标金额前十的省份共计中标18547.06亿元，占全国中标业绩4.61%；在山东省中标金额最多，为3548.70亿元，其次是广东省，2766.34亿元，其中，中国建筑第八工程局有限公司在山东省中标金额最多，为1295.53亿元（见表8）。

表8 中国建筑分（子）公司中标省份

单位：亿元

分（子）公司	山东	广东	福建	湖北	河南	广西	江苏	重庆	河北	陕西
中国建筑第八工程局有限公司	1295.53	437.68	91.60	541.83	301.91	345.97	424.38	220.48	262.37	255.05
中国建筑第三工程局有限公司	572.54	984.54	188.79	1226.53	88.21	140.97	211.78	157.18	72.86	163.94
中国建筑第五工程局有限公司	252.55	214.20	367.87	32.74	186.77	25.32	55.20	547.92	25.28	80.53
中国建筑一局（集团）有限公司	352.11	174.59	342.94	38.89	163.28	280.58	64.00	13.65	126.67	68.17
中国建筑第七工程局有限公司	36.83	44.77	893.49	32.20	685.96	117.62	10.24	40.35	29.81	67.56
中国建筑第二工程局有限公司	203.87	320.18	5.65	521.53	107.15	104.25	88.46	11.76	66.53	62.57
中国建筑第四工程局有限公司	139.08	371.23	368.57	7.05	8.19	96.71	116.77	22.51	173.85	75.08
中国建筑第六工程局有限公司	201.65	66.51	0.72	6.39	44.29	12.87	23.77	31.94	224.56	26.81
中国建设基础设施有限公司	125.60	31.95	277.60	—	8.70	169.40	12.34	—	5.67	—
中国建筑股份有限公司	198.97	13.39	37.08	—	22.30	169.40	16.93	—	1.54	—
中建港航局集团有限公司	143.78	1.42	3.38	2.22		16.94	29.77	0.57	2.31	—

续表

分（子）公司	山东	广东	福建	湖北	河南	广西	江苏	重庆	河北	陕西
中建安装集团有限公司	12.35	34.57	0.64	1.53	4.14	—	59.88	0.95	16.20	23.47
中建国际建设有限公司	—	—	—	—	—	—	96.43	—	—	—
中建科技集团有限公司	1.49	48.65	—	—	—	—	6.65	6.37	—	—
中国建筑装饰集团有限公司	5.01	22.66	0.54	3.87	2.09	—	6.31	—	5.34	9.45
中建生态环境集团有限公司	7.34	—	—	—	—	4.26	2.03	—	6.84	—
总计	3548.70	2766.34	2578.86	2414.78	1622.99	1484.28	1224.93	1053.69	1019.84	832.64

（三）中国交建——分拆设计子公司上市，联合打造海上风电

1. 发展现状及转型

中国交通建设股份有限公司（简称中交股份）成立于2006年10月8日，经国务院批准，由中国交通建设集团有限公司整体重组改制并独家发起设立，2006年12月15日在香港联合交易所主板挂牌上市，成为中国第一家实现境外整体上市的特大型国有基建企业，其核心业务即基建建设、基建设计和疏浚均为业内领导者，是国内外知名工程承包商、投资运营商、城市发展商、装备制造商和生态治理商（见图6）。

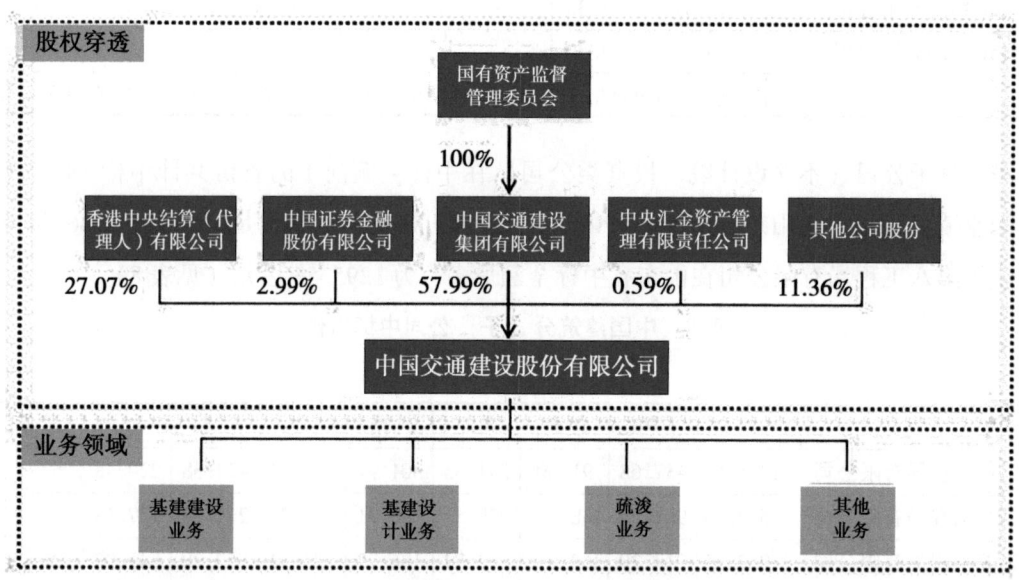

图6 中国交建股权结构及业务领域图

2022年前三季度，公司新签合同额为10321.61亿元，同比增长2.5%，完成年度目标的73%（按照在2021年新签合同额12679.12亿元的基础上增长11.8%测算）。其中，基建建设业务、基建设计业务、疏浚业务和其他业务分别为9033.40亿元、402.81亿元、786.09亿元和99.31亿元。基建建设业务新签订单额上升显著，港口建设在全国具有极高的市场占有率和竞争地位，受疫情和政策影响，2022年前三季度城市建设业务负增长（见表9）。

表9　中国交建2022年前三季度新签合同额统计表

业务分类		2022年三季度			2022年前三季度			2021年前三季度		同比增减（%）
		个数	金额（亿元）	占比（%）	个数	金额（亿元）	占比（%）	金额（亿元）	占比（%）	
基建建设业务		767	1982.33	86.09	2430	9033.4	87.52	8908.07	88.49	1.40
其中	港口建设	137	126.2	6.37	563	509.88	5.64	405.59	4.55	25.70
	道路与桥梁建设	144	614.06	30.98	443	2403.2	26.60	2455.81	27.57	-2.10
	铁路建设	11	176.33	8.90	46	355.64	3.94	132.86	1.49	167.70
	城市建设	415	753.12	37.99	1184	4351.79	48.17	4708.04	52.85	-7.60
	境外工程	60	312.62	15.77	194	1412.89	15.64	1205.77	13.54	17.20
基建设计业务		1428	110.01	4.78	4246	402.81	3.90	362	3.60	11.30
疏浚业务		250	185.57	8.06	592	786.09	7.62	705.16	7.00	11.50
其他业务		—	24.7	1.07	—	99.31	0.96	91.9	0.91	8.10
合计		—	2302.61	100.00	—	10321.61	100.00	10067.13	100.00	2.50

基建建设业务订单持续增长，2021年首次突破万亿，达11253.68亿元，其中道路与桥梁建设、城市建设总值占比60%以上，城市建设业务增长迅猛，从2019年占比35.88%上涨至2022年的42.16%（与基建建设业务比值）；道路与桥梁建设市场竞争激烈，金额占比逐年走低，从2019年占比28.26%降至2022年的23.28%；在港口建设方面，受益于国家沿海与内河建设需求，占比逐年增加；境外合同金额占比逐年降低。设计业务做大做强，分拆上市提高设计资产市场竞争力。中交疏浚是全球规模最大的疏浚公司，全球市场份额占70%，随着深化发展环保及海工业务，业务规模将进一步增加（见表10、图7）。

表10　近四年分业务新签合同额对比

单位：亿元

业务	2019年	2020年	2021年	2022年前三季度
基建建设业务	8519.24	9508.83	11253.68	9033.40
基建设计业务	475.09	477.30	445.08	402.81
疏浚业务	527.83	588.37	873.01	786.09
其他业务	124.67	93.48	107.35	99.31

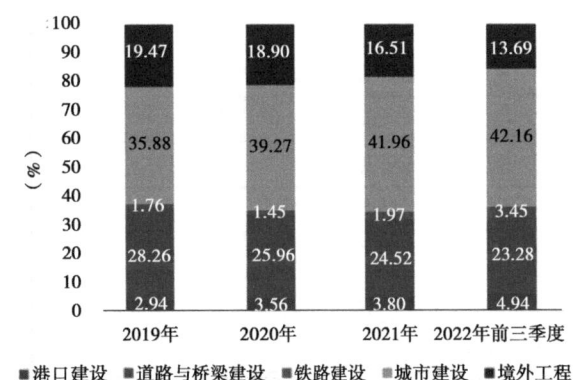

图7　近四年分类型合同额占比对比

（1）分拆设计子公司上市

2022年4月25日，中国交建与祁连山、关联方中国城乡控股集团有限公司（简称中国城乡）签署《重大资产重组意向协议》，约定中国交建将所持公规院、一公院、二公院的100%股权，中国城乡（控股股东中交集团成员）拟将所持西南院、东北院和能源院的100%股权一并与祁连山的全部资产及负债进行置换，不足置换部分祁连山以发行股份的方式向中国交建、中国城乡购买。交易完成对于中国交建及中交集团具有重要意义：一是在国企改革三年行动方案背景下，本次交易实现子公司分拆上市，提升了集团整体资产证券化率；二是实现了公路勘察设计、市政设计、能源设计等业务单独上市，提供了更好的融资平台，可以集中资源加快相关业务发展；三是预计可以获取水泥业务，进一步完善集团产业链布局。

（2）强势进入海上风电

2022年4月28日，中国交建发布公告，同意其所属中交第三航务工程局有限公司与关联方中交产业投资控股有限公司及三峡能源、大唐国际发电股份有限公司、国华投资、远景能源按照37%：20%：20%：10%：10%：3%的比例，共同出资约25亿元设立海上风电公司，经营范围包括海上风电运维、海上风电装备投资。

（3）进军建筑光伏领域

2022年6月6日，振华重工发布公告，上海振华重工（集团）股份有限公司董事会通过《关于与中交产投合资设立建筑光伏公司暨关联交易的议案》，同意公司与关联方中交产业投资控股有限公司（简称"中交产投"）按照30%：70%的比例，共同出资约人民币2亿元设立中交光伏科技有限公司。

2. 分（子）公司中标情况分析

中国交建分（子）公司（不含设计院、投资类公司）共计中标20372.87亿元，其中基础设施领域中标金额最多，为15376.92亿元，民用建筑领域3387.29亿元；在工程局中，中交一公局集团有限公司中标金额最多，为4062.74亿元（见表11）。

表11 中国交建中国建筑分（子）公司中标情况

单位：亿元

分（子）公司	基础设施	民用建筑	城乡更新	专业工程	工业建筑	农林建筑	融合发展	总计
中交一公局集团有限公司	2526.89	731.5	702.05	68.44	29.72	4.14	—	4062.74
中交第二公路工程局有限公司	2446.22	263.52	31.96	11.66	11.69	20.27	1.06	2786.38
中交路桥建设有限公司	2126.34	125.01	120.05	24.31	5.88	—	—	2401.59
中交建筑集团有限公司	1783.98	377.92	31.58	13.94	10.05	16.55	1.69	2235.71
中交第二航务工程局有限公司	1251.08	433.23	120.93	39	13.42	4.7	2.88	1865.24
中交第三公路工程局有限公司	1291.89	149.43	5.45	2.85	25.2	37.59	—	1512.41
中交第一航务工程局有限公司	682.25	343.81	11.67	36.7	10.45	0.48	2.49	1087.85
中国交通建设股份有限公司	869.64	—		5.86				875.5
中交疏浚（集团）股份有限公司	298.94	432.52	26.56	8.63	1.72	11.68	—	780.05
中国城乡控股集团有限公司	365.54	303.18	10.88	8.37	5.75			693.72
中交第四航务工程局有限公司	535.6	99.08	8.49	7.09	1.13			651.39
中交第三航务工程局有限公司	366.67	62.62	0.65	—	15			444.94
中交机电工程局有限公司	346.12	6	—	1.18	—	12.1		365.4
中国公路工程咨询集团有限公司	239.62	24.73	—	10.04				274.39
中国民航机场建设集团有限公司	91.12	21.39	24.9	8.71	6.31			152.43

续表

分（子）公司	基础设施	民用建筑	城乡更新	专业工程	工业建筑	农林建筑	融合发展	总计
中交基础设施养护集团有限公司	95.97	8.45	—	5.06	—	—	—	109.48
中交（广州）建设有限公司	52.57	—	—	—	—	—	—	52.57
中国交通信息科技集团有限公司	1.02	4.91	—	3.04	—	5.33	—	14.3
中京建设集团有限公司	5.46	—	—	1.32	—	—	—	6.78
总计	15376.92	3387.29	1095.17	256.2	136.32	112.84	8.12	20372.87

中国交建分子公司（不含设计院、投资类公司）在中标金额前十的省份共计中标14984.15亿元，占全国中标业绩3.73%；在山东省中标金额最多，为2302.23亿元，其次是湖北省2192.20亿元，其中，中交一公局集团有限公司在山东省中标金额最多，为732.73亿元（见表12）。

表12 中国交建中国建筑分（子）公司中标省份

单位：亿元

分（子）公司	山东	湖北	吉林	河南	重庆	广西	河北	贵州	广东	甘肃
中交一公局集团有限公司	732.73	204.87	422.02	91.18	76.9	64.85	349	71.9	259.15	406.28
中交第二公路工程局有限公司	201.65	707.53	—	341.72	20.25	668.63	325.34	242.01	49.5	3.13
中交路桥建设有限公司	373.3	1.17	434.16	280.45	555.35	96.04	47.63	24.24	60.02	—
中交建筑集团有限公司	169.23	242.67	—	225.18	36.05	37.03	57.36	728.2	49.9	346.95
中交第二航务工程局有限公司	8.38	677.07	12.55	118.18	50.52	115.4	85.15	10.59	84	—
中交第三公路工程局有限公司	94.18	38.77	444.16	5.92	511.41	180.79	35.91	22.32	5.78	2.46
中交第一航务工程局有限公司	141.96	131.04	15.28	229.02	44.9	84.41	19.07	—	99.59	40.94
中国交通建设股份有限公司	140.99	—	418.96	—	—	—	214.09	—	—	—
中交疏浚（集团）股份有限公司	55.24	—	4.02	6.67	—	52.49	13.31	—	41.44	—
中国城乡控股集团有限公司	20.56	8.33	111.75	88.86	35.02	10.84	5.18	39.72	29.17	—
中交第四航务工程局有限公司	2.18	171.07	—	—	7.68	23.52	2.8	7.78	219.53	—
中交第三航务工程局有限公司	76.68	0.48	—	—	7.68	15.35	—	—	15.85	—
中交机电工程局有限公司	150.36	—	—	—	—	12.1	188.35	5.74	0.46	—
中国公路工程咨询集团有限公司	4.83	7.54	1.21	—	—	3.31	7.11	113.6	24.01	57.44
中国民航机场建设集团有限公司	58.14	—	—	—	—	3.93	—	8.71	36.02	—
中交基础设施养护集团有限公司	71.81	1.66	—	0.41	—	0.49	—	—	0.65	—
中交（广州）建设有限公司	—	—	—	—	—	—	—	—	52.57	—
中国交通信息科技集团有限公司	—	—	—	—	—	6.35	—	—	—	—
中京建设集团有限公司	—	—	—	—	—	—	—	—	6.78	—
总计	2302.23	2192.20	1864.12	1387.59	1345.75	1369.17	1363.43	1274.81	1027.65	857.21

（四）中国铁建——从抽水蓄能和海上风电市场开发突破，进军水电、风电等领域

1. 发展现状及转型

中国铁道建筑集团有限公司的前身是中国人民解放军铁道兵，现为国务院国有资产监督管理委员会管理的特大型建筑企业，2007年11月5日在北京独家发起设立中国铁建股份有限公司（简称中国铁建），2008年3月10日、13日分别在上海和香港上市，中国铁建是全球最具实力、规模的特大型综合建设集团之一，2022年《财富》"世界500强企业"排名第39位，"全球250家最大承包商"排名第3位，"中国企业500强"排名第11位（见图8）。

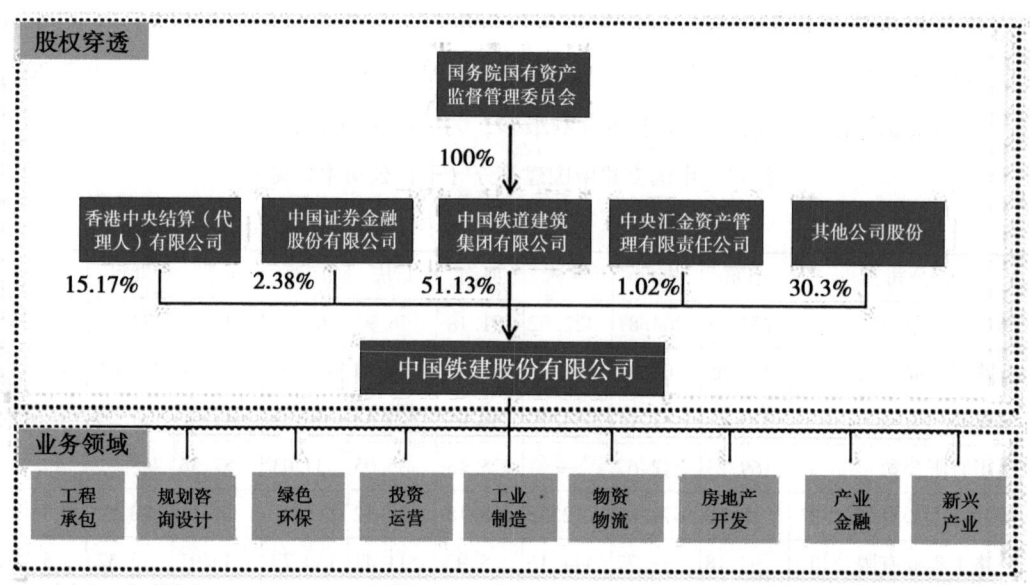

图8　中国铁建股权结构及业务领域图

2022年前三季度，新签合同总额18436.69亿元，为年度计划的64.1%，同比增长17.71%，未完合同额合计55574.43亿元，同比增长23.47%，工程承包、投资运营、绿色环保等基础设施建设项目新签合同额15557.23亿元，占新签合同总额的84.38%，同比增长20.55%（见表13）。

表13　中国铁建2022年前三季度新签合同额统计表

业务类型	新签合同额（亿元）	占比（%）	同比增幅（%）	情况说明
工程承包	10678.87	57.92	22.76	—
投资运营	3718.56	20.17	-0.35	—
绿色环保	1159.80	6.29	144.23	增幅较大主要原因：将其作为新的重点产业之一，紧紧抓住碳达峰碳中和目标带来的重大机遇，高标准培育专业平台，强化产业塑链、补链、固链、强链，主动担当绿色环保产业链"链长"，引领基础设施绿色升级，实现绿色环保产业规模效益快速发展。
规划设计咨询	218.02	1.18	5.85	—

续 表

业务类型	新签合同额（亿元）	占比（%）	同比增幅（%）	情况说明
工业制造	237.17	1.29	30.42	增幅较大主要原因：坚持通过创新扩大传统核心产品竞争优势，推动产品技术和服务升级，不断扩大市场份额。
房地产开发	687.54	3.73	-24.34	—
物资物流	1609.58	8.73	23.67	—
产业金融	80.92	0.44	-21.07	—
新兴产业	46.24	0.25	-19.31	—
合计	18436.69	100.00	17.71	

近四年对比分析，抓住公路扩能改造机遇，积极延伸产业链，大力发展运营维管等业务，市场影响力不断扩大，实现公路工程前三季度新签合同额2397.69亿元，同比增长49.3%；房建工程是公司重点发展行业，合同额占比四成以上，2022年短期市场规模有所回落，长期看，房地产业必将向"品质为王"转型，围绕新型城镇化建设，抢抓旧城改造、保障性住房建设机遇，房建订单持续增长，同比增长21%，签订合同额6072.96亿元；积极响应国家规划号召，紧跟国家水网建设规划，强化防洪、水资源、水土保持及生态建设等项目承揽，水利电力订单实现快速增长，实现水利水运工程新增合同额387.76亿元，同比增长110.1%；电力工程签订合同额756.42亿元，同比增长604.9%，增长迅猛，聚焦碳达峰碳中和目标，紧抓"双碳"机遇，以"生态+"为核心，助力"双碳"目标实现，以抽水蓄能和海上风电市场开发为突破口，加快进军水电、风电等领域（见表14、表15）。

表14　中国铁建2022年前三季度各项业务新签合同额统计表

业务类型	新签合同额（亿元）	占比（%）	同比增幅（%）	情况说明
铁路工程	1771.67	11.39	-12.40	—
公路工程	2397.69	15.41	49.26	增幅较大主要原因：紧跟各地政策规划，关注重点线路，不断提升运营能力，市场影响力不断扩大。
城市轨道工程	461.17	2.96	-52.92	增幅减少主要原因：同期招标项目总量减少。
房建工程	6072.96	39.04	20.98	
市政工程	2661.98	17.11	-1.17	
矿山开采	365.17	2.35	225.51	增幅较大主要原因：坚持抢抓市场机遇，加强高端经营，完善经营要素，订单实现了持续增长。
水利水运工程	387.76	2.49	110.08	增幅较大主要原因：紧跟国家水网建设规划，强化防洪、水资源、水土保持及生态建设等项目承揽，订单实现快速增长。
机场工程	49.91	0.32	79.07	总体规模较小，出现波动属于正常现象。
电力工程	756.42	4.86	604.88	增幅较大主要原因：聚焦碳达峰碳中和目标，以抽水蓄能和海上风电市场开发为突破口，加快进军水电、风电等领域，市场份额快速扩大。
其他工程	632.50	4.07	316.26	—
合计	15557.23	100.00	20.55	—

表 15　近四年细分类型新签合同额对比

单位：亿元

业务类型	2019 年	2020 年	2021 年	2022 年前三季度
铁路工程	2613.22	2892.10	3764.71	1771.67
公路工程	3248.19	2621.72	2730.36	2397.69
城市轨道工程	1787.05	1966.36	1696.44	461.17
房建工程	5423.21	8585.51	9736.47	6072.96
市政工程	3085.71	4598.94	4309.20	2661.98
水利电力工程	280.77	614.33	605.94	1144.18
其他工程	868.39	1542.81	1867.85	1047.58

2. 分（子）公司中标情况分析

中国铁建分（子）公司（不含设计院、投资类公司）共计中标 45942.49 亿元，基础设施领域中标金额最多，为 30069.31 亿元，其次是民用建筑领域 13039.76 亿元；在各分（子）公司中，中铁十一局集团有限公司中标金额最多，为 4273.61 亿元（见表 16）。

表 16　中国铁建中国建筑分（子）公司中标情况

单位：亿元

分（子）公司	基础设施	民用建筑	城乡更新	专业工程	工业建筑	农林建筑	融合发展	总计
中铁十一局集团有限公司	3021.85	999.29	144.23	69.53	22.23	7.22	9.27	4273.61
中铁二十局集团有限公司	3129.76	777.25	24.77	3.28	2.31	12.61	—	3949.97
中国铁建大桥工程局集团有限公司	3148.40	169.98	18.57	18.02	4.53	3.73	—	3363.24
中铁十九局集团有限公司	2114.78	875.75	14.00	1.81	0.79	—	—	3007.13
中铁十四局集团有限公司	2133.08	690.54	116.61	26.92	14.69	17.34	3.49	3002.66
中铁二十四局集团有限公司	1677.20	1189.14	73.55	9.43	6.43	—	—	2955.75
中铁十六局集团有限公司	1594.74	999.43	129.22	17.30	7.17	0.59	1.73	2750.18
中铁十二局集团有限公司	1492.65	1005.81	190.03	45.33	4.92	1.42	1.33	2741.50
中铁十五局集团有限公司	1394.57	1008.08	14.34	53.40	61.56	0.98	0.48	2533.40
中铁十八局集团有限公司	1582.55	518.03	280.03	9.49	13.29	3.18	1.13	2407.71
中铁十七局集团有限公司	1694.25	99.56	31.09	15.37	13.02	34.38	—	1887.68
中铁二十五局集团有限公司	1715.43	123.44	42.90	1.03	—	—	—	1882.80
中铁二十一局集团有限公司	879.27	862.42	18.41	12.41	6.91	39.27	—	1818.69
中铁二十二局集团有限公司	495.06	1206.47	3.63	8.10	4.09	—	—	1717.36
中铁二十三局集团有限公司	837.32	497.58	323.04	26.54	0.60	7.63	—	1692.71
中铁城建集团有限公司	599.56	792.94	59.00	5.93	20.90	1.85	0.31	1480.48
中国铁建股份有限公司	1328.37	—	—	—	—	—	15.77	1344.14
中国铁建电气化局集团有限公司	659.09	365.14	110.49	40.63	—	—	0.51	1175.87
中铁建城市开发有限公司	—	633.55	210.57	—	—	—	—	844.13
中国铁建港航局集团有限公司	548.11	85.72	32.32	1.02	3.64	—	—	670.80
中铁建华东建设发展有限公司	—	22.22	210.57	—	—	—	—	232.80
中铁建发展集团有限公司	23.25	117.40	67.85	—	1.38	—	—	209.87
总计	30069.31	13039.76	2115.22	365.54	188.46	130.20	34.01	45942.49

中国铁建分（子）公司（不含设计院、投资类公司）在中标金额前十的省份共计中标 29278.58 亿元，占全国中标业绩 7.28%；在湖南省中标金额最多，为 4434.67 亿元，其次是福建省 4068.37 亿元，其中，中铁城建集团有限公司在湖南省中标金额最多，为 587.24 亿元（见表 17）。

表 17　中国铁建中国建筑分（子）公司中标省份

单位：亿元

分（子）公司	湖南	福建	云南	河南	重庆	浙江	陕西	广东	河北	湖北
中铁十一局集团有限公司	415.83	71.51	454.31	366.31	133.13	436.95	133.02	45.48	147.41	659.94
中铁二十局集团有限公司	415.00	25.41	409.29	51.45	526.02	6.85	429.33	16.68	391.37	598.04
中国铁建大桥工程局集团有限公司	418.15	5.58	—	62.40	34.35	387.53	1.28	186.89	177.22	466.76
中铁十九局集团有限公司	415.00	298.80	189.67	19.70	539.30	35.72	45.30	143.73	31.92	24.81
中铁十四局集团有限公司	—	300.46	0.63	85.68	27.26	331.36	120.64	238.54	230.02	163.00
中铁二十四局集团有限公司	415.00	903.21	343.51	1.07	4.64	300.57	227.95	16.65	32.68	11.38
中铁十六局集团有限公司	479.38	338.64	217.63	319.67	—	156.76	7.64	58.69	95.25	12.47
中铁十二局集团有限公司	4.67	5.19	213.28	441.91	62.93	19.17	270.06	504.95	277.21	189.77
中铁十五局集团有限公司	0.57	277.52	572.82	358.57	98.49	139.03	157.06	17.56	31.77	27.81
中铁十八局集团有限公司	448.08	64.27	2.52	42.93	40.21	16.75	20.32	200.15	250.62	205.60
中铁十七局集团有限公司	—	26.88	389.57	55.79	32.39	—	39.14	175.57	245.67	—
中铁二十五局集团有限公司	419.26	2.48	1.07	29.46	511.41	2.35	6.76	81.91	1.59	53.52
中铁二十一局集团有限公司	415.00	—	10.08	390.03	1.62	18.14	287.17	3.91	80.82	19.20
中铁二十二局集团有限公司	—	844.63	0.62	309.27	—	12.78	36.52	105.98	73.53	2.36
中铁二十三局集团有限公司	1.47	27.69	525.55	25.37	40.17	22.22	28.50	113.41	34.63	20.11
中铁城建集团有限公司	587.24	272.90	13.02	43.86	40.17	60.83	128.56	150.05	7.61	25.77
中国铁建股份有限公司	—	45.41	—	—	511.41	—	9.75	147.65	170.70	—
中国铁建电气化局集团有限公司	—	—	22.07	—	19.29	88.09	161.00	151.74	173.52	22.38
中铁建城市开发有限公司	—	550.50	—	—	—	157.82	—	—	—	—
中国铁建港航局集团有限公司	—	7.29	—	7.08	—	177.11	—	62.34	—	93.25
中铁建华东建设发展有限公司	—	—	—	—	—	96.99	—	—	—	—
中铁建发展集团有限公司	—	—	—	—	—	—	—	—	37.53	90.41
总计	4434.67	4068.37	3365.62	2610.53	2622.82	2467.04	2109.98	2459.40	2543.97	2596.17

（五）中国电建——置出房地产，业务结构调整，"电力工程+运营发力"

1. 发展现状及转型

中国电力建设股份有限公司前身为中国水利水电建设股份有限公司，于2009年11月30日由中国水利水电建设集团公司和中国水电工程顾问集团公司共同发起设立，2011年，在上海证券交易所挂牌上市（简称中国电建）。中国电建位居2022年《财富》"世界500强"第100位，实现连续十年排名上升；在2022年ENR全球工程设计公司150强中排名第1，连续三年蝉联榜首；在2022年ENR全球承包商250强和国际承包商250强排名中分别位列第5位、第6位。在全球电力建设行业（规划、设计、施工等），中国电建的能力和业绩始终位居首位（见图9）。

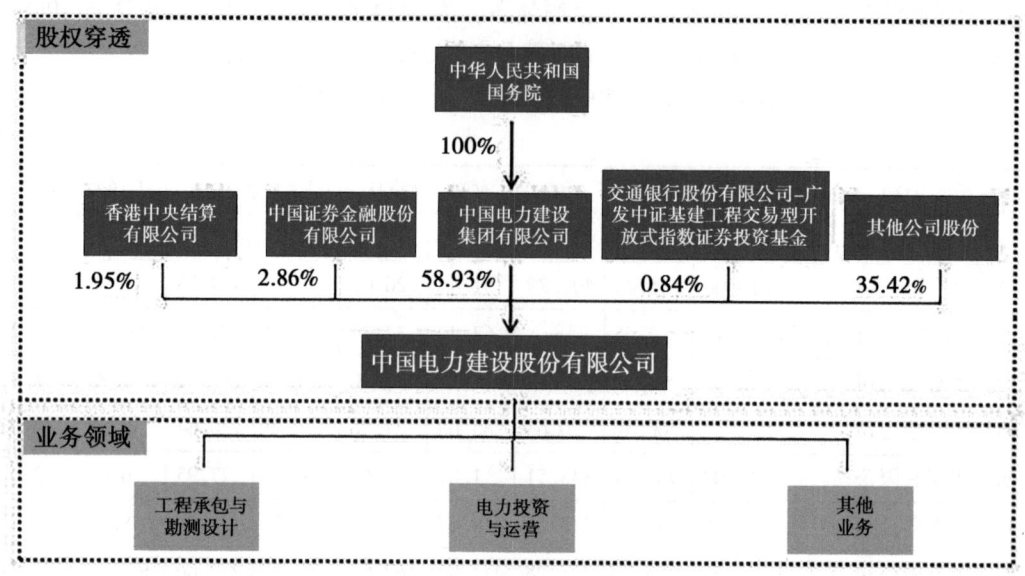

图9　中国铁建股权结构图

2022年前三季度，中国电建新签合同额7730.28亿元，同比增长48.49%，以能源电力、水资源与环境、基础设施业务为三大主业，新签合同金额分别为3183.51亿元、1539.50亿元、2872.10亿元，占比分别为41.2%、19.9%、37.2%，在新老基建共同发力的背景下，签约额高速增长，同比增长48.49%。细分领域方面，截至9月底，全国水利工程在建项目3.77万个，投资规模超过1.9万亿元，都创造了历史纪录，同时，中国电建作为为国内抽水蓄能电站建设的龙头，是国内最早从事抽水蓄能电站技术研究应用的单位，抽水蓄能业务全面发力，大规模建设拉开帷幕（见表18、表19、图10、图11、图12）。

表18　中国电建2022年前三季度新签合同额统计表

业务类型	新签合同金额（亿元）	占比（%）	同比增减（%）
能源电力	3183.51	41.18	—
水资源与环境	1539.5	19.92	—
基础设施	2872.1	37.15	—
其他业务	135.17	1.75	—
合计	7730.28	100.00	48.49

表 19　中国电建 2022 年上半年营业收入

业务领域	营业收入（亿元）	占比（%）	同比增减（%）	毛利率（%）	情况说明
工程承包与勘测设计	2346.44	88.65	9.01	9.01	收入增长主要原因是境内新能源工程承包、水利水电工程承包、铁路工程承包规模快速扩张，业务结构进一步优化。
电力投资与运营	119.86	4.53	18.39	41.69	营业收入增长主要原因是水电收入增加和境外火电收入增加。
其他	180.46	6.82	−24.79	23.2	营业收入下降主要原因：一是完成房地产开发业务置出，收入同期不可比；二是公司严控低毛利贸易业务，贸易及物资销售业务规模下降。
合计	2646.76	100.00	6.14	11.46	

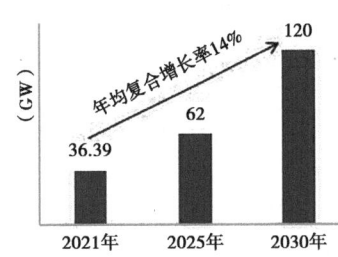

图 10　抽水蓄能投产装机目标　　图 11　抽水蓄能合同额

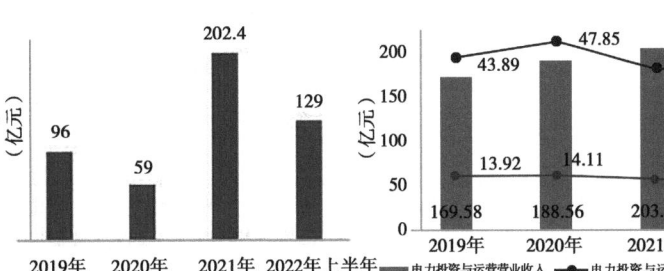

图 12　电力投资与运营营业收入及毛利率

（1）置出房地产，置入优质电网辅业资产

2022 年 1 月 6 日，中国电建发布公告，拟将所持房地产板块资产与控股股东中国电力建设集团有限公司（简称电建集团）持有的优质电网辅业相关资产进行置换。通过资产置换，控股股东将与中国电建存在同业竞争的优质资产注入中国电建，有利于减少中国电建与控股股东之间的同业竞争，增强中国电建独立性。6 月 9 日公告，拟向电建集团转让所持 24 家地产公司的股权及部分债权，进一步剥离体内剩余房地产业务，后续地产业务规模预计将完全剥离。

（2）集中发力新能源和抽水蓄能

中国电建是抽水蓄能建设领域的领军者，具有抽水蓄能电站的规划、勘测设计、工程建造的核心技术能力，形成了完善的抽水蓄能技术标准，占国内抽水蓄能规划设计份额约 90%，承担建设项目份额约 80%。

根据《抽水蓄能中长期发展规划（2021—2035 年）》，到 2025 年，抽水蓄能投产总规模较"十三五"翻一番，达到 6200 万千瓦以上；到 2030 年，抽水蓄能投产总规模较"十四五"再翻一番，达到 1.2 亿千瓦左右；到 2035 年，形成满足新能源高比例大规模发展需求的、技术先进、管理优质、国际竞争力强的抽水蓄能现代化产业，培育形成一批抽水蓄能大型骨干企业。

（3）绿电运营业务具有发展潜力

电力投资与运营业务作为中国电建重要业务，2022 年上半年，该板块全年实现营业收入 119.86 亿元，同比增长18.39%，占主营业务收入的4.53%；毛利率为41.69%，同比下降2.50个百分点，毛利额占比16.47%。该板块营业收入增长主要是水电收入增加和境外火电收入增加。该板块毛利率下降主要原因：一是部分新投产运营的境外水电站初期固定成本较高，拉低了板块整体毛利率；二是电煤供应形势持续趋紧导致火力发电业务燃煤成本增加。

从2021年数据看，电力投资与运营业务占总收入的比例仅4.56%，业务规模尚小，但净利润29亿元，占比高达21.6%，盈利能力突出。

2. 分（子）公司中标情况分析

中国电建分（子）公司（不含设计院、投资类公司）共计中标10764.64亿元，基础设施领域中标金额最多，为6477.96亿元，其次是民用建筑领域3373.05亿元；在各分（子）公司中，中电建路桥集团有限公司中标金额最多，为1981.58亿元（见表20）。

表20 中国电建中国建筑分（子）公司中标情况

单位：亿元

分（子）公司	基础设施	民用建筑	城乡更新	专业工程	工业建筑	农林建筑	融合发展	总计
中电建路桥集团有限公司	351.69	1565.06	63.77	1.06	—	—	—	1981.58
中国水利水电第四工程局有限公司	827.57	26.71		12.96				867.25
中国水利水电第十工程局有限公司	19.16	621.93	71.08	10.00	1.76	7.19		731.12
中电建生态环境集团有限公司	471.93	75.36	—			1.75		549.05
中国水利水电第十一工程局有限公司	439.97	78.71	5.50	0.51	8.97	—	7.26	540.92
中国水利水电第六工程局有限公司	328.84	96.13	58.26		9.65	5.77		498.65
中国水利水电第十四工程局有限公司	365.69	22.45	63.77	38.55	2.91			493.36
中国水利水电第五工程局有限公司	359.90	14.44	0.36	8.12	5.85	0.41		389.06
中国水电建设集团十五工程局有限公司	204.05	135.44	—					339.49
中国水利水电第九工程局有限公司	277.21	23.13	26.19	1.55	2.78	6.01		336.87
中国水利水电第七工程局有限公司	276.01	—		9.72	6.98		0.36	293.07
山东电力建设第三工程有限公司	133.84	37.81	91.08	2.79	3.51			269.03
中国电建市政建设集团有限公司	159.99	51.60	1.10	0.34	48.46	5.63		267.14
中国电建集团港航建设有限公司	248.38	1.03	11.17	—	—	0.40		260.98
中国水利水电第八工程局有限公司	185.22	42.37	26.84				0.42	254.85
中国电建集团山东电力建设第一工程有限公司	175.61	25.29	—	12.45	31.49			244.84
中国水利水电第三工程局有限公司	85.62	135.11	—	11.45		0.70		232.88
中国电建集团湖北工程有限公司	169.05	31.83	8.97	21.62	0.78	—	0.61	232.86
中国水利水电第一工程局有限公司	145.46	20.19	11.17	20.85	—	1.34		199.00

续表

分子公司	基础设施	民用建筑	城乡更新	专业工程	工业建筑	农林建筑	融合发展	总计
中国电建集团核电工程有限公司	112.69	51.88	—	6.13	2.69	—	—	173.38
中国电力建设股份有限公司	168.91	—	—	—	—	—	—	168.91
中国电建集团贵州工程有限公司	157.56	—	—	1.26	—	—	—	158.82
中国电建集团江西省电力建设有限公司	137.48	14.90	—	—	—	—	—	152.38
中国电建集团山东电力建设有限公司	137.23	—	3.81	1.07	4.88	—	—	146.99
中国水利水电第十二工程局有限公司	55.25	—	86.00	0.56	—	—	—	141.81
中国水利水电第十六工程局有限公司	25.18	110.17	—	0.59	—	4.71	—	140.65
中国电建集团河北工程有限公司	80.25	31.31	—	1.94	4.46	—	—	117.96
中国电建集团重庆工程有限公司	96.63	4.52	5.83	2.54	—	—	—	109.51
中国电建集团河南工程有限公司	81.79	5.13	—	6.17	5.42	—	—	98.50
中国电建集团江西省水电工程局有限公司	49.05	34.47	—	6.75	2.58	—	—	92.84
中国电建地产集团有限公司	—	86.32	—	—	—	—	—	86.32
中国水电基础局有限公司	71.88	6.25	2.94	—	—	1.78	—	82.85
上海电力建设有限责任公司	35.70	—	—	3.00	1.09	—	0.37	40.16
中电建建筑集团有限公司	16.29	22.19	—	0.37	0.78	—	—	39.63
中国电建集团航空港建设有限公司	20.13	—	—	—	—	—	0.36	20.49
中电建新能源集团有限公司	4.97	—	—	—	—	—	—	4.97
中国电建集团武汉重工装备有限公司	0.60	—	—	2.35	—	—	—	2.95
北京飞悦临空科技产业发展有限公司	—	1.34	—	—	—	—	—	1.34
中国电建集团山东电力管道工程有限公司	1.16	—	—	—	—	—	—	1.16
湖北省电力装备有限公司	—	—	—	1.02	—	—	—	1.02
总计	6477.96	3373.05	537.82	185.71	145.02	35.70	9.38	10764.64

中国电建分子公司（不含设计院、投资类公司）在中标金额前十的省份共计中标8262.00亿元，占比全国中标业绩2.06%，在福建中标金额最多，为2107.36亿元，其次是山东省1031.22亿元，其中，中电建路桥集团有限公司在福建省中标金额最多，为1413.94亿元（见表21）。

表21 中国电建中国建筑分（子）公司中标省份

单位：亿元

分（子）公司	福建	山东	河南	四川	广东	湖北	甘肃	云南	新疆	陕西
中电建路桥集团有限公司	1413.94	62.26	17.31	118.7	2.73	132.39	—	92.77	—	58.94
中国水利水电第四工程局有限公司	—	75.63	20.27	9.7	40.71	0.58	446.52	9.23	39.3	0.44
中国水利水电第十工程局有限公司	570.82	—	—	67.02	—	—	—	77.75	1.76	—
中电建生态环境集团有限公司	—	67.31	143.58	135.52	104.97	17	—	—	—	—

续表

分（子）公司	福建	山东	河南	四川	广东	湖北	甘肃	云南	新疆	陕西
中国水利水电第十一工程局有限公司	7.14	54.21	315.93	2.11	104.96	—	—	0.49	2.23	0.41
中国水利水电第六工程局有限公司	10.52	114.95	—	5.94	57.81	108.28	—	—	22.34	58.94
中国水利水电第十四工程局有限公司	10.2	2.9	1.36	45.08	98.49	5.36	—	242.84	—	—
中国水利水电第五工程局有限公司	—	45.54	152.56	66.34	9.24	18.41	—	3.37	27.83	1.57
中国水电建设集团十五工程局有限公司	—	39.41	145.9	—	21.97	—	—	—	22.74	97.28
中国水利水电第九工程局有限公司	—	34.88	1.75	2.64	17.08	128.55	—	18.67	1.6	0.49
中国水利水电第七工程局有限公司	—	21.42	20.27	98.89	113.76	9.28	1.08	2.14	0.4	—
山东电力建设第三工程有限公司	—	163.31	10.44	1.13	3.98	—	—	—	12.1	—
中国电建市政建设集团有限公司	—	78.33	0.66	0.48	40.63	—	—	—	17.54	—
中国电建集团港航建设有限公司	45.21	8.92	143.58	—	1.79	23.74	—	1.69	—	—
中国水利水电第八工程局有限公司	—	—	—	—	10.36	46.78	—	6.43	—	—
中国电建集团山东电力建设第一工程有限公司	1.64	93.48	2.42	—	29.88	—	3.57	8.81	9.89	3.06
中国水利水电第三工程局有限公司	—	5.73	28.5	3.72	—	17	9.15	45.38	4.49	92.38
中国电建集团湖北工程有限公司	—	11.81	11.3	—	—	120.07	—	3.5	13.08	—
中国水利水电第一工程局有限公司	—	4.5	20	4.23	—	11.17	—	82.94	50.28	—
中国电建集团核电工程有限公司	—	72.31	—	—	16.11	0.56	0.63	—	62.94	0.83
中国电力建设股份有限公司	—	45.54	—	106.04	—	—	—	—	—	—
中国电建集团贵州工程有限公司	—	—	—	—	17.6	—	1.38	3.18	60.85	6.44
中国电建集团江西省电力建设有限公司	—	—	—	—	—	—	17.66	—	—	—
中国电建集团山东电力建设有限公司	—	7.73	—	33.08	3.08	2	11.05	13.45	23.32	0.57
中国水利水电第十二工程局有限公司	—	—	5.12	8.89	0.73	—	—	—	—	—
中国水利水电第十六工程局有限公司	6.19	—	—	—	5.23	—	—	—	1.68	—
中国电建集团河北工程有限公司	—	0.59	—	—	0.86	—	0.3	—	16.45	—
中国电建集团重庆工程有限公司	—	0.71	—	15.01	1.64	7.28	—	16.58	6.32	0.36
中国电建集团河南工程有限公司	—	16.01	10.27	—	7.62	—	2.12	—	1.05	0.33
中国电建集团江西省水电工程局有限公司	—	1.45	6.51	—	5.16	1.03	2.07	1.26	0.56	—
中国电建地产集团有限公司	—	—	—	—	—	—	86.32	—	—	—
中国水电基础局有限公司	19.11	—	1.42	3.73	—	1.46	—	0.66	9.25	0.32
上海电力建设有限责任公司	6.75	1.12	—	—	1.83	2.45	2.55	0.59	2.18	2.42
中电建筑集团有限公司	—	—	0.78	—	2.94	1.3	—	—	—	—
中国电建集团航空港建设有限公司	15.84	—	—	—	—	—	—	—	—	—
中电建新能源集团有限公司	—	—	—	—	—	—	—	—	4.97	—
中国电建集团武汉重工装备有限公司	—	—	—	—	—	2.35	—	—	—	—
北京飞悦临空科技产业发展有限公司	—	—	—	—	—	—	—	—	—	—
中国电建集团山东电力管道工程有限公司	—	1.16	—	—	—	—	—	—	—	—
湖北省电力装备有限公司	0	—	—	—	—	1.02	—	—	—	—
总计	2107.36	1031.22	1059.92	728.24	721.16	658.06	584.4	636.7	410.17	324.76

专题三　民营建筑企业发展现状

民营建筑企业是我国工程建设行业的重要组成部分，为吸纳农村劳动力、扩展农民就业渠道、推动经济社会发展发挥着重要作用，其生存发展状况对地方和全国经济社会发展的影响也是巨大的。限于当前数据收集渠道，无法对其进行全面系统的统计分析，这里主要展现活跃民营建筑企业[1]的基本情况。

1. 2018—2022年全国活跃民营建筑企业数量变化状况

统计数据显示，2018—2022年，全国活跃民营建筑企业总数逐年提升，从94093家增加到164797家，但增长幅度呈现总体下降态势，从2018年的16.64%下降到2022年的10.11%，反映出市场饱和度、竞争状况等因素对民营建筑企业开办意愿的影响较大（见图1）。

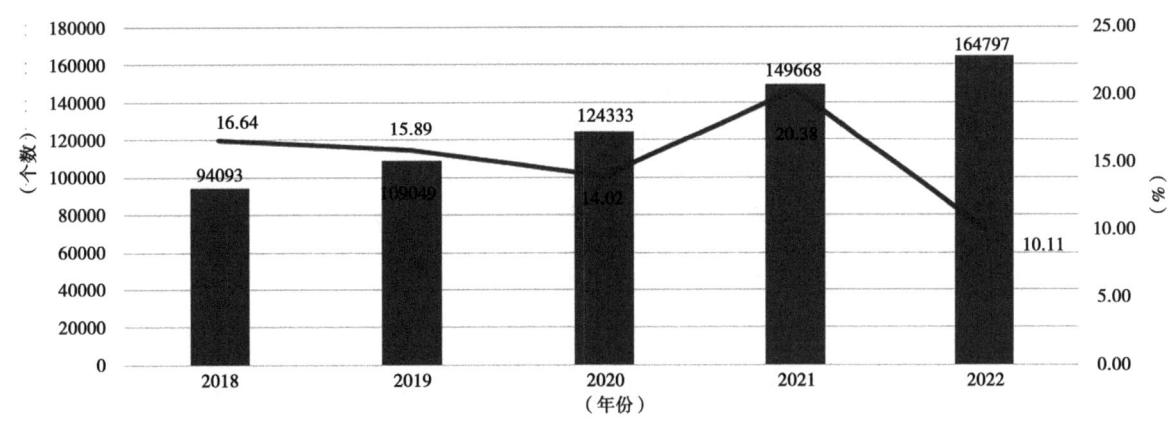

图1　2018—2022年全国活跃民营建筑企业数量及增速情况

2. 2022年全国各省活跃民营建筑企业数量分布状况

2022年，活跃民营建筑企业共164797家，其中，江苏15584家，四川12647家，陕西、浙江、安徽、广东、山东等五省10000余家，河南、湖北两省8000余家，福建6666家，北京、河北、辽宁、江西、上海等五省市4000~5000家，湖南、云南、甘肃、重庆等省市3000余家，活跃民营建筑企业的地区分布状况与地区经济社会发展状况基本保持较高的趋同性（见图2）。

---

[1]　"活跃民营建筑企业"指拥有建筑业企业资质（含总承包资质与专业资质）且在当年至少中过一个标的民营企业。

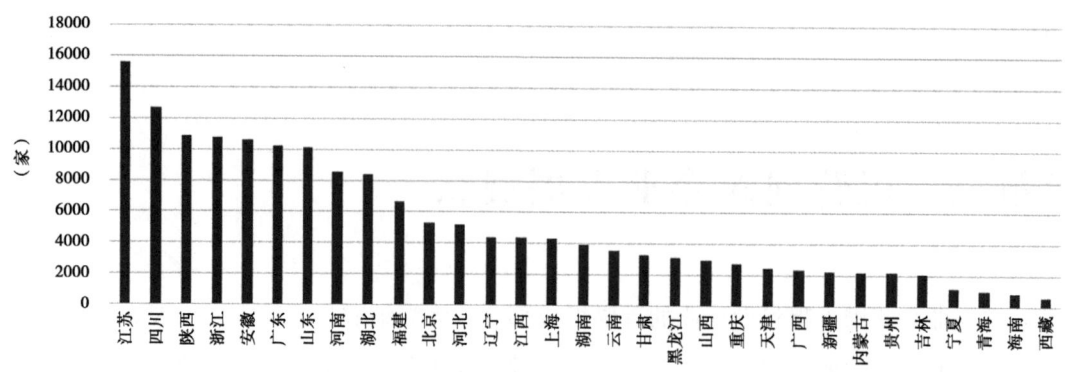

图2　2022年全国各省活跃民营建筑企业数量分布

3. 2023年2月全国活跃民营建筑企业总承包资质分布情况（见图3）

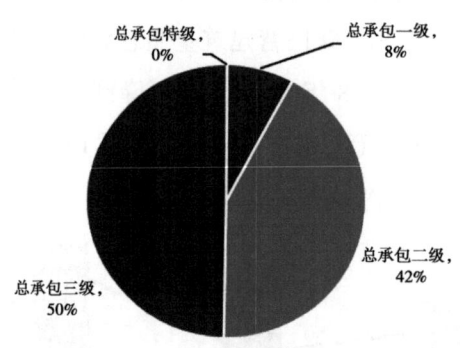

图3　2023年2月全国活跃民营建筑企业总承包资质分布情况

4. 2018—2022年全国活跃建筑民企中标量及占比情况

统计数据显示，2018—2022年，活跃民营建筑企业的中标数量虽逐年增加，但占比逐年下降。2018年，全部施工企业中标数量808796个，其中活跃民营建筑企业中标数量691783个，占比85.53%；到2022年，全部施工企业中标数量1187901个，其中活跃民营建筑企业中标数量974157个，占比下降到82.01%，反映出民营建筑企业市场占有率逐年下降的实际状况，与全国公投市场的市场集中度分布状况相吻合（见图4）。

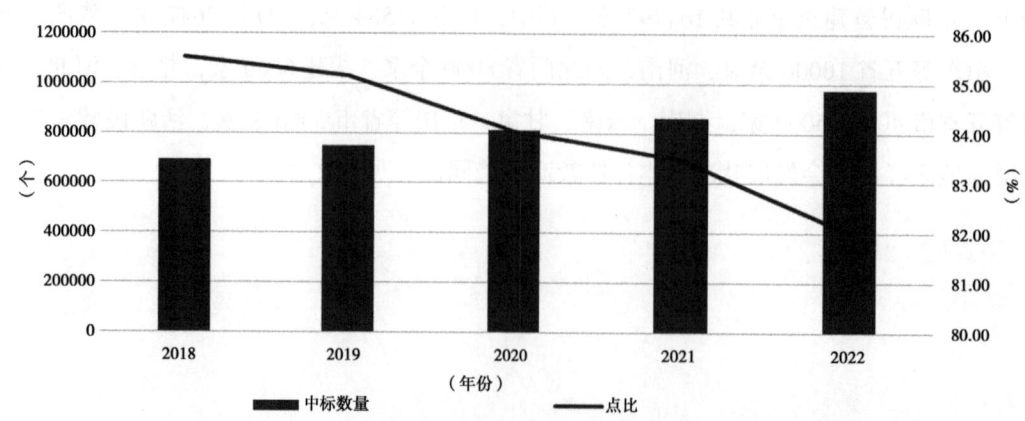

图4　2018—2022年全国活跃建筑施工民企中标量及占比情况

5. 2022年全国各省活跃建筑民企中标数量及占比情况

统计数据显示，2022年，江苏活跃民营建筑企业的中标量占比88.71%，其次是安徽，占比87.14%，广西、北京、上海、贵州、新疆等五省（区、市）活跃民营建筑企业的中标量占比低于78%，其中新疆最低，仅为71.89%（见图5）。

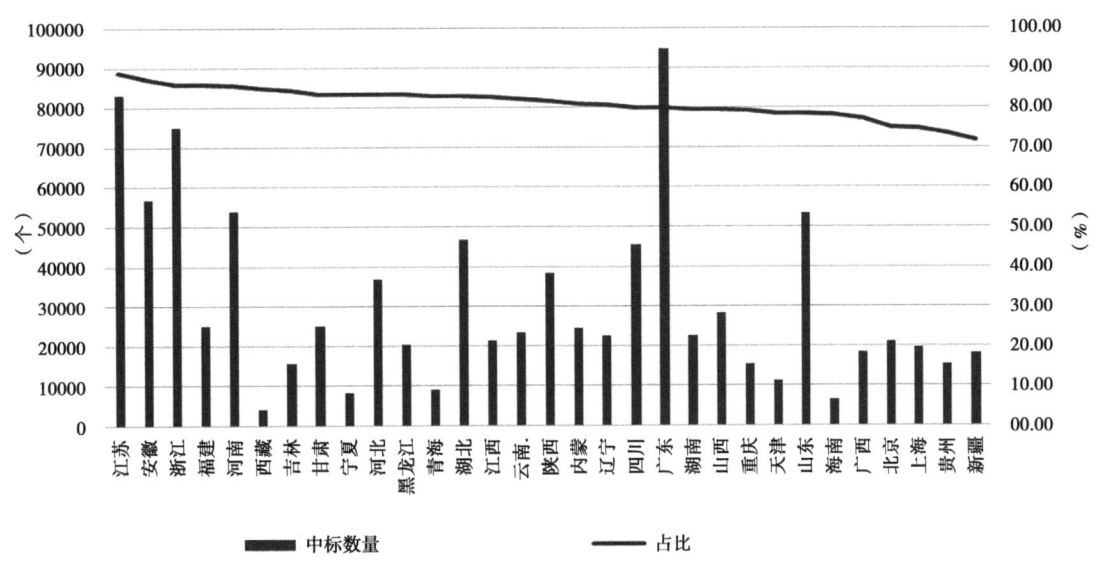

图5　2022年全国各省活跃建筑民企中标数量及占比情况

6. 2018—2022年有跨省经营的活跃建筑民企数量及增速情况

统计数据显示，2018—2022年，跨省经营的活跃民营建筑企业数量逐年增加，但呈现显著波动下降状况，2020年增速达32.6%，又立即回落到2021年的8.71%和2022年的7.27%。分析认为，除了市场竞争因素外，其主要原因是疫情影响（见图6）。

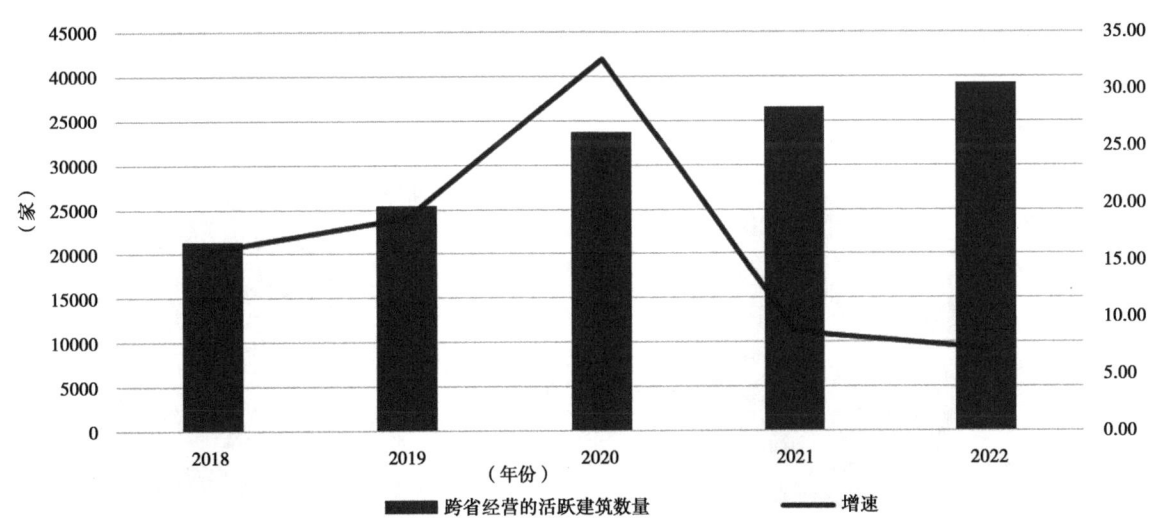

图6　2018—2022年有跨省经营的活跃建筑民企数量及增速情况

7. 2018—2022年活跃建筑民企跨省中标数量及增速

统计数据显示，2018—2022年，活跃民营建筑企业跨省中标量保持总体上升态势，从2018年的10.74%提升到2022年的16.46%，2020年呈现显著的峰值状态，增速达20.78%（见图7）。

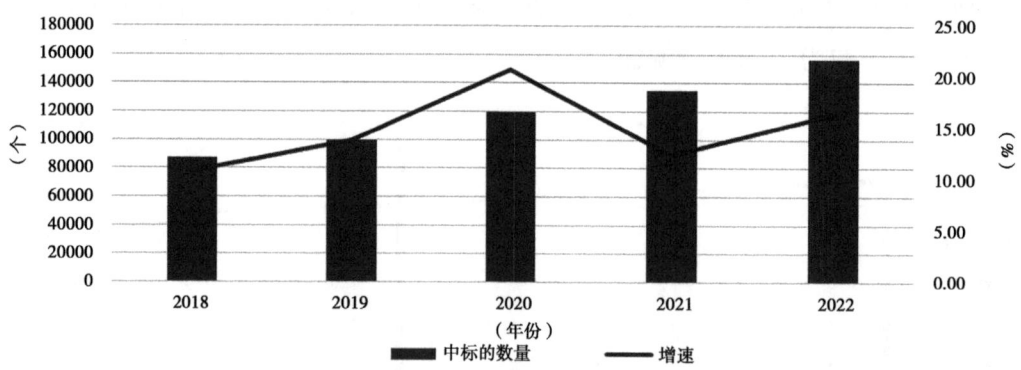

图7　2018—2022年活跃建筑民企跨省中标数量及增速

8. 2018—2022年全国活跃建筑民企获得的各级工程荣誉数量情况（见图8）

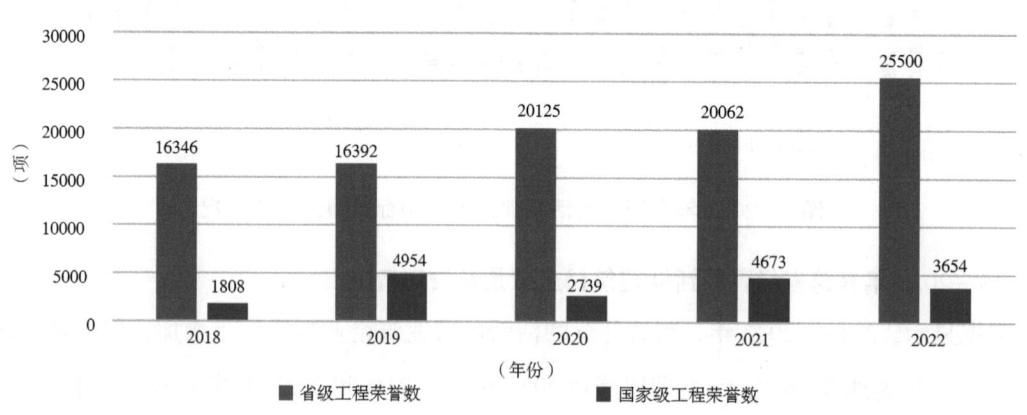

图8　2018—2022年全国活跃建筑民企获得的各级工程荣誉数量情况

9. 2020—2022年活跃建筑民企获得的前十大国家级、省级工程荣誉类型分布（见图9、图10）

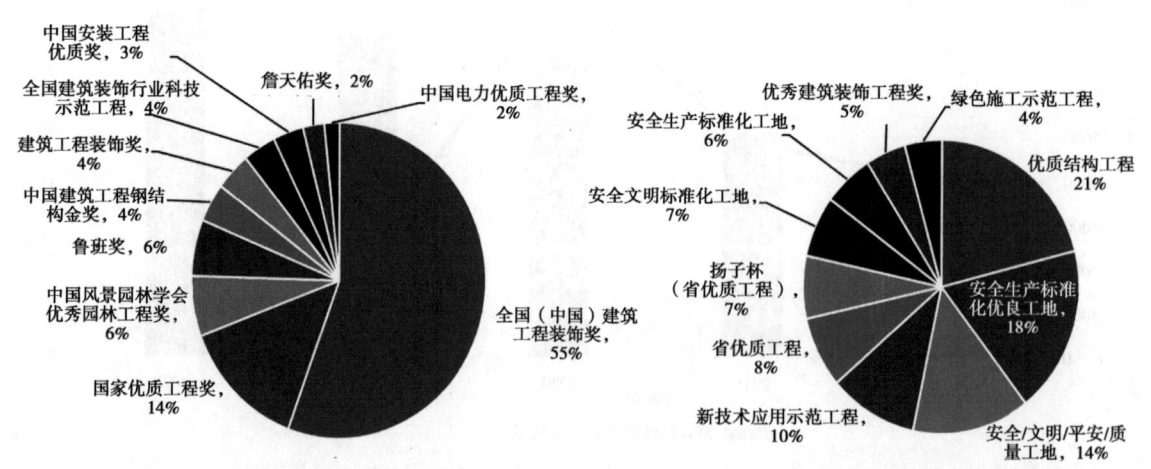

图9　2020—2022年活跃建筑民企获国家级荣誉类型　　图10　2020—2022年活跃建筑民企获省级荣誉类型

10. 2020—2022年活跃建筑民企的各类不良信息记录数量及占比情况

统计数据显示，2020—2022年，活跃民营建筑企业不良信息呈现一定程度的增加态势，主要集中在环保、工程安全质量等七大类中，其中，环保类不良占26.86%，其他不良占18.94%，工程安全类不良占16.56%，纳税类不良占7.71%，资质不良和质量类不良各占6.84%，工商类不良占6.62%；从一个侧面反映出民营建筑企业依法合规经营方面尚有较大的改进空间（见图11）。

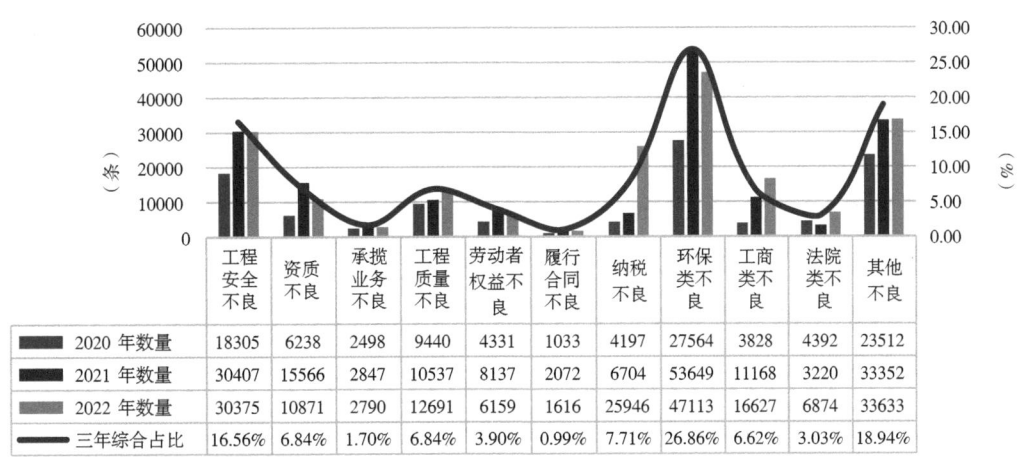

图11 2020—2022年活跃民营建筑企业各类不良信息记录及占比情况

参考资料

1. 国家统计局，各省统计局、人民政府数据
2. 《中华人民共和国国民经济和社会发展第十四个五年规划和2035年远景目标纲要》
3. 《"十四五"现代综合交通运输体系发展规划》
4. 各地区"十四五"现代综合交通运输体系发展规划
5. 《"十四五"冷链物流发展规划》
6. 各地区"十四五"冷链物流发展规划
7. 《"十四五"水安全保障规划》
8. 各地区"十四五"水利发展规划
9. 《抽水蓄能中长期发展规划（2021—2035年）》
10. 《"十四五"可再生能源发展规划》
11. 《"十四五"现代能源体系规划》
12. 各地区"十四五"能源发展规划
13. 《"十四五"国家信息化规划》
14. 《"十四五"全国城市基础设施建设规划》
15. 《"十四五"新型城镇化实施方案》
16. 各地区"十四五"时期住房保障规划
17. 中国中铁股份有限公司上市报告
18. 中国建筑股份有限公司上市报告
19. 中国交通建设股份有限公司上市报告
20. 中国铁建股份有限公司上市报告
21. 中国电力建设股份有限公司上市报告